CET ÉLIXIR NOMMÉ AMOUR

La vérité sur l'attirance sexuelle,
les fantasmes sexuels et la magie de l'amour vrai

RAMTHA

Traduit par
Chantal Lafont

AdA Inc.

Titre original anglais : That elixir called love

Publication autorisée en langue française : Éditions AdA Inc., 2004

Cette traduction est approuvée par RSE.

Cette traduction a été effectuée d'après l'édition en langue anglaise révisée qui est l'enseignement original délivré par Ramtha ; il est inévitable que le message puisse en partie être perdu lors de la traduction.

Traduction : Chantal Lafont
Révision : Nancy Coulombe
Typographie et mise en page : Sébastien Rougeau
Graphisme de la page couverture : Sébastien Rougeau
Illustration de la couverture : Carmel Bartz et Melissa Peizer
ISBN 2-89565-203-1
Première impression : 2004
Dépôt légal : quatrième trimestre 2004
Bibliothèque Nationale du Québec
Bibliothèque Nationale du Canada

Éditions AdA Inc.
1385, boul. Lionel-Boulet
Varennes, Québec, Canada, J3X 1P7
Téléphone : 450-929-0296
Télécopieur : 450-929-0220
www.ada-inc.com
info@ada-inc.com

Diffusion

Canada :	Éditions AdA Inc.
France :	D.G. Diffusion Rue Max Planck, B. P. 734 31683 Labege Cedex Téléphone : 05-61-00-09-99
Suisse :	Transat - 23.42.77.40
Belgique :	D.G. Diffusion - 05-61-00-09-99

Imprimé au Canada
Participation de la SODEC.
Nous reconnaissons l'aide financière du gouvernement du Canada par l'entremise du Programme d'aide au développement de l'industrie de l'édition (PADIÉ) pour nos activités d'édition.

Catalogage avant publication de la Bibliothèque nationale du Canada

Ramtha, the enlightened one (Esprit)

L'élixir de l'amour
Traduction de : That elixir called love.
ISBN 2-89565-203-1

1. Écrits spirites. 2. Amour - Miscellanées. I. Titre.

BF1301.R3514 2004 133.9'3 C2004-941244-2

« En tout premier lieu, rien n'enrichit davantage le caractère que l'étude des disciplines nobles, qu'il s'agisse de la poésie, de l'éloquence, de la musique ou de la peinture. Elles procurent une certaine élévation de sentiment à laquelle le reste de l'humanité demeure étranger. Les émotions qu'elles suscitent sont douces et délicates. Elles affranchissent l'esprit de l'agitation des affaires et du profit ; elles favorisent la réflexion ; elles sont source de tranquillité et provoquent une agréable mélancolie, laquelle, parmi les diverses dispositions d'esprit, est celle qui convient le mieux pour l'amour et l'amitié. »

— David Hume,

Essai I « De la Délicatesse du Goût et de la Passion »

ESPRIT

Un même mot français : « esprit » traduit deux mots de la langue anglaise de sens très différents : mind et spirit.
« mind » réfère à l'intellect, au psychisme. Nous l'avons traduit par « esprit » avec une minuscule.
« spirit » réfère aux réalités spirituelles. Nous l'avons traduit par « Esprit » avec une majuscule.

PENSÉE COMMUNE

« Pensée commune » est la traduction de « Common thought ».
Pensée commune = pensée ordinaire, de tous les jours.

Table des matières

ILLUSTRATIONS

Remerciements

Nos sincères remerciements et notre reconnaissance à toutes les personnes ayant prêté leur concours à la création de ce livre. Il s'est agi d'un intense travail d'équipe inspiré par le même amour que nous partageons tous pour notre Maître Enseignant Ramtha et son sage enseignement.

Nous souhaitons remercier Debbie Christie pour avoir assuré l'enregistrement original de la parole de Ramtha en vue de sa transcription. Notre appréciation également pour le travail d'édition de Pat Richker et pour ses scrupuleux efforts pour conserver la pureté du discours du Maître. Mille remerciements à Stephanie Millhampour, pour son travail de correction particulièrement soigné et pour son professionnalisme. Une reconnaissance particulière pour Jaime Leal-Anaya qui a assuré l'édition littéraire de ce livre, l'élaboration du Glossaire de Ramtha, de l'Index ainsi que des présentations sous forme de commentaire préliminaire aux différents chapitres du livre.

Et pour terminer, nous souhaitons manifester notre gratitude à Madame JZ Knight pour se consacrer au Grand Œuvre et pour rendre les enseignements de Ramtha accessibles à toute personne qui souhaite les entendre et explorer de nouvelles voies dans sa vie.

Prélude
L'amour, sang de la poésie et de la beauté

Qui n'a pas souvenir de la première fois, celle du moment attendu de notre premier baiser passionné ? Combien précieux est le souvenir ou les rêves de cette innocente époque de passion sauvage ! Qui, dans la tranquille solitude de son être intérieur, n'a pas fantasmé sur cet amour spécial, cette expérience unique et magique qui vous a fait vous sentir vivant et au centre de la scène ? Et, de même, qui n'a jamais été abusé ou désabusé par un sentiment amoureux non viable ou sans existence réelle ?

L'amour peut s'avérer un mystère tellement insaisissable pour tous que poètes et rêveurs les plus célèbres se sont eux-mêmes efforcés de le dépeindre en mots, en figures de danse ou en représentations de pierre pour finalement échouer à saisir sont visage, ses traits, ses tours et contours. La pratique même de l'amour est souvent une expérience tellement furtive et éphémère, comme de l'eau s'échappant de nos doigts. C'est précisément cela qui rend l'amour d'autant plus désirable, éternel, inextinguible, toujours séduisant alors même que notre âge est avancé et nos fonctions faillissantes.

La dramaturgie humaine à travers les âges ne s'est jamais lassée de rechercher ce trésor qui, étrangement, semble réservé à quelqu'un d'autre comme s'il s'agissait d'un élixir magique réservé aux seuls grands Dieux et

Déesses à l'exception des simples mortels qui échoueraient à le garder, à le saisir et à le connaître.

Habituellement, la clef de l'accès à un grand mystère, à une nouvelle connaissance ou à de nouveaux paradigmes est cachée au cœur du paradoxe précisément. L'amour est à la fois un mystère et un paradoxe. L'amour semble une réalité au-delà des complexités et limitations de notre condition humaine, caractéristique qui expliquerait la difficulté à le posséder durant notre vie, continûment voire même jamais. À un moment donné, dans un endroit secret et particulier, nous éprouvons un bonheur suprême avec notre amoureux,dans des élans délicieux et grisants d'excitation physique, et puis peu de temps après, le corps apaisé et l'instant écoulé, les problèmes de la veille concernant des vétilles trouvent le moment particulièrement approprié pour resurgir.

L'amour est un mystère. L'amour transcende notre nature humaine. Aussi loin que nous remontons dans l'histoire, l'amour ne se présente pas comme une caractéristique naturelle, spontanée et générique de la nature humaine. Cependant, redisons-le, ce qui est embarrassant et paradoxal, est notre aptitude en tant qu'êtres humains à concevoir et à rêver d'une chose comme l'amour. Ce phénomène transcende notre réalité humaine et pourtant, en tant qu'entités humaines, nous le considérons d'importance et nous nous hasardons dans la vie en quête de cet amour. C'est cela qui est paradoxal.

Je suis certain que là est le motif en vertu duquel certaines personnes en sont arrivé à penser que la meilleure manière de décrire la divinité, Dieu, source de toute vie, est d'utiliser la terminologie de l'amour. Ils disent : « Dieu est amour. » Eh bien, nous comprenons pourquoi. L'amour est une chose tellement inhabituelle. Il est chose si rare, si insaisissable et mystérieuse qu'on l'utilise pour décrire tout ce que nous ne connaissons ou ne comprenons pas, tout ce qui échappe à notre conscience quotidienne. Certains croyants peuvent trouver cela confortable. Mais puisque Dieu, traditionnellement, se situe tellement hors de notre portée, il s'ensuit naturellement que l'amour serait aussi hors d'atteinte. Peut-être cette considération est-elle l'une des raisons pour lesquelles l'absence d'amour sincère et véritable dans la vie des gens est si largement acceptée comme un état de chose normal. Dans le récent film musical *Moulin Rouge* (Twentieth Century Fox : Nicole Kidman, Ewan McGregor, 2001), on relève une importante séquence entre Zidler et Satine dans laquelle elle lui explique comment elle a fini par trouver le véritable amour dans sa vie, ce à quoi il lui répond avec amertume « nous sommes des créatures de l'enfer, nous ne pouvons nous permettre d'aimer ». N'est-il pas ironique de constater que les croyances les plus sacrées des gens ainsi que leur perception d'eux-mêmes — pour devenir une partie invisible de leurs traditions culturelles — les amènent souvent à manquer de confiance en eux et à perdre l'espérance des plus hautes réalisations ?

Nous disons que l'amour est éphémère et insaisissable mais est-ce bien exact ou se pourrait-il que ce soit nous, par inconstance, qui manquerions de substance ? Peut-être avons-nous regardé dans la mauvaise direction. Peut-être est-ce dans notre propre for intérieur que réside la réponse, à l'intérieur même de l'individu si souvent étranger à lui-même, avec son système de protections fictives, en ayant oublié qui, dans la pièce, porte la cape et le masque.

Ce livre traite de ces questions et de la découverte du secret relatif au paradoxe de l'amour et de quelque chose que nous n'avons jamais compris sur nous-même. Il s'agit d'un livre qui nous permet de nous voir réfléchis dans un miroir, vulnérables, à l'épreuve de la vérité et de l'honnêteté flagrante, fragilisés de notre propre fait et par notre ignorance. Que reste-t-il de notre identité, qui sommes-nous lorsqu'ont été exposés à la vue de tous nos secrets les mieux protégés ? Serions-nous encore nous-même si nous n'avions plus besoin de dissimuler, de plaire ou de feindre ? Quelle sorte de liberté manifestons-nous lorsque nous nous aimons suffisamment pour vaincre, pour savoir qui nous sommes et avoir le courage de manifester mos meilleures potentialités ?

Ce livre est dédié à tous les guerriers, poètes et amants qui ont erré, leur vie durant, en quête de réponses. Le voyage que nous allons entreprendre avec ce livre n'est rendu possible que par la manifestation de l'amour, celui qui soigne, qui nourrit et qui nous donne des ailes pour voler là où nous ne l'aurions jamais imaginé auparavant. Mais un tel amour, nous ne l'avons pas compris. Il est l'épée de vérité qui nous lance le défi de conquérir notre propre Némésis, qui recouvre notre véritable et indélébile nature, notre identité originelle.

Notre hôte sera une voix inhabituelle qui s'adressera à nous depuis un lieu éloigné ; il est cependant présent, d'une manière extraordinaire, et bien au fait de notre actuelle condition difficile. Il s'agit de Ramtha, l'Être Éclairé, un maître conquérant issu de notre propre famille qui découvrit le secret de l'éternité et qui désormais fait partie du Panthéon des Dieux et Déesses en possession de l'élixir de l'immortalité. Ne rejetez pas ce message inhabituel mais considérez plutôt les pensées et les questions qui vous sont offertes. Considérez la chose comme un spectacle, une fenêtre, une chanson que nous entendons et qui nous porte à réfléchir, à sourire et à nous souvenir.

Considérez ceci : Qu'en est-il de l'amour sexuel ? Pourquoi exerce-t-il un attrait aussi puissant ? Est-il bon ? Est-il mauvais ? Qu'en est-il des femmes ? Quelle est leur véritable nature, leur beauté, leur valeur ? Qu'en est-il du mariage ? Est-il une chose naturelle ou anormale ? On dit que l'instinct animal et l'attirance pure ne sont pas de l'amour mais alors qu'en est-il de ce que nous apprend le monde animal et de ces quelques rares espèces qui s'accouplent pour la vie et sont prêts à se sacrifier pour leur progéniture ? Que dire de ces personnes qui se créent des maladies pour obtenir attention, soins et amour une fois que le feu de la passion a perdu en intensité ou est devenu ennuyeux et importun ? Pourquoi l'adultère est-il souvent une aventure plus exaltante que la fidélité envers un partenaire que nous déclarons aimer ? Pourquoi se fait-il que maintes relations commencées par passion et amour se trouvent tragiquement réduites au ressentiment de devoir assurer des responsabilités et des accords contractuels ? Comment se fait-il que pour certaines personnes la vie sexuelle vienne à ne plus représenter une activité amoureuse ? Que devons-nous faire de nos fantasmes sexuels, de nos secrets qui nous conduisent rapidement vers l'instant où notre esprit commence à prendre quelque distance avec notre partenaire ? Comment pouvons-nous associer amour et compassion en un élan puissant ? Une forte attirance peut-elle être un moment de passion pure ou doit-elle se voir entachée de quelque intrigante manœuvre ? L'amour peut-il être une expérience durable ?

Nous apprendrons que nous avons peut-être cherché les réponses au mauvais endroit. Nous ne pouvons isoler l'amour de son bénéficiaire qui est nous-même. Nous commençons à trouver des indices au moment où nous devenons véritablement conscients de ce que nous recherchions précisément dans cette expérience. Notre objectif principal était-il le plaisir sexuel ou quelque chose d'autre ? Comment nous percevons-nous nous-même, comme de simples éléments corporels, le fruit du hasard de la nature ou comme quelque chose d'autre ? Nous sommes-nous résignés à vivre pour l'apparence, pour les idéaux de quelqu'un d'autre ou désirons-nous vivre pour quelqu'autre chose ?

Tous, nous restons muets sur ce point car nous avons tous eu une large expérience de ces sujets. Reste sans réponse l'éternelle question : Cet « autre chose » que vous mentionnez, précisément, c'est quoi ?

Ramtha rompt le silence par des mots puissants, quoique délicats et affectueux, tels une mélodie de flûte qui se surexposerait à des roulements de tambour : « Cette chose est ce que vous recherchez tous. Vous recherchez la femme parfaite ou l'homme parfait qui, dans votre vie, sera irremplaçable[1]. »

« Vous pouvez en arriver à prendre conscience avec émerveillement du fait que, lorsque vous devenez un être absolument authentique tel que vous êtes précisément en

1. *Finding Peace in Love,* Cassette 478 ed. (Yelm : Ramtha Dialogues, 2000).

vous abstinant de jouer un quelconque rôle, vous vous trouvez alors en situation de peut-être devoir perdre la personne qui partage votre lit, tandis que la prochaine personne qui partagera votre couche sera peut-être votre égale. Est-ce que vous comprenez ? »

« La vérité est la liberté et elle est également une séduction. Elle représente le plus haut hommage que nous puissions nous rendre. Notre corps n'est pas notre hommage suprême, mais notre esprit l'est[2]. »

La nature apparemment indéfinissable de l'amour commence à prendre forme et couleur lorsque nous changeons de point de vue en retournant notre attention vers nous-même et en nous observant au-delà de notre façade et de nos constituants physiques. Le paysage change totalement à partir du moment ou nous commençons à nous considérer — hommage suprême — comme des esprits souverains directement concernés par notre liberté et par nos choix, capable de former un mode de pensée original ainsi qu'un espace onirique nouveau pour poser le décor et nous préparer à l'expérience nouvelle tant attendue. Nous ne sommes pas simplement les bénéficiaires fortuits d'une expérience mais l'esprit qui en a envisage la possibilité et en a fait une réalité, d'une manière consciente ou inconsciente.

La confusion se produit lorsque nous insistons pour réduire notre nature aux échelons inférieurs de l'échelle de l'expérience humaine à savoir l'amour-sexe, l'amour-besoin, l'amour-manipulation. La vie, pour un être humain, est bien plus que cela et il en va de même pour l'amour.

---

2. *A Teaching Dedicated to the Feminine Gender and Understanding Molecules of Intent and Becoming a Christ*, Cassette 374 ed. (Yelm : Ramtha Dialogues, 1998).

Nous avons expérimenté trois types d'amour seulement, sur un total de sept. Il nous reste à explorer l'amour inconditionnel, l'amour de la liberté, l'amour vu en toutes choses et l'amour éternel de la liberté, par rapport à l'espace-temps, dont jouissent les maîtres véritables qui nous montrent le chemin après avoir maitrisé leur propre destin.

L'amour nous dispose à rechercher avec force la grandeur et à voir le beau là où les autres ne distinguent que laideur et frustration. L'amour met de la musique dans notre tête ; il fait s'envoler notre esprit sur des ails de plume en apportant à notre vie la promesse d'un nouveau rêve. L'amour est en vérité le sang de la poésie et de la beauté. Il est le sésame qui, avec clarté, nous montre notre divinité intérieure car, en effet, comment se pourrait-il que nous goûtions un tel élixir d'immortalité transcendant les infinis de l'espace et du temps, alors que nous demeurerions simples mortels ? Nous sommes davantage que ce que nous pouvons apprécier par un contact physique. Nous sommes l'esprit qui anime notre corps et qui le rend unique, tout autant libre et insaisissable que l'amour lui-même.

Tout cela ayant été dit, nous sommes maintenant prêts à commencer. Remplissez votre verre du vin des Dieux car, aussi sûrement que le coeur des mortels, hommes et femmes, continuera, grâce à ce rêve, à vivre dans la liesse durant les siècles à venir, vous aussi, en vérité, avez la possibilité d'en venir à connaître *cet élixir nommé amour.*

CHAPITRE 1

Tout le monde le veut. Tout le monde en a soif. Mais qu'est-ce donc ?

Je suis en vérité si honoré et en vérité si heureux que vous soyez venus si promptement — mais qu'est-ce que le temps ? — pour être avec moi ce soir. Moi aussi, j'ai été invité ce soir et je vous promets que ce que vous allez entendre ce soir va devenir un grand classique dans les annales de ces enseignements-ci dans les jours à venir. Qu'il en soit ainsi. De plus, ce que je vais enseigner ce soir, sans envoyer de messagers, je vous dis que tout cet enseignement-ci que vous allez entendre ce soir dans votre temps se manifestera dans votre vie en tant que réalité vivante pour vous en approcher ou vous en distancer selon le cas. Il n'est plus question de messagers. Il est question d'une intrusion dans votre réalité, d'une intrusion dans votre esprit. Qu'il en soit ainsi.

Vous dites « je t'aime » mais vous aimez-vous vous-même ?

Je m'approche de la fin de mon Grand Œuvre et à la fin de ce Grand Oeuvre, nous en arrivons à ce mot si précaire de quelques lettres : l'amour. Tout le monde le veut. Tout le monde en a soif. Tout le monde en vit. Sans lui règne la folie. Sans lui c'est la dégénérescence. Sans lui il n'y a que l'espoir. Mais si l'amour existe comme un ange invisible dans notre vie et qu'il est disponible à tous, nous choisissons de le poursuivre — gens, lieux, choses, temps et événements — pour trouver ce sentiment superlatif, ce sentiment effervescent, ce sentiment légendaire qui est magique, cette satisfaction qui procure paix à notre corps en conflit et liberté à notre esprit — c'est ce que fait l'amour — et à l'âme la plénitude. Tout le monde veut cela.

L'amour n'est pas légendaire. Il existe en chaque souffle. Ainsi, pour reprendre d'anciens enseignements à ce propos, dire que Dieu connaît chacun des cheveux sur notre tête, qu'il connaît chaque inspiration que nous ayons jamais inhalé, et que ceci devrait être l'exemple suprême de l'amour, ceci est tout à fait juste. C'est tout à fait exact. Mais en grandissant, nous découvrons à quel point ce concept est ridicule parce que dans notre esprit nous ne trouverons jamais quelqu'un qui connaisse le nombre des cheveux sur notre tête, qui jamais puisse connaître, jamais, tous les concepts que Dieu promet connaître à notre sujet. Nous renonçons à un concept aussi ridicule. Mais le devrions-nous ? Le devrions-nous ?

Dans l'amour, nous découvrons ce grand mystère légendaire. Il n'y a personne dans cet auditoire, jeune ou vieux, ni même le jeune le plus stupide ou le vieillard le plus cynique, qui ne désire trouver cette potion magique, cette potion qui, si nous la trouvions, fasse que tout prenne sa juste place dans notre esprit, dans notre cœur et notre âme, dans notre corps et dans notre royaume. Et avec l'amour, nous trouvons la paix, mais le genre de paix qui ne nous met pas en retrait de la vie mais nous met en retrait de notre passé avant qu'il n'ait été connu. Il nous met en retrait du passé, brise nos chaînes et nous rend la liberté ; cet amour attribue de la valeur à notre vérité.

La vérité croît dans le sol de l'amour. La vérité ne croît pas dans le sol des émotions, elle ne pousse pas dans le sol de la culpabilité et de la honte et de l'ignorance et du ressentiment et de la jalousie et du blâme et de la victimisation et du doute. En réalité, l'amour ne croît jamais dans un sol où a fleuri le doute. Tout ce qui se nourrit du doute ne fournit pas de réponses car le doute n'en offre aucune. Pour avoir entretenu un esprit qui doute, nous sommes réduits à ne pas connaître la sagesse.

En outre, nous savons — je sais et vous savez, et si vous ne savez pas, vous le saurez ; qu'il en soit ainsi — que l'amour ne supporte pas le sol empoisonné de la jalousie, de l'envie, du soupçon et de la méfiance. L'amour n'émerge jamais de ce genre d'âme, de ce genre d'esprit, de ce type de sol. L'amour n'émerge pas de la haine, de l'abus ou de la destruction de soi. L'amour ne croît pas — pensez à la fleur plantée dans le sol le plus acide que vous puissiez imaginer. La Mer Morte : la seule chose qui vive dans la Mer Morte, ce sont les bactéries. Dans la Mer Morte, il n'y pousse ni plantes, ni orchidées, ni lys, ni chênes, ni grands arbres. L'eau lourde, la plus lourde des eaux qui soient sur la surface de la Terre, se trouve dans la Mer Morte — une mer morte. Les bombes atomiques et les bombes à hydrogène sont fabriquées avec l'eau lourde de la Mer Morte. La mort et la destruction proviennent de l'eau lourde.

Maintenant, exactement comme pour l'amour légendaire, cela vous échappe toute votre vie car si votre esprit est fixé sur le ressentiment, si votre esprit s'attache au passé, si votre esprit est fixé sur la jalousie, si votre esprit est fixé sur la méfiance et que vous êtes celui qui nourrissez cela, si votre esprit est chargé de l'un des contenus de ces lacs, — l'amour comme la rose, comme le lys — ne sera jamais nourri dans votre vie. Le fait qu'il ne grandisse pas dans la mer morte de votre corps émotionnel signifie-t-il qu'il ne pousse nulle part ? Non.

L'amour, tout le monde le veut. Beaucoup d'entre vous entretiennent du ressentiment envers leurs parents parce qu'ils ne vous ont pas aimé. Beaucoup d'entre vous ont du ressentiment envers leur passé parce qu'il n'y a pas eu d'amour. Beaucoup d'entre vous ont connu l'amour dans leur passé, du fait que vos parents vous ont réellement aimé à être libres et vous ont permis, grâce à leurs bons conseils, de connaître la différence entre le bien et le mal. Ceci vous est acquis. Vous avez été suffisamment aimés pour être encouragés à acquérir la connaissance. Vous avez été suffisamment aimés pour être encouragés à vous exprimer librement. Beaucoup d'entre vous sont dans ce cas. Vous pouvez donc dire que vous avez été aimés quand vous étiez enfant. Corriger un enfant ne signifie pas un manque d'amour ; cela signifie établir le juste du faux en situation analogique de discernement. C'est une bonne chose ; c'est une mauvaise chose ; c'est un attribut de Dieu.

Maintenant, comment trouver notre chemin vers la légende ? L'accomplissement le plus glorieux de notre vie est de connaître ce remède mystique et cela commence en s'aimant soi-même. Mais si vous ne comprenez pas l'amour, que signifie le voyage ? Nous savons qu'il vous implique personnellement — ni votre compagnon, ni vos enfants, ni vos parents — que ce message est un mystère, mais qu'il vous implique, vous, vous. C'est un mystère.

Trois amours sur sept : sensualité, souffrance et pouvoir de manipuler

S'aimer soi-même. D'accord, vous croyez savoir vous définir vous-même, mais vous ne connaissez pas le verbe mouvant de l'amour. Quelle en est la signification ? Eh bien, il y a sept niveaux pour ce mot que nous avons manifesté à un certain degré. Je le fis et vous êtes en train de le faire.

La pyramide consiste en sept niveaux, sept corps, sept consciences, sept champs de conscience éveillée[1]. Jusqu'à maintenant, vous avez descendu l'échelle mais vous ne l'avez pas encore remontée. Donc, s'aimer soi-même. À combien de gens avez-vous dit : « Je t'aime » et avez fait quelque chose pour eux ou avez pensé à eux ? À combien de gens avez-vous dit ce mot alors que vous ne vous l'êtes jamais dit à vous-même ?

Ainsi, au niveau du premier sceau[2], à combien d'hommes et de femmes avez-vous dit que vous les aimiez parce que vous les désiriez sexuellement et vous étiez le prédateur ? Vous utilisez ce mot magique pour séduire, pour que cette personne vous livre leur intimité, leur être intime, et vous donne — c'est cela que vous vouliez — leur esprit, leur âme et leur corps. L'accent était sur l'esprit, la programmation et ce qui s'ensuivrait, c'était le corps. « Je t'aime. » Combien d'entre vous ont dit à des gens dans

1. Voir Illustration B : Les Sept Niveaux de Conscience et d'Énergie, p. 312
2. Les sceaux sont de puissants centres énergétiques reliés aux glandes et organes importants du corps qui facilitent sept niveaux de conscience importants et distincts. Les trois premiers sceaux sont les centres qui entrent couramment en jeu dans toutes les complexités du drame humain. Le premier sceau se manifeste comme la sexualité, le second comme la douleur et la souffrance et le troisième comme le pouvoir et la manipulation. Voir Illustration A : Les Sept Sceaux, p. 311

votre vie que vous les aimiez parce que vous étiez dans le feu d'une pulsion sexuelle ? Levez la main. Regardez autour de vous. Regardez, juste pour savoir que vous n'êtes pas le seul, vu ? Besoin urgent ; c'est l'idée que vous trouvez. N'importe quoi fera l'affaire si vous fonctionnez depuis le premier sceau. N'importe quoi.

La plus grande légende de toutes concerne l'amour ; c'est la potion la plus grande et la plus magique qui soit. Vous allez vous en servir et dire à une personne quelconque que vous êtes amoureux d'elle simplement pour pouvoir répandre votre semence ou avoir un orgasme ou faire d'elle ce que vous voulez avec. Combien d'entre vous sont d'accord avec cela ? Levez la main.

Maintenant, au premier sceau, quel est le facteur de vente de n'importe quel produit le plus commercialisé politiquement qui soit, y compris dans cette école — le sexe vend. C'est la raison pour laquelle toutes les publicités sont sexy. C'est la raison pour laquelle, lors des « enseignements de la vérité » cet auditoire-ci était plein à craquer lorsque l'on en est arrivé à parler de sexe, et je dis bien de sexe.

Combien d'entre vous savent que jusqu'ici j'atteints un bon score sur ce sujet de l'amour ? Maintenant, je veux vous poser une question : Dédieriez-vous votre vie, votre esprit, votre corps et votre âme à cette personne à laquelle vous avez dit cela et qui vous a cru et, dans le feu de la passion, vous y avez presque cru vous-même ? Je veux que vous vous posiez cette question : Combien d'entre vous sont heureux de savoir que vous avez été des fornicateurs et non pas des amants ? Allons. Vous savez, je crois voir une main paresseuse se lever ici. C'est bien. Maintenant, je veux vous demander quelque chose. Arrêtons-nous ici. Combien d'entre vous sont encore amoureux de cette personne à qui vous avez fait une demande ou à qui vous avez dit cela, juste pour pouvoir, dans le feu de la passion, passer aux actes ? Combien d'entre vous sont encore amoureux de ces personnes ? Merveilleux. Pourquoi n'êtes-vous pas avec elles ? Combien d'entre vous ne sont pas avec elles ? Qu'il en soit ainsi.

On en revient donc à savoir en vérité où trouver l'amour. Eh bien, c'est tout d'abord un sentiment fugace extraordinaire qui survient, mais ce n'est pas au niveau de nos organes sexuels que cela se produit. Cela commence ici[3] et descend plus bas. Cela n'est que réaction, émotion. Les trois premiers sceaux sont l'animal. Ce sont l'animal. Ce sont la territorialité, le prédateur — le plus faible est là pour être pris — la procréation. C'est la partie animale de votre nature qui constitue tout le monde animal. Vous savez, personne ne fit l'autruche avant d'en devenir une. La nature entière est faite d'après la conscience de Dieux, et la conscience des Dieux est ainsi faite selon les trois premiers sceaux des Dieux[4]. Par conséquent, toute la nature démontre ce concept selon lequel on doit se multiplier sans responsabilité, sans fardeau. Voilà ce que sont les trois premiers sceaux.

Mais souvenez-vous ce que je vous ai enseigné sur la manière dont le Tyrannosaure, ou encore l'autruche, le cheval, le bison, le tigre, le lion, l'élan, le poisson sont apparus ici : grâce aux Dieux qui les créèrent. Et les Dieux qui les créèrent insufflèrent en eux le souffle de vie. Quelle était donc la vie ? L'énergie des trois premiers sceaux —

3. Cela commence d'abord dans l'esprit; les hormones sexuelles sont ensuite activées.
4. *Ramtha, A Master's Reflection on the History of Humanity, Part I, Human Civilization, Origins and Evolution* (Yelm : JZK Publishing, une division de JZK, Inc., 2001) pp. 122-136.

l'énergie des trois premiers sceaux. C'est pour cela que l'on appelle cela l'instinct animal.

Le seul amour dans le monde animal — sauf chez les animaux qui s'accouplent pour la vie — le seul amour dans le monde animal existe chez les mères qui donnent naissance à leurs petits, les protègent et les élèvent jusqu'à ce qu'ils soient en âge de se débrouiller tout seuls. C'est tout. C'est tout. Le sexe n'est pas l'amour. Le sexe est un instinct animal, un instinct humain élémentaire, de même qu'il est élémentaire dans la nature. Il est élémentaire chez les bactéries. Il est élémentaire chez les virus. Vous savez, la prochaine fois, vous devriez envoyer une carte de la saint Valentin à votre vieux virus. Juste une idée.

Maintenant, je veux vous poser une question et c'est pour prouver ce que j'avance. Allons, êtes-vous donc toujours passionnément amoureux de ces personnes comme vous leur avez dit ? Veuillez lever la main si vous ne l'êtes pas. Qu'il en soit ainsi. Pourquoi ? Pourquoi leur avez-vous dit que vous les aimez ? Parce que c'est la potion magique, n'est-ce pas ?

Un des grands enseignements que j'ai jadis présenté — jadis — c'est « Aimez-vous à en vivre. » L'amour n'est pas seulement un mot de quelques lettres. Cela peut vous paraître d'une banalité rehaussée d'un peu de moutarde, mais l'amour ne naît pas dans le premier sceau. Combien d'entre vous ont utilisé leurs maladies, ont utilisé leur fatigue corporelle, leurs maladies pour attirer l'affection d'autres personnes ? Pourquoi avez-vous agit ainsi ? J'ai posé une question, pourquoi avez-vous agit ainsi ? Pourquoi avez-vous créé cette disposition simplement pour attirer l'attention ? Pourquoi ? Voyons, puis-je y répondre ? Vous l'avez fait parce que le premier sceau était déjà usé et vous montiez vers le deuxième sceau. Ceci vous semble-t-il familier ?

Encore une fois, combien d'entre vous se créèrent une maladie pour obtenir l'attention que l'amour sexuel ne vous apportait plus ou encore parce qu'il était disparu de votre vie ? Il y en a davantage parmi vous, mais pour l'instant, c'est la vérité.

Regardez-moi, vous que je trouve si beaux. Que recherchiez-vous ? L'amour, assez pour en tomber malade, et parfois même pour mettre à l'épreuve votre partenaire, afin que, par votre souffrance et votre douleur, vous captiez leur attention mais sans que cela ne vienne du premier sceau mais plutôt de votre amour propre et de votre besoin personnel de trouver du respect en vous-même, de votre besoin de découvrir que vous êtes davantage que votre corps sexuel. Combien d'entre vous savent qu'ils ont franchement créé cela ? C'est vrai. Oh, mes petits, vous avez encore du chemin à faire avant de comprendre la conscience humaine. La raison pour laquelle je veux que vous fassiez cela c'est parce que la guérison survient quand on expose la vérité. La guérison survient lorsqu'on expose la vérité.

Si vous acceptez de tomber malade, si vous acceptez de vous sentir mal, si vous acceptez de faire cela, simplement pour transférer l'énergie de vos organes sexuels vers une autre partie de votre corps pour voir si vous pouvez y attirer l'attention, au moins c'est une évolution. Cela veut dire qu'il existe un grand principe directeur. Cela veut dire qu'il y existe une matière première. Cela veut dire qu'il existe un aspect sacré dont vous êtes à la recherche — dont vous êtes à la recherche — parce que les gens qui disent à d'autres qu'ils les aiment, « Couche-toi, je crois que je t'aime » ou bien — Non, j'ai oublié comment on dit. Je vais le retrouver. Mais une vie grandiose n'est pas fondée sur l'importance de la sexualité parce que la grande sexualité ne dure pas. Elle décline. Elle décline. Lorsqu'après avoir été voilés, nos yeux commencent à percevoir la réalité et à voir à travers le voile et que l'on voit ce que l'on a fait, nous ne sommes plus si attirés par ce mensonge.

Mais revenons-en maintenant au Saint Graal. Que recherchons-nous tous ? L'amour. Que recherchons-nous tous ? Pourquoi allons-nous jusqu'à en tomber malade ? Pour recevoir au moins autant d'attention durant notre vie normale, loin de notre chambre à coucher, nous tomberons malade afin de nous déshabiliter nous-même tout en attirant une égale affection humaine, pour être tout autant touché et pour entendre ces roucoulements, simplement pour vérifier que nous en sommes capables. Les gens tombent malade parce qu'ils en ont assez d'être de simples attributs corporels et qu'ils en ont assez de penser et de se forcer à croire que c'est cela le vrai amour. Vous le ferez ne serait-ce que pour voir si vous vous situez plus haut qu'au niveau du premier sceau grâce auquel vous avez attirés à vous ces personnes, ou bien si ce sont elles qui le sont à ce niveau. Combien d'entre vous comprennent ? Qu'il en soit ainsi.

Nous voyons maintenant les germes naissants de la maladie. Nous voyons les germes naissants de la folie. Nous voyons les germes naissants de la fin de la vie car, une fois le mensonge découvert, nous ne voulons pas le regarder en face et nous créons les accidents, nous créons la maladie, nous créons l'événement fortuit, nous créons un problème pour toujours maintenir l'attention dirigée sur soi, car en réalité il ne s'agissait jamais de ce qui qu'on nous avait fait sexuellement ou de ce que nous avions nous-même fait ; il s'agissait de l'espoir de l'amour, et c'est l'amour que nous recherchions. Nous voici maintenant arrivé au deuxième sceau — Nous créerons absolument ces états propres au deuxième sceau, maladies et malheur, dans notre quête de quelqu'un qui puisse nous comprendre, dans notre besoin si impérieux que notre voix soit plus forte que celle des personnes en bonne santé.

Si le premier sceau est la séduction — l'éjaculation des hommes, la gratification des femmes — les femmes qui vivent toujours pour être sexuellement gratifiées par leur mari se battent contre l'embonpoint. Elles se battent contre le vieillissement. Elles se battent contre tout afin de conserver à leur corps la même apparence que celle qu'il avait lors de leur premier rapport sexuel avec cet homme qui leur a dit qu'il les aimait. Elles n'entendent rien d'autre — absolument rien d'autre. Elles ne veulent que perpétuer cet instant. La vérité est que le sexe avec la même femme, le sexe avec le même homme, si c'est tout ce que vous recherchez, cela devient ennuyeux et conduit alors à l'adultère, car si c'est la base de l'union, c'est la raison de l'adultère et la raison véritable de la méfiance. Notre énergie se déplace alors et monte au deuxième sceau. Et nous commençons alors à faire toutes ces choses pour lesquelles vous avez levé la main : la maladie. Toute maladie se produit dans la conscience du deuxième sceau. Tout accident se produit dans la conscience du deuxième sceau. Tout affaiblissement des fonctions corporelles se produit sous la conscience du deuxième sceau. Toute maladie — je tiens à insister là-dessus — se produit dans la conscience du deuxième sceau. Le vieillissement se produit dans la conscience du deuxième sceau.

Puisque vous avez si volontairement levé la main sur ces éléments de vérité, je voudrais vous dire quelque chose : Vous n'allez jamais trouver le Saint Graal grâce au sexe. Vous n'allez jamais trouver le Graal grâce à la maladie ou le malheur. Vous n'allez jamais trouver le Graal par le pouvoir du ressentiment, le pouvoir de la culpabilité, le pouvoir de cet instant où vous avez pour la première fois dit « je t'aime » car il s'est métamorphosé en « cette pute » — ne soyez pas consternés, je vous en prie, vous avez pensé à cela — il s'est traduit au niveau du troisième sceau en « espèce de bâtard manipulateur. Tu m'as dit que tu m'aimais. Je t'ai cru. Je t'ai donné mon corps. Je t'ai donné les plus belles années de ma vie. Tu as couché avec ma meilleure amie. » Il me semble que la prochaine question que vous devriez vous poser est de vous demander pourquoi cette personne était votre ami ? Nous devrions choisir nos amis avec sagesse. Ai-je été trop cru pour vous, trop cru ?

Pour parler du troisième sceau, l'amour au niveau du premier sceau veut dire s'occuper d'un enfant, s'occuper de l'époux et des factures, quand les hormones ne sont plus en effervescence et quand votre esprit fait virevolter les fantasmes. Vous ne faites pas l'amour à cet homme ou à cette femme étendue près de vous ; vous faites l'amour à quelqu'un d'autre, ou bien vous les regardez faire l'amour à quelqu'un d'autre, car si vous pensiez qu'ils vous font l'amour à vous, vous ne ressentiriez rien. Vous savez pourquoi il existe ce qu'on appelle les fantasmes sexuels et pourquoi c'est devenu un mode d'être naturel dans notre société ? Parce que c'est un signe que si vous pensiez à la personne à qui vous faites l'amour, vous n'auriez pas le plus grand orgasme que vous avez. Et cela ne veut pas dire quelque chose à tous mais cela traite du concept de toutes ces personnes à qui vous avez dit que vous les aimiez et « couche-toi, je crois que je t'aime » ou bien — ce n'est toujours pas clair pour moi. Oh ! Eh bien ! J'en ai appris suffisamment dans cette dimension. Si donc vous avez besoin de fantasmes à propos de votre partenaire sexuel, pourquoi ne les regardez-vous pas dans les yeux en leur disant : « Tu sais ? Ce n'est pas à toi que je fais l'amour ce soir. Je fais l'amour à un tel ou une telle » ou à un objet et, si vous faisiez cela, cela serait votre premier pas en direction de l'amour.

Lorsque le sexe n'est plus faire l'amour

Nous comprenons donc que l'amour sexuel — l'amour sexuel — les premières fois, on est totalement impliqué avec l'autre être, totalement. C'est l'amour sexuel, implication totale, aucun fantasme, seulement une implication totale. L'amour sexuel, c'est cela. Si vous êtes vicieux et avez des fantasmes, c'est vous qui avez visé plus bas. Déjà été là, déjà fait cela. L'amour sexuel, c'est quand vous voulez quelqu'un si intensément que vous ne pouvez attendre de coucher avec. Et quand vous l'avez dans votre lit, vous êtes fou de cette personne à cause de tous vos fantasmes — ce sont eux qui ont été vos fantasmes ; ce sont eux qui ont été vos pensées ; ce sont eux qui ont occupé vos émotions. Et les voilà finalement au lit avec vous et vous voilà au lit avec eux, et c'est vraiment si fabuleux que vous n'en finissez pas de le faire, encore et encore. Qu'en est-il du jour où votre esprit commence à s'évader un peu ? Que s'est-il passé alors ? Ce n'est plus de l'amour sexuel ; c'est de la convenance. Oui ? Combien d'entre vous sont d'accord ? De la convenance.

Combien d'entre vous comprennent jusqu'à maintenant ? Ce que je vous demande, c'est combien d'entre vous comprennent ce qu'est l'amour sexuel et ce qu'il est quand l'amour sexuel disparaît, quand l'amour n'est plus la sexualité et devient une habitude dans laquelle nous substituons personnes, lieux, choses, temps et événements ? Levez la main. Puis-je voir cela de nouveau ? Je sais que vous avez un peu hésité là-dessus mais je vous remercie de votre honnêteté. Que Dieu vous bénisse. Que Dieu vous bénisse. Que Dieu vous bénisse. Que Dieu vous bénisse. Vous savez pourquoi ? Parce que nous devrions toujours connaître l'intention derrière nos actes — toujours. D'accord. Combien d'entre vous ont appris quelque chose jusqu'à maintenant ?

Que se passe-t-il si vous épousez une personne parce que vous en êtes sexuellement amoureux ? Combien d'entre vous ont épousé une personne parce que vous en étiez sexuellement amoureux ? Bien. Ces personnes ont satisfait au premier degré de vos anticipations mais pas le reste de celles-ci, n'est-ce pas ?

Revenons-en maintenant au mystère de ce moment fugace de l'amour dans la sexualité. Cessez de manger. Vous mangez toujours lorsque vous devenez nerveux. Arrêtez ; rangez cette nourriture. Je ne suis pas une émission de télévision et je vous parle. Qu'il en soit ainsi. Bien.

Nous en venons maintenant au deuxième sceau. Permettez-moi de vous dire quelque chose. Ceci peut sembler difficile à croire mais les gens fantasment sur la mort et la maladie afin de s'attirer l'attention totale de quelqu'un d'autre, et c'est un fantasme aussi fort qu'un autre. Que vous le croyiez ou non — que vous le croyiez ou non, vous qui êtes des hommes et des femmes virils — que vous le croyez ou non, ces personnes qui sont au deuxième sceau sont à un niveau plus élevé que vous ne l'êtes. Je sais que c'est difficile, mais si celui dont vous êtes amoureux tombe malade, vous devriez commencer à vous dire, « Oh ! Oh ! « Oh ! Oh ! Oh ! la-la-la-la-la-la. » Cela veut dire que la personne que vous aimez — votre amant — recherche une plus grande satisfaction, un orgasme plus grand. Dans le deuxième sceau, l'orgasme suprême d'un amant est la maladie.

Eh ! Vous aimez tous le sexe, mais réfléchissez à ce que peut être la force de la poussée d'adrénaline qui se produit quand la personne que vous aimez prend soin de vous, vous cajole et vous soigne ou quand elle vous procure ce que vous souhaitez. C'est un orgasme supérieur au sexe.

Et ce petit toast, portons-le à vous tous qui comprenez maintenant — écoutez — qui comprenez maintenant ce que sont la dégradation de la santé, les maladies psychosomatiques, l'obésité — quelle est l'antithèse de l'obésité ? — maigrir, mourir de faim. Ce sont tous des changements physiques, mais les changements physiques ne se produisent que du fait d'une attitude.

Portons donc un toast parce que nous comprenons maintenant la raison pour laquelle nous sommes tombés malades — « Nous », je ne sais pas pourquoi je ne cesse de dire ceci et je parle comme le professeur de catéchisme ; je ne suis pas le professeur de catéchisme, je vous en prie. La raison pour laquelle vous êtes tombés malades, la raison pour laquelle vous avez eu des accidents, la raison pour laquelle vous réclamez l'attention, c'est parce que c'est le prochain orgasme sur le chemin des sept sceaux, les sept barreaux de l'échelle, pour avoir la preuve du vrai amour.

Combien d'entre vous ont fantasmé à l'idée de vous faire renverser par une voiture, de vous noyer, d'être assassiné, d'avoir une maladie catastrophique ou de mourir afin que le partenaire avec lequel vous avez couché tombe d'une manière ou d'une autre plus amoureux de vous, et cela au prix de votre propre vie ? Combien d'entre vous ont entretenu de tels fantasmes ? Lever la main. Tournez-vous et regardez tout le monde. Regardez vos voisins. Regardez autour de vous. Allons. Regardez autour de vous. Je veux que vous sachiez que vous n'êtes pas le seul. Regardez. Regardez. Regardez. Regardez autour de vous. Je vous en prie, faites-le. Ne sentez pas que vous êtes le seul à avoir fait cela car, si vous le faites, vous allez penser que vous êtes spécial et cela n'est pas le cas.

Combien d'entre vous ont développé une maladie déclarée depuis ces instants où vous avez entretenu des fantasmes ? Levez-vous. Je pose cette question parce que c'est votre futur qui est debout devant vous. J'ai demandé à ces personnes qui ont maintenant développé une maladie déclarée à partir de ces fantasmes. Regardez ce que produit absolument le besoin d'amour au niveau du deuxième sceau dans la vie humaine. Regardez-les. Regardez, s'il vous plaît. Ceci n'est pas le fruit de l'imagination de quiconque. Tournez-vous. Regardez-les. Ce sont des gens qui maintenant ont besoin de remèdes miracles. Eh !, cela ne concerne pas votre vie ? Eh bien, vous savez, entre le moment où je vais vous quitter et le moment où vous allez me revoir, durant cet intervalle de temps, et vous allez peut-être rejoindre les rangs de ces personnes. Je veux donc que, tels des sentinelles silencieuses de tous vos camarades d'étude ici, vous regardiez et voyiez ce qu'a créé pour eux le besoin d'amour, cet amour qu'ils n'ont pas trouvé dans leur vie.

Vous savez pourquoi ils sont comme cela ? Parce que chacun de vous, et à bon droit a dit à quelqu'un que vous l'aimiez simplement pour obtenir d'eux de l'argent ou un toit. Vous avez fait cela. Ce sont des gens qui ont gravi le niveau suivant et ils sont malades. Pas tous ; il y en a certains qui sentent que cela s'en vient. Je parle de véritables maladies.

Ces personnes ont besoin d'une quantité extraordinaire d'attention, d'une quantité extraordinaire. Elles ont besoin d'être aimées selon les critères extrêmement fanatiques qu'elles ont créés dans leur vie. Ceci est-il possible ? Parce que, vous voyez, s'ils ont créé ceci et si elles ont perdu les êtres qui leur étaient les plus chers dans leur vie et qu'elles sont maintenant fixées sur leur fantasme — m'écoutez-vous ? — elles recherchent l'amour à la fin d'un fantasme qui est devenu réalité. Je ne peux pas vous dire assez l'impact qu'a une telle situation. Restez debout.

Je veux donc vous poser une question. Et vous qui êtes assis, vieilles âmes sans maladies, comment croyez-vous que vous êtes mort lors de votre dernière incarnation ? Silence. Vous êtes jeunes maintenant, bon, sans maladie. Cela vous est-il arrivé de mourir ? Mais vous avez du mal à vous imaginer cela alors que vous êtes tellement remplis de vitalité, et vos os ne vous font pas mal, vos muscles ne vous font pas mal. Je veux dire, vous vous sentez tout sémillants. C'était comme pour ces personnes. Comme chacune d'entre elles. Eh ! Vous croyez que votre manque ne va pas vous rattraper ? Oh ! si, il va vous rattraper. Vous savez comment je sais cela ? Parce que vous êtes mort au cours de votre dernière vie ; et vous êtes alors nés dans celle-ci. Si vous avez une date de naissance, nous savons que vous êtes réincarnés. Qu'il en soit ainsi

Regardez-les. Ce sont des personnes qui ont utilisé des fantasmes pour attirer l'attention par la dégradation de leur propre santé. Et combien d'entre vous ont fait de même ? Levez la main. C'est votre tour. Qu'il en soit ainsi. Vous pouvez vous asseoir.

À l'eau de la vie,
La clarté de la vérité,
Et à la compréhension de l'amour.
Qu'il en soit ainsi.

L'amour fut utilisé pour récolter vos récompenses sexuelles. L'amour fut utilisé lorsque le sexe — vous, étant devenu un être spirituel, vous avez commencé à vous demander si la seule chose pour laquelle vous étiez bon était le sexe — Si vous passiez tout votre temps pour votre corps, pourquoi passiez-vous tout votre temps pour votre corps ? Pourquoi perdiez-vous du poids ? Pourquoi mangiez-vous trop ? Pourquoi ? Parce que l'accent était sur la gratification sexuelle.

Lions et aigles — leçons du règne animal

Tous les animaux et toutes les bactéries ont des rapports sexuels. Est-ce donc naturel ? Absolument. Ce n'est pas quelque chose de mauvais ; cela n'est jamais quelque chose de mauvais. Mais vous êtes venus dans une école spirituelle. Vous êtes venus dans une école pour être plus que les gens ordinaires dans la rue. C'est la raison pour laquelle vous avez investi temps et argent et une partie de votre vie pour étudier ici. Vais-je vous dire maintenant que ce qu'ils font en dehors de ces murs est la vérité ? Bien sûr, c'est ce que je vais vous dire, parce que c'est la vérité ; c'est leur vérité. Mais vous êtes venus en disant : « Je sais que les gens croient cela, mais cela ne me satisfait pas. J'ai moi-même fait cela. J'ai dit à des gens que je les aime et j'ai ri de moi ou me suis questionné et j'ai été mécontent de moi. Mais je n'ai pas pu m'en empêcher parce que je ressentais une pulsion sexuelle envers cette personne. C'est grâce à elle que je me suis envoyé en l'air. » Je me suis envoyé en l'air ; puis-je rendre les choses plus claires que cela ? Je me suis envoyé en l'air. « Je voulais coucher avec mais je ne pouvais pas vivre avec et elles ne pouvaient pas vivre avec moi. » Bien sûr que c'est naturel. Cela a toujours été naturel. Nous n'avons jamais été faits non naturels. C'est la vérité.

Nous ne sommes pas des gens mauvais parce que nous avons des rapports sexuels. Cela ne fait pas de nous des gens mauvais, mais cela fait de nous des personnes non fiables, animalières et sans priorités comme dans le règne animal. Autrement dit, cela veut dire que des créatures s'accouplent ; le grand cerf s'accouple avec plusieurs biches. Celles-ci ne disent pas : « Ne t'accouple avec personne d'autre que moi. » Elles ont toutes des petits de l'étalon du groupe. Mais quand la saison des amours est terminée, toutes les femelles vivent ensemble et élèvent ensemble leurs petits. C'est un groupe sélectionné. Et tous les mâles partent et vivent avec les hommes. Il existe des indices de ceci dans votre propre vie. C'est très animalier.

Alors vous argumentez et dites : « Eh bien, d'accord Ramtha, si c'est la vérité que c'est naturel, alors le mariage n'est pas naturel. » Vous avez raison. Vous avez raison, tout à fait raison. Y a-t-il des espèces dans le règne animal qui s'accouplent pour la vie ? Oui, oui. Est-ce naturel ? Oui.

Que dites-vous du grand aigle — un grand prédateur, avec ses ailes grandes et imposantes — qui rencontre sa bien-aimée, lui fait l'amour et la conduit près d'une rivière afin de pouvoir la nourrir, l'aimer et bâtir un nid avec elle, et tous les deux font l'amour ? Vous savez pourquoi ils font l'amour au contraire du cerf et de la biche ? Parce que l'amour du cerf pour la biche est un amour sexuel seulement, il ne l'aime pas. En dehors de la saison, ce cerf ne défendra pas cette biche contre un prédateur. Il ne lui sauvera pas la vie et il ne sauvera pas la vie de ses enfants. Le lion et la lionne : le lion fait partie d'une troupe. Et les plus grands chasseurs sur la surface de la terre ne sont pas les hommes mais les femmes. Ce sont les plus grandes, les plus violentes, les plus méchantes et les plus intelligentes de tous les chasseurs. Un seul lion s'accouple à une troupe de lionnes ; il s'accouple à elles lorsqu'elles sont en chaleur. Et quand elles rapportent la proie, c'est lui le premier à se mettre à table. Voulez-vous continuer à l'appeler le roi des animaux ? Je crois que vous devriez appeler ses concubines la reine des animaux. Et si une femelle arrive — nous voici maintenant avec le syndrome du beau-père — si une femelle arrive dans sa troupe avec des bébés appartenant à une autre lignée, ils les tuera. Et combien d'enfants ont été abusés par leur beau-père ? Levez la main. Levez la main. Combien d'entre vous ont vécu avec leur beau-père et avez été psychologiquement ou physiquement abusés par eux ? Levez la main. C'est ce qu'on appelle le monde animal. Et la première chose que le lion fait est de tuer les jeunes ou de les chasser et de les séparer de la mère. Et il reste avec elle aussi longtemps qu'elle est en chaleur, mais, dès qu'elle ne l'est plus, le voilà reparti avec quelqu'une d'autre.

Eh bien, dans le règne animal, les organismes ont appris à s'ajuster. Les femelles retournent à leurs sœurs, à leurs meilleures amies et les sœurs restent ensemble. Et les vieux hommes, ils restent ensemble aussi longtemps qu'ils n'ont pas à se battre pour une femme. Est-ce que les lions appartenant à la même troupe, est-ce qu'un lion mâle va se battre contre un autre lion mâle pour une femme ? Absolument. Et pourquoi ? Pourquoi ? Parce que la femelle est en chaleur et va porter ses petits. Il ne peut tolérer les petits d'un autre. Il les tuera. Jalousie et fierté absolues. C'est l'humiliation de la fierté dans l'arrogance. Personne n'aimera jamais vos enfants plus que vous.

Savez-vous comment un lion marque son territoire ? Il urine sur tout. Mais les lionnes ne font pas cela. Ne trouvez-vous pas cela intéressant ? Les hommes suivent les mêmes rituels et les femmes aussi. C'est cela la nature animale.

Mais le grand aigle et quelques tortues marines de même que quelques espèces d'oiseaux , trouvent un compagnon et ils demeurent ensemble pour la vie ; une fois qu'ils ont trouvé cet être unique — Et nous savons cela des aigles parce que lors de la prolifération du DDT[5], ces grands et merveilleux aigles mâles et femelles — qui se nourrissaient des créatures, qui se nourrissaient de fruits, de légumes et de grains sur lesquels avait été aspergé du DDT — aucun de leurs œufs n'éclot si bien, qu'année après année, ils ne purent avoir de petits. Le mâle quitta-t-il la femelle croyant que c'était sa faute s'ils n'avaient pas de bébés ? Jamais. Et aujourd'hui, aujourd'hui, c'est la sagesse de l'aigle, la sagesse de quelques tortues, la sagesse de quelques espèces d'oiseaux ; pas tous, mais de quelques-uns. Et nous devrions placer ces « quelques-uns » au sommet de leur classification génétique. Ces oiseaux gardent leur compagnon la vie entière. Si vous tuez le mâle, la femelle ne s'accouplera jamais avec un autre mâle, jamais. Si vous tuez la femelle, le mâle, qui, comme tout le monde le sait, vit sous la pulsion de sa sexualité, ce mâle ne s'accouplera jamais avec un autre oiseau.

Je veux donc vous demander ceci : En tant qu'êtres humains, faisons-nous partie de l'ordre des animaux ou faisons-nous partie de l'ordre des humains ? Et pouvons-nous chercher dans le règne animal et trouver le vrai amour, la loyauté et la confiance, ou bien ignorons-nous la partie animale en nous soi-disant que les animaux sont tous pareils.

L'amour existe même dans le règne animal. Et l'amour dont je parle est un amour qui résonne sur les sept sceaux et nous allons apprendre que même les aigles connaissent absolument l'amour profond et passionné ; ils connaissent la confiance absolue, la dépendance absolue et ils savent que leur compagnon est irremplaçable. Êtes-vous tellement

5. Insecticide chimique utilisé en agriculture. Il est interdit aux États-Unis depuis 1973.

supérieurs aux aigles ? Je ne pense pas que vous l'êtes beaucoup. Je ne pense pas du tout que vous êtes grand parce que les aigles mâles aimaient toujours les aigles femelles lorsque les coquilles de leur petits étaient si fragiles qu'ils ne pouvaient pas avoir de petits. Nous nous trouvons donc en présence du syndrome classique de deux êtres incapables de produire des petits, mais ils restent ensemble. Il n'est pas rare de voir un aigle mâle voler seul, ce sont des solitaires. Il ne court pas partout. C'est un être de la nature qui a trouvé la complétude et qui, dans sa complétude, n'a pas besoin ni même n'a le désir de se reproduire chaque printemps ; il a même perdu le désir de se reproduire.

Nombreux sont ceux parmi vous qui ne sont jamais sortis de leur salle à manger ni éloignés de leur table, mais s'il vous venait à l'idée de vous aventurer et d'observer la nature comme je l'ai fait et comme certains d'entre vous ici l'ont fait, vous découvririez que le sexe qui est supérieur à tous dans la nature est la femelle, car élever les jeunes repose sur ses épaules. C'est ce sexe-là qui est supérieur. Je sais que vous les hommes n'aimez pas entendre cela mais laissez-moi vous dire quelque chose : nommez toutes les créatures vivant dans la nature qui, après la copulation, ont la responsabilité d'élever leurs petits. Vous comprendrez alors quelle est la puissance des femmes et quelle est la puissance du sexe féminin. Il y a des exceptions. L'énergie féminine chez un homme n'est pas de se faire un vagin. L'énergie féminine chez un homme, c'est la force de porter des responsabilités, ce que la plupart des hommes ne sont pas accoutumés à faire. C'est une vérité.

Les animaux migrateurs connaissent-ils l'amour ? Oui, ils connaissent l'amour sexuel. Les puristes parmi vous appèleront cela un comportement de type humain ou de type animalier ou encore un comportement animal, ou simplement la saison favorable à la propagation de l'espèce. Mais en fait, quand les hormones font rage chez n'importe quelle créature, vous inclus, vous descendrez votre pantalon pour toute personne qui vous dit que vous êtes spécial. Et la biche avec un grand et magnifique cerf, elle est la reine pendant quelque chose comme trois jours, et la lionne, elle, elle est la reine pendant quelque chose comme dix jours. La chienne, elle, elle est reine aussi longtemps qu'elle est en chaleur. N'est-ce pas exactement comme dans votre vie, aussi longtemps que vous étiez en chaleur, c'était bien, c'était spécial, vous étiez unique, vous étiez la seule personne. Vous — vous, vous, vous ; je cherche le mot suivant, vous, vous — vous avez fait l'amour de nombreuses fois et puis la température a commencé à baisser et tout est devenu un combat après cela. C'est vrai. Les hommes qui vagabondent sont des animaux. Les femmes qui vagabondent cherchent le grand cerf, le cycle de chaleur de trois, quatre, sept, quatorze jours. Et puis elles se mettent en colère après leurs hommes car ils vagabondent partout. Eh, diable ! Elles ont épousé un animal. Elles ont couché avec un animal. À quoi pouvez-vous vous attendre d'autre ?

Et puis il y a ces créatures magnifiques, spéciales. La raison pour laquelle je dis cela — eh ! Je sais que vous croyez être la plus grande intelligence sur la surface de la terre. Personne ne vous comprend, pas même le papillon. Oui, je vous crois ! Vous voyez, je n'ai pas besoin de vous enseigner ces choses. Vous n'avez qu'à étudier la nature et vous découvrirez que l'amour existe véritablement dans le règne animal, un amour d'un ordre tellement passionné que — Imaginez ceci : un grand rapace. Et il se trouve que c'est une des deux espèces de rapaces qui fait cela ; la plupart des autres rapaces ne le fait pas. Mais l'aigle est aussi — ni lui ni elle ne sont simplement des animaux carnivores ; ils sont omnivores, mais personne ne les voit jamais cueillir des baies ou des feuilles pour nourrir leurs enfants.

Comment expliquez-vous donc qu'un grand aigle qui a vu sa femme électrocutée et finir sa vie sur les lignes électriques, qui l'a vu mourir, comment expliquez-vous qu'il passe le reste de sa vie en solitaire ? Ils connaissent quelque chose de merveilleux, quelque chose de merveilleux. On appelle cela l'amour. Ce couple qui a été séparé était si complet dans leur couple que ce couple ne peut être remplacé. C'est ce que vous recherchez tous. Vous recherchez tous la femme parfaite et l'homme parfait qui soit irremplaçable dans votre vie.

CHAPITRE 2

Comment faire l'amour à une femme ?

Un mélange de force indomptable et de compassion

Cette soirée est dédiée simplement à ce que l'on appelle le sexe féminin pour que vous compreniez après toutes ces années passées ensemble que les hommes et les femmes sont seulement ce que l'on appelle le véhicule mécanique d'un Dieu qui n'est ni l'un ni l'autre.

Qu'avez-vous donc vu dans la lumière[1] avant de venir ici ? Vous avez vu ce que l'on appelle un sexe s'efforcer de combiner ce que l'on appelle la compassion et l'amour avec la force. Toutefois la force a toujours été ce qu'on appelle un prérequis pour un homme car c'est toujours l'homme qui allait se battre pour défendre l'honneur de la famille, qui allait se battre contre les bêtes sauvages de ce qu'on appelle la forêt en sorte de rapporter à la maison ce qu'on appelle la nourriture. Ainsi, dans toutes les sociétés, l'homme a toujours représenté la force de l'union familiale.

Mais si nous considérons la force qu'il faut à unc femme pour que, de ses entrailles et dans les douleurs de l'enfantement, elle donne naissance à une nouvelle vie, alors je parle de douleurs telles que peu d'hommes n'en ont jamais, jamais fait l'expérience. Quand de nombreuses entités disent qu'il y a davantage de femmes que d'hommes à être attirées par un nouveau mouvement, il y a du vrai à cela parce que les femmes ont toujours possédé l'aspect de la force sans

1. La revue dans la lumière ou la revue de vie après la mort.

malheureusement n'avoir jamais eu ce qu'on appelle la permission de l'appeler force parce que, pour ainsi dire, la force de mettre les enfants au monde n'a jamais eu sa mesure dans le monde masculin. Le monde masculin ne mesure la force que comme le fait de se lever le matin et d'aller travailler dans ce qu'on appelle les champs, pour rapporter à la maison la nourriture qui va nourrir la famille.

Mais le mâle n'a jamais compris l'inquiétude, le souci, l'anxiété et la force invincible nécessaire pour mettre les enfants au monde. En un sens, elles sont plus proches de Dieu parce qu'elles savent ce que c'est que d'aller à l'intérieur, de prendre de l'expansion et de donner d'elles-mêmes ce qu'on appelle une nouvelle forme de vie. Les femmes furent toujours considérées les Déesses ultimes parce que ce sont elles qui ultimement, à un niveau terre-à-terre, se tournèrent vers l'intérieur, conçurent et amenèrent alors à l'extérieur le fruit de leurs entrailles. Combien d'entre vous comprennent ? Et nous comprenons alors ce qu'on appelle la compréhension de la nature, que la nature est ce qu'on appelle du sexe féminin parce que la nature donne la vie et prend la vie. C'est la femme qui porte la responsabilité de la nouvelle vie. Et son corps — son corps est vidé de sa force vitale en sorte de donner ce qu'on appelle la vie au nouvel enfant qui naîtra dans une terre libérée.

Ce soir, nous comprenons donc le féminin depuis le point de vue de l'Observateur. Et depuis le point de vue féminin, en tant que l'Observateur qui peut comprendre les deux côtés du spectre polarisé, nous commençons à voir comment l'Observateur a créé ce qu'on appelle non pas le plaisir de la luxure mais le besoin de la luxure en sorte de réconcilier ce qu'on appelle l'expérience individuelle dans une femme.

Nous voyons alors que le pouvoir de la femme — fragile, plus douce, souple comme de l'eau, dont les traits sont plus beaux que ceux de l'homme — nous avons vu que leur corps est doux. Nous avons vu que leur corps est capable de produire et de porter un enfant, de recevoir la semence d'un homme et d'être capable de s'agrandir pour pouvoir porter un enfant ; et puis il y a ce qu'on appelle la douceur duveteuse de la peau qui peut bercer une nouvelle forme de vie, comme si nous étions bercés dans le sein de Dieu lui-même.

Nous voyons comment il se fait que l'Observateur puisse choisir d'être une femme dans une incarnation car dans une femme nous voyons la douceur mais également la force. Nous y voyons la beauté mais aussi la souveraineté. Nous voyons ce qu'on appelle la créativité issue de la matrice elle-même, ce qu'on appelle le Néant se recréant lui-même.

Pourquoi donc l'homme a-t-il toujours craint la femme ? Parce que la femme n'a jamais gouverné depuis le même niveau que l'homme qui, lui, est gouverné par son premier sceau ; elle est naturellement gouvernée depuis un ordre supérieur et cet ordre supérieur est la survie. Alors que, ne pouvant pas supporter la chaleur de la montée de sa semence, l'homme assure sa satisfaction, une femme ne se donne que si elle envisage cela fortuitement dans le but de la survie elle-même. Et une femme ne se donnera pas par passion mais pour la survie. La racine ultime de la passion chez la femme n'est pas la passion mais la survie, alors que chez l'homme, la racine ultime de la passion est la passion. Combien d'entre vous comprennent ? Qu'il en soit ainsi.

Ainsi, si les femmes vivent depuis un niveau plus élevé dans les sceaux, cela signifie que le lieu où a toujours été placé leur pouvoir est le troisième sceau, ce qui leur permettait de contrôler la douleur et la sexualité, chose favorable pour leur survie, comme on dit. Les hommes n'ont jamais pu contrôler leur premier sceau dans une situation de survie. Ils ne l'ont jamais pu. C'est toujours cela qui a causé la perte de tout homme. Cela a été son talon d'Achille. Un homme faible dans son premier sceau pouvait toujours être conquis. Je savais cela à mon époque. Ne comprenez-vous pas que nous pouvions envoyer les plus grandes hétaïres vers ce qu'on appelle mon plus grand ennemi et le retrouver toujours faible ? Seul l'ennemi qui n'était pas faible en ce domaine était un ennemi digne du combat. Comprenez-vous cela ? Moi qui fus un homme, je savais cela.

D'un autre coté, les femmes démarrent un pas en avant dans l'évolution. Les hommes sont créés pour répandre leur semence à chaque moment de la journée où ils se sentent dispos. Les femmes n'ont qu'un seul cycle par mois où elles sont ce qu'on appelle la passion et cette passion est à son apogée lorsqu'elle atteint son cycle de reproduction. À tout autre moment, leur passion est la séduction et leur séduction est leur pouvoir. Combien d'entre vous comprennent ?

Je veux que vous vous arrêtiez un instant et regardiez ceci. Regardez combien j'ai de femmes autour de moi. Même les hommes les plus virils et les plus séduisants d'entre vous n'ont pas une audience semblable. Ça, par exemple ! Je ne suis pourtant qu'une personnalité dans le corps de cette femme. Comment expliquez-vous cela ? Qu'est-ce qui les attire ? Permettez-moi de vous dire un petit secret, vous qui êtes des hommes âgés, sages et avisés : Dans mon temps, toutes ces femmes auraient été contentes de venir dans ma tente. Et même aujourd'hui je peux aimer vos femmes mieux que vous ne le pouvez. Je le peux. Je le peux. Que sais-je donc que vous ne savez pas ? Vous me regardez et ce que vous voyez n'est qu'une minuscule petite femme.

Pourquoi donc ? Parce que je les ai considérées égales, je les ai considérées comme des Dieux. Et plus elles agissaient en tant que telles, plus je les trouvais belles, et à chaque fois que vous voyez le Dieu[2] d'une femme au lieu de sa féminité — ses seins, son vagin, ses jambes, ses fesses, son corps, combien elle pèse, combien elle ne pèse pas, chaque fois que c'est cela qui devient vos critères d'évaluation, vous avez perdu une entité de niveau élevé. Et cette entité de niveau élevé, bien sûr, elle ne sait pas qu'elle est élevée parce qu'elle n'a jamais été exposée à rien de plus grand que ce qu'elle peut rencontrer. M'écoutez-vous ?

Comment donc un homme doit-il faire l'amour à une femme ? En aimant sa divinité par-dessus tout — son visage, son corps, sa poitrine, son vagin, comment elle est dans votre lit — mais aimer cela avant tout car cela est l'aspect éternel de son être car, après tout, une femme n'est pas simplement une femme. Comprenez-vous ?

Et la plupart des hommes de cet auditoire, la seule chose à laquelle vous pensez c'est si un visage est jeune, si le corps est mince, combien il y a de poitrine, combien il y a de matrice, combien, parce que vous ne pouvez en trouver une que si elle est égale à votre premier sceau. Mais c'est un bien autre défi d'en avoir une qui soit égale à votre troisième sceau. Et toutes les femmes sont naturellement des entités du troisième sceau car elles ne sont pas par elles-mêmes des entités du premier sceau. Elles utilisent le premier sceau comme un lieu de pouvoir et de pouvoir seulement. Ceci est une grande vérité.

---

2. L'usage que Ramtha fait du mot Dieu ne doit pas être confondu avec celui qui fut fait dans aucune des traditions religieuses. Il signifie plutôt notre véritable soi, notre esprit unique et notre libre arbitre, notre identité réelle et indélébile.

Ne devez-vous donc pas commencer à changer, vous, mes hommes bien aimés qui êtes ici devant moi ? Si une femme ici présente, qui fait partie du Grand Œuvre, vaut un tant soit peu quelque chose, elle ne devrait jamais se satisfaire de quelqu'un qui ne la choisirait que du fait de sa sexualité mais de quelqu'un qui comprend et communique avec elle au niveau du divin et du divin seulement, car lorsque ceci est vu comme égal, tout le reste s'ensuit. Moins que cela, si vous demandez à une femme : « Aimes-tu cet homme, » la plupart répondront que oui. Mais si vous avez la présence d'esprit de les regarder, vous verrez qu'elles vous disent cela parce que — elles disent cela uniquement parce que — c'est pour les enfants qu'elles ont donnés à cet homme, et parce que cet homme est non seulement la racine de la survie de leurs enfants et/ou la racine de leur propre survie à elles, ou qu'elles sont, pour ainsi dire, celles qui ont dans la famille ce sens de la survie en sorte que les enfants puissent avoir leur père naturel.

Les femmes, plus que tout autres qui sont proches du quatrième sceau, ne comprennent pas l'amour car elles se sont toujours abaissées pour aimer dans le premier sceau et le deuxième sceau, afin de s'en sortir dans la vie. Si elles voulaient avoir une vision plus haute et plus noble, leurs peurs de rester vieille fille, d'être laide et d'être trop grosse étaient toujours instiguées en elles. Pour tous ces aspects ridicules que vous essayez de devenir pour plaire aux hommes, vous avez déjà abaissé le pas que vous aviez fait dans l'évolution au profit de ce qu'on appelle l'idéal d'une image qui va, pour finir, laisser le champ libre au ver lui-même.

Qu'est-ce que l'amour véritable ?

L'amour vrai a-t-il quelque chose à voir avec l'apparence ? L'amour vrai a-t-il quelque chose à voir avec ce qu'on appelle la jeunesse et l'âge, ou l'amour vrai est-il quelque chose que l'on ne peut évaluer dans les trois premiers sceaux mais seulement dans le quatrième ? Et si on dit que les femmes utilisent leur passion dans le but de contrôler et de séduire des hommes volontaires qui sont volontaires pour être servis — servir un homme, quel terme affreux, et beaucoup d'entre vous le faites — vous les servez afin de pouvoir demeurer dans leur champ d'intérêt, tout en niant alors le pouvoir d'où vous siégez. Si vous pouviez aimer depuis ce lieu de pouvoir, et pouviez tout d'abord vous accorder la reconnaissance que vous êtes Dieu, que vous avez peut-être été un homme et que vous avez été maintes fois une femme, avec qui devons-nous donc nous réconcilier ?

Nous naissons sur ce plan en tant qu'entités polarisées, de négatif à positif, avec une attirance si forte qu'il n'est pas surprenant que l'énergie de cette attirance soit située dans le premier sceau, qu'elle soit située dans le premier sceau dans le but de la propagation. Mais durant dix millions et demi d'années vous avez assez évolué pour comprendre que, bien que cela soit distrayant, ce n'est pas un engagement que nous honorons dans le temps et que ce n'est pas ici[3] que nous serons jamais attirés vers notre compagnon ou compagne les plus grands — mais ici[4] — parce que c'est l'attirance d'un Dieu pour un Dieu. On ressentira toujours cela comme juste mais, au début, la passion de ce niveau-ci[5], on ne la ressentira pas. Si c'est la passion de ce niveau-ci qui règne au début, nous

3. Le troisième sceau, l'attirance sexuelle.
4. Le quatrième sceau, l'amour inconditionnel.
5. La pulsion sexuelle du premier sceau.

sommes voués à l'échec car elle ne peut être reproduite qu'en générant de l'ennui pour elle-même parce que, aussi longtemps qu'un homme ou une femme est agité dans son esprit, il ne sera jamais satisfait de son partenaire. Et pourquoi ? Parce que leur partenaire ne représente jamais réellement qui ils sont réellement. Et ce n'est pas avant de commencer à rechercher ce que vous êtes réellement que vous allez être comblés au niveau de tous les sceaux selon le niveau de votre propre évolution.

Qu'est-ce que d'être une femme ?

Ce soir je veux que vous sachiez que les corps émotionnels de ces femmes sont constitués et équipés sur le plan biologique et génétique, je parle de l'ADN et du sexe. Ils sont équipés pour ce qu'on appelle la survie, et les enfants ont toujours fait partie de leur survie, et si cela n'a pas été les enfants, cela a été le plaisir de la sexualité. Mais au niveau sexuel la plupart des femmes ressentent le confort le plus grand lorsqu'elles savent qu'elles possèdent leur homme. Je veux que vous compreniez que ceci est une vérité. Et, bien qu'elles puissent y trouver du plaisir, elles œuvrent et s'appliquent spécifiquement à devenir ce qu'elles sont sexuellement de manière que, si l'on devait dire à l'une de ces femmes qui s'appliquent tant à devenir des créatures sexuelles : « Pourquoi t'appliques-tu tant à être belle ; pourquoi t'appliques-tu tant à être mince ; pourquoi t'appliques-tu tant à être une hétaïre ; pourquoi ?, » la réponse serait : « Pour que mon homme reste heureux, » un être éclairé regarderait cela et dirait : « Si tu dois vivre ta vie pour le plaisir momentané d'un homme, tu es déjà morte. Tu es déjà morte. » Si vous devez vivre pour vous gagner un certain individu, cela signifie que vous mourrez à votre illumination pour le confort d'une personne qui ne vous est pas égale. Le jour où les femmes reconnaîtront que leur égalité est en Dieu et pas dans les hommes est le jour où il leur sera donné de partager le chemin des hommes qui voient eux aussi que leur égalité est en Dieu et pas dans les femmes, sur le chemin de retour à Dieu. Qu'il en soit ainsi.

Et si vous devez vous diminuer pour quelqu'un, renier pour quelqu'un et prétendre être autre chose que ce que vous êtes réellement, ceci ne vous fait pas évoluer. Vous allez mourir et vous allez naître dans ce corps une nouvelle fois avec la même malédiction tous les vingt-et-un jours jusqu'à ce que vous réalisiez ce que vous devez réellement être ici.

Être une femme, qu'est-ce que cela signifie ? Cela signifie que réaliser Dieu est plus proche pour vous car le sein de la création se trouve juste au-dessous du quatrième sceau et que, ayant réalisé cela, nous devons prendre une décision : allons-nous vivre notre vie en tant que femme, sujette à nos humeurs et, en vérité, à notre corps, allons-nous vivre notre vie sujette à la nécessité d'avoir quelqu'un qui nous fasse nous sentir importante ou bien choisissons-nous de vivre notre vie avec, comme principe premier, que nous sommes Dieu dans un corps de femme, nous délectant alors du fait d'être la femme, nous délectant du fait de notre beauté, nous délectant lorsque nous sommes vieille, nous délectant du fait de notre sagesse, nous délectant de notre corps, et en cela nous sommes la vertue car c'est alors que nous sommes réelles. Lorsque nous faisons cela, nous sommes plus proches de Dieu. Et si cela doit éliminer de notre vie 99.9 pour cent des hommes du monde, qu'il en soit ainsi. « Je peux marcher cette vie seule et me rapprocher de mon Dieu. » Les choses sont comme elles sont. Ou bien, par le biais de ce qu'on appelle un bonheur merveilleux, nous rencontrons un sexe opposé, un homme, qui a pensé de même, qui partage notre vie ; les écarter du fait de nos préjugés serait une manifestation aussi rétrograde que celle d'où nous venons de nous relever à grand peine.

J'ai des hommes et des femmes ici qui sont réellement des Dieux, les Dieux oubliés. Ce corps est un vêtement. Ses émotions vous ont contrôlé ; c'est la raison pour laquelle vous êtes venus à l'école. Vous êtes ici non pas pour être des hommes et des femmes meilleurs mais pour être finalement Dieu, ce qui est la chose la plus importante. C'est cela être un maître. Un maître ne cherche pas à être beau pour qui que ce soit sauf Dieu. Cela n'a rien à voir avec notre apparence mais ce que nous sommes moralement parlant : nos pensées, notre Observateur. Si notre Observateur voit l'illusion de notre humanité, le jour où notre Observateur se voit lui-même est le jour où nous avons atteint notre divinité. Autrement dit, le jour où notre Observateur voit la vie sans le positif ni le négatif est le jour où notre Observateur est devenu nous-même. C'est le commencement de notre état Christique.

Les femmes ne peuvent vivre leur vie à être simplement une femme. Et le jour où leur pensée courante devient celle de Dieu au lieu de celle de leur sexe féminin — autrement dit, le jour où l'Observateur observe l'Observateur — est le jour où nous devenons immortels. C'est plus proche pour les femmes que pour les hommes. C'est la raison pour laquelle il y a tant de croisements de sexe dans le monde, tant d'hommes dans leur vie précédente qui étaient devenus des femmes, parce qu'une femme est le chemin qui est le plus proche de la rédemption. C'est une vérité.

Et les hommes ont le chemin le plus long et le plus ardu des deux car leur image entière est reliée à leur pénis. Chaque partie de leur maturité physique est reliée à leur pénis. Les hommes ont du mal à se lever chaque jour et à passer la journée sans éjaculer. Les femmes n'ont pas ce problème. Le jour où l'homme n'est plus relié à son pénis mais où il est relié à son quatrième sceau et où il œuvre ardemment à l'être, le jour où il peut encore se considérer un Dieu, pas un homme est le jour où il est plus proche de Dieu et à égalité avec les femmes.

Révolution sexuelle et liberté

Il est évident qu'il y a eu au vingtième siècle, une révolution visant à la libération des femmes. La libération des femmes a donné aux femmes la permission d'avoir de multiples amants sans pour autant se sentir coupables, et elle leur a donné aussi la permission d'avoir de la passion sans la responsabilité des enfants. C'est quelque chose qui a été rêvé pour pouvoir devenir réalité : afin que vous puissiez aimer beaucoup d'hommes sans avoir d'enfants, comme vous le souhaitiez ; pour savoir ce que c'est que d'être un homme dans les vies précédentes, où ils avaient la possibilité de faire cela, d'être un homme qui peut aimer une femme et ensuite partir, laissant derrière lui la femme et le fruit de ses entrailles. Vous avez acquis la possibilité de faire cela en ce siècle-ci. Ceci n'est pas un accident ; cela a été créé. Avec le contrôle des naissances est arrivée, pour ainsi dire, votre libération à un degré plus élevé où vous avez pu vivre votre vie de passion et l'explorer sans responsabilité. Ce n'est pas une mauvaise chose. C'est une évolution.

Maintenant, la plupart de ceux qui ont vu cela en sont arrivés à voir la superficialité, à comprendre, alors que vous vous trouviez, hommes et femmes, à égalité, qu'il y a un sentiment de vide à propos de ce qu'on appelle la sexualité. Si vous en êtes arrivés là, vous êtes de ceux qui sont venus dans cette école disant : « J'ai vécu la libération de toutes ces choses mais je suis avide d'un degré de compréhension plus élevé. » Ce degré plus élevé de compréhension dit qu'il est évident que j'ai choisi cette vie-ci et qu'il est évident que j'ai eu la possibilité de choisir cette vie pour exercer mon libre arbitre en matière de maternité. Il se peut que j'aie eu et gagné, dans cette vie, la liberté d'explorer ces régions interdites afin que — excepté en ce qui concerne les hétaïres qui, elles, connaissaient la science des cycles chez les femmes et savaient comment ne pas avoir d'enfants — afin que je puisse finalement apprendre et explorer ces régions. Maintenant que je les ai explorées, j'ai découvert le sentiment de vide qu'il y a à coucher avec un homme qui ne m'aime que pour mon corps et n'a aucun intérêt pour mes pensées plus profondes alors que ce sont mes pensées profondes qui me gouvernent et me guident dans cette vie.

De par votre corps émotionnel, vous avez acquis la liberté sexuelle sans responsabilité. Quand allez-vous dire : « Je sais ce que c'est ; je sais ce que c'est que de coucher avec un homme sans la responsabilité de l'homme et, en vérité, sans la responsabilité de ses enfants ? » Quand en avez-vous assez pour pouvoir dire : « Quand puis-je coucher avec Dieu et avoir la responsabilité de Dieu ? Quand puis-je finalement voir que ceci est si vide et que je suis maintenant et pour toujours, toujours, descendue si bas du lieu de mon pouvoir ? Puis-je utiliser le pouvoir — qui est volonté, manipulation, intelligence, vaillance, franchise — puis-je utiliser ce même atout pour me catapulter dans un domaine plus élevé ? Et, en vérité, acceptai-je de laisser derrière moi le monde des hommes qui ont été élevés dans la pouponnière du monde, puis-je laisser cela derrière moi et peut-être soit trouver sur ma route un compagnon soit ne pas trouver de compagnon ? La maîtrise des femmes, c'est cela.

Les femmes ont besoin de comprendre qu'elles ne sont pas inférieures aux hommes et qu'elles ne devraient jamais être la propriété des hommes et, en vérité, qu'elles ne devraient pas sentir que la seule chose qu'elles aient de bon est leur utérus, leur poitrine ou leurs fesses ; penser cela n'est pas s'aimer soi-même. Je veux que vous sachiez cela. Si vous vous efforcez de vivre pour l'affection d'un homme du fait de votre apparence, vous êtes déjà morte et ne vous êtes jamais réveillée, parce que les hommes vivent traditionnellement depuis leur premier sceau.

Mais la compétition la plus grande pour les hommes, ce n'est pas les femmes ; ce sont les hommes au niveau du troisième sceau dans la compétition, comme on l'appelle. Les hommes aiment battre les hommes à leurs propres jeux — les femmes sont passives — seulement dans le but d'être libérés de la pression du sperme dans leur sexe. Je veux que vous sachiez cela. Et les hommes prennent des femmes en sorte d'offrir à leurs pairs ce qu'on appelle un sentiment d'indignation et de pouvoir dire : « J'ai cette femme et maintenant, toi, tu ne l'auras pas. » C'est le concept du harem. Le concept du harem dans la mentalité des hommes est ancien. Il est ancien.

Le jour où mes femmes diront : « Je vis pour mon Dieu, et je vivrai depuis cette moralité et, en vérité, je vivrai depuis cette beauté et je vivrai depuis cette clarté et je ne vendrai mon corps pour aucun homme qui entre dans ma sphère dans le seul but qu'il se sente supérieur, je me garde pour mon Dieu, » une femme qui parle ainsi est une femme sage, une femme sage qui ne se vendra plus jamais pour appartenir à un harem car les hommes sont inconstants. Les hommes sont inconstants. Quand ils vivent dans leur premier sceau, on ne peut jamais leur faire confiance. S'ils vivent dans leur quatrième sceau, ils sont honorés par le sceau de Dieu. C'est cela que vous voulez et rien d'autre. Vous ne devriez plus jamais être moins que ce que vous avez toujours été naturellement.

Et ceci s'adresse aussi bien à tous les hommes ici présents qui ressentent la même chose. Vous ne devriez jamais sentir que vous devriez quitter un ordre supérieur pour jouer le jeu d'un ordre inférieur. Vous n'avez pas besoin de faire cela. Si vous ne vivez pas votre vie pour ce que la société pense de vous, il est alors temps que vous vous défassiez des illusions présentes dans votre vie et commenciez à vivre selon la vérité, commenciez à vivre vertueusement. Qu'importe ce que pense le monde ! Qu'importe avec qui vous êtes ! Qu'importe si vous êtes seul ! Qu'importe ce que disent les hommes dans votre milieu ! Que vous soyez sur la voie, c'est tout ce qui importe à votre Dieu. Qu'importe ce qu'ils disent ! Et peut-être est-ce là un défi pour vous et, en vérité, l'objet de votre maîtrise.

J'honore les femmes ce soir parce qu'elles ont été depuis toujours rassemblées dans des harems comme du bétail. Elles ont été achetées et vendues. Elles ont été données en mariage seulement pour être trahies. Les hommes qui leur avaient donné leur honneur qu'ils leur seraient fidèles ont toujours menti et il était admis qu'ils puissent mentir. Mais les femmes, elles, n'eurent jamais le droit d'être autre chose que leur parole.

Je veux que les femmes qui sont ici et qui fument la pipe avec moi comprennent qu'elles sont libérées, libérées non pas grâce à une libération sexuelle mais à une libération de leur Dieu, qu'elles ont vécu dix millions et demi d'années de vie. Qui n'avez-vous pas été ? Que n'avez-vous pas été en dix millions et demi d'années ? Si vous n'avez pas été meilleures que l'opinion que vous avez de vos rêves, cela veut dire que vous avez manqué de créativité durant ces dix millions et demi d'années passées.

La grandeur, la réelle grandeur, l'épopée du souvenir : Selon vous, de quelle personne ici présente va-t-on se souvenir dans deux mille ans à compter de ce soir ? Pensez-vous que, dans deux mille ans à partir de ce soir, on va se souvenir de la plus belle femme ici présente ? Non. Pensez-vous que, dans deux mille ans de ce soir, on va se souvenir de l'homme le plus laid ici présent ? Et l'homme le plus beau ici présent, croyez-vous qu'on va se souvenir de lui dans deux mille ans de ce soir ? Je regrette mais vous n'êtes pas sur nos registres.

De qui se souvient-on ? D'une entité qui vit sa vérité, qu'elle soit de sexe masculin ou féminin — rarement de sexe féminin. Il est temps que vous deveniez les phares du nouveau millénaire. C'est vrai. Je vous dis que votre Dieu en vous ne possède pas les préjugés que possède l'appartenance sexuelle. Votre Dieu vous a choisi pour une raison. Vous apportez l'opportunité à la table de l'évolution, pas la sexualité. Souvenez-vous de cela. Votre Dieu choisit ce corps pour ce qu'il offrait d'opportunités, pas pour ce qu'il offrait au niveau de la sexualité. Et si vous ne créez pas d'opportunité, ne la maîtrisez pas, acceptant d'en posséder la sagesse, vous finirez dans les cimetières de l'Ouest ou de l'Est comme quelque chose qui fut remémoré et sent mauvais. Comprenez-vous ?

Le Sexe, est-ce mal ?

Nous voici donc rassemblés et nous commençons à voir qu'il est peu étonnant qu'il y ait davantage de femmes qui vacillent en direction de la vérité parce que la vérité est plus proche d'elles ; c'est ce qu'elles sont réellement. Une femme qui peut réellement appliquer le message, sans s'abaisser mais en relevant le défi est une femme qui retourne à Dieu très aisément.

Ainsi, mes femmes si belles, la sexualité est-elle quelque chose de mal ? Non. Mais cela devient un déshonneur pour vous qui êtes un Dieu si vous en abusez dans le but de votre survie ; c'est alors à votre déshonneur. Et vous ne devriez jamais tenir compagnie à qui vous déshonore — jamais, jamais. Vous êtes nées plus proches de Dieu. Étant plus proches de Dieu, vous devriez seulement monter. Et bien sûr, c'est une épreuve de taille, spécialement lorsque vous êtes jeune ou lorsque vous êtes sur la point de perdre ce qu'on appelle la fraîcheur de votre virginité. Vous paniquez à l'idée de ce que va penser de vous le monde alors que commencent à apparaître sur votre corps ce qu'on appelle les rides, les chairs flétries et tout cela. Que vont-ils penser de vous ?

Mais vous devez vous demander quel est l'objet de votre poursuite. Recherchez-vous la jeunesse de l'ignorance ? Recherchez-vous la sagesse de l'éternité ? Les jeunes ne savent pas mieux. Voulez-vous réellement sacrifier votre vie à une personne ignorante et sans expérience ? Un homme sage, une femme sage, ne feraient jamais cela. Et voulez-vous paniquer du fait que vous perdez votre jeunesse ? Il y a évidemment raison de paniquer parce que vous avez vécu selon les émotions de votre corps depuis si longtemps. Que se passera-t-il lorsque vous regarderez dans le miroir et qu'il n'est plus beau quand il vous regarde à son tour ? Qu'allez-vous faire ?

Mais pour qui êtes-vous donc belle, vous-même ou ce que pense le monde ? Si vous vivez pour ce que pense le monde, vous êtes déjà morte. Vous n'entendrez pas un mot de plus de ce que j'ai à vous dire. Mais si vous regardez votre être qui est si beau et cultivez toute la sagesse que vous avez acquise, et si vous pouvez peler l'oignon, le peler jusqu'à ce que vous en trouviez le cœur — pourquoi ai-je fait ceci, je l'ai fait pour ceci ; pourquoi ai-je fait cela, je l'ai fait pour cela — et si vous pouvez trouver le cœur de toutes vos réactions, vous avez trouvé la vérité, et cela vous rendra libre.

Au cours de dix millions et demi d'années, combien de fois avez-vous été des femmes ? Je dirais plus de cinquante pour cent. Combien de fois avez-vous été jeunes et belles ? Plus de cinquante pour cent. Combien de fois encore pouvez-vous être cela ? Plus de cinquante pour cent. Quand viendra le jour où vous prendrez le risque de dire : « Et si je cultivais quelque chose d'autre que la sagesse physique — et si je cultivais mon esprit ? — et n'acceptais rien de moins qui ne soit égal à mon esprit ? » Le jour où vous faites cela est le jour où vous vous éveillez et devenez proche de Dieu. Le jour où vous ne faites pas cela est quand vous êtes plus proche de votre féminité.

Les femmes sont des êtres remarquables. Ne savez-vous donc pas que toute la stratégie des hommes visant pendant tout ce temps à vous asservir, à vous marquer, à vous traiter comme du bétail, à vous utiliser et à vous abuser a existé parce que vous aviez un pouvoir du fait que vous étiez une loi en vous-même ? Ne savez-vous pas qu'il y avait là quelque chose à craindre et à utiliser ? Si vous n'aviez pas représenté une menace, vous n'auriez jamais été traitées comme du bétail, vous ne l'auriez jamais été, et la religion n'aurait jamais entrepris de détruire de manière permanente qui vous êtes.

Cette affaire de Marie qui a eu des enfants alors qu'elle était vierge, il est évident que c'est un homme de mythes qui a créé cela. Apprenez à être vous-même et n'échangez jamais votre corps pour la sécurité. Ne faites jamais cela. Ne faites jamais cela. Vous l'avez fait durant de nombreuses vies. Ne le refaites plus jamais. Et n'acceptez pas dans votre lit quelqu'un qui soit moins que vous. Ne faites jamais cela. Et mettez-vous à créer votre illumination pour l'amour de vous-même. Ne savez-vous pas que vous êtes dignes que quelqu'un tombe amoureux de vous ? Et ne savez-vous pas que, à un moment donné du chemin, long et aride, une magnifique entité va vous rejoindre, une entité qui est sur le même chemin que vous.

Rares sont les maîtres. La raison pour laquelle ils sont si rares est leur sexualité. Mais c'est pourquoi on appelle ce plan le plan de la démonstration. Alors que vous vieillissez, craignez-vous d'avoir gâché votre jeunesse pour l'idée d'un éleveur de troupeaux ou pensez-vous avoir dilapidé votre jeunesse et votre volatilité ? Il suffit d'avoir un rapport sexuel une seule fois pour comprendre ce que c'est. Une fois que l'hymen est ouvert, on devrait posséder la sagesse.

Regardez, à chaque session d'enseignement, je vous observe et j'observe les jeux que vous jouez. Vous croyez que je rate quelque chose ? Je ne rate rien. Je sais qui joue un jeu pour qu'une personne ou une autre leur prête attention. Je sais ce que vous faites. Ne le savez-vous pas ? Bien sûr que vous le savez. Mais ne vous êtes-vous jamais arrêtées pour penser qu'il y a quelque chose en vous qui sait que vous faites cela ? Pourquoi ne pas poursuivre cette connaissance intime ? Que peut-elle vous offrir ? Tout ce que vous ne voyez pas devant vous.

Vous êtes parfaites sans un homme dans votre vie. Vous l'êtes vraiment. Vous êtes tout aussi importantes et vous êtes tout aussi belles et vous êtes naturelles. En réalité, vous êtes surnaturelles. Vous êtes tout aussi importantes sans votre poitrine et votre vagin et votre visage parce que — réfléchissez à ceci — le visage et la poitrine et le vagin ne deviennent qu'une petite partie de la vie. Pensez au temps qui sépare la naissance de la mort et pendant combien de ce temps vous êtes réellement belles. Pendant combien d'années êtes-vous fertiles et belles avant de commencer à vieillir ? Cela représente moins d'un tiers. Qu'allez-vous faire du reste ? Allez-vous vivre dans le regret et la colère et le malheur ?

Ce que vous devez faire, c'est commencer dès à présent et dire : « Je me suffis à moi-même. Je me suis toujours suffie à moi-même, » et vivre pour votre idéal. Vous devez vivre pour ce qui vous donne du réconfort et ce qui vous donne la beauté et ce qui vous donne la vérité. Vous ne pouvez vous fier à aucun homme en ce qui concerne la vérité. Vous devez vous fier à vous-même. En outre, vous ne devez pas dépendre d'un homme pour votre subsistance. Vous devez subvenir à vos propres besoins ; faire autrement est avoir des liaisons et des relations amoureuses dans le but de la survie et non pas pour une existence signifiante. Combien d'entre vous comprennent ? Qu'il en soit ainsi.

L'objet de votre focalisation devrait être ce que vous êtes en tant qu'esprit

Eh bien, vous que j'aime tant, avez-vous appris ce soir ? Nous avons compris que ce qu'on appelle émotion et chimie sont les voix dans votre tête. Vous avez également appris que ce qui vous parle là-haut a une motivation secrète et cette motivation secrète est l'émotion. Seule la chimie parle au neuronet. C'est pourquoi cela ressemble à une voix.

Ainsi donc, la plupart d'entre vous réagissent aux voix dans votre tête parce que vous réagissez, en vérité, à l'émotion chimique. L'émotion chimique est un passé ; le présent n'a jamais encore été ressenti. Ce que nous voulons, c'est créer un présent-futur ; nous créons ce qu'on appelle un futur qui débute avec un idéal. Nous devrions savoir que l'idéal ne va pas avoir d'émotion et la seule chose que nous allons ressentir, si on peut dire que ressentir est le terme approprié, c'est la liberté de pouvoir créer ce concept. Vous n'allez rien ressentir du fait du concept. Vous êtes accoutumés à ressentir. Un nouveau concept ne procure aucun ressenti. Le plus approché est un sentiment de liberté. Tel est le chemin du maître.

Maintenant, écoutez-moi, en particulier mes femmes. Vous êtes des êtres émotionnels parce que vous êtes toujours retournées en arrière afin de recréer une émotion et, en conséquence, vous n'avez jamais grandi dans votre vie. Vous avez toujours gardé dans votre lit ce qui était égal à un passé, non pas ce dont vous aviez rêvé l'existence. Lorsque nous créons depuis l'Observateur, nous devrions savoir que ce que nous créons n'aura pas d'émotion qui lui soit attachée. La tendance des femmes est de se précipiter pour trouver une émotion. Je ne veux pas que vous fassiez cela. Savez-vous pourquoi je vous dis que c'est votre tendance de faire cela ? C'est parce que depuis longtemps dans vos gènes, votre survie à travers les hommes a été de trouver ce qui leur procure de la satisfaction. Les hommes aiment quand vous les rendez heureux mais n'aiment pas cela quand vous ne leur donnez pas de plaisir. Et vous avez appris cela.

Ainsi, une de vos plus grandes stratégies est de créer une situation émotionnelle que l'homme aura à résoudre car c'est à lui que vous vous adressez pour régler vos problèmes émotionnels. Mais, si vous y réfléchissez, n'avez-vous jamais réellement écouté la voix dans votre tête qui connaissait déjà la réponse ? C'était un jeu que vous jouiez et vous avez toujours aimé jouer. La vérité est que vous connaissiez déjà la réponse et aviez monté toute cette scène, et vous vous êtes même regardée vous-même le faire. Vous

vous êtes vue créer des problèmes inutiles simplement pour qu'ils soient résolus par l'autre sexe. Cela dit tout. Vous devez cesser cela, cesser cela parce que vous devez cesser d'être malines ; vous devez commencer à être réelles. Vous pouvez toujours aller au bureau d'aide sociale le plus proche pour trouver à manger. Vous n'êtes pas obligée de prostituer votre intelligence pour que quelqu'un vous fournisse un repas, ce que vous avez toujours faite. Et vous n'êtes pas obligée de vous prostituer pour que l'homme se sente plus heureux.

Il se peut que vous arriviez à cette réalisation magnifique que lorsque vous devenez réellement réelles — réelles — et êtes ce que vous êtes sans jouer aucun jeu, oui, vous allez peut-être perdre la personne qui partage votre lit mais peut-être que la personne suivante qui partagera votre lit sera votre égal. Vous comprenez ?

Y a-t-il des égaux ? Absolument. Y a-t-il des égaux pour les hommes ? Absolument, parce que, alors même que je vous dis ceci, il y a des hommes dans cet auditoire qui connaissent déjà le programme. Et ils se vendent sexuellement parce qu'ils comprennent complètement le jeu. Et ils jouent le jeu parce que cela les satisfait sexuellement et qu'ils se font entretenir. Comprenez-vous ?

Vous voyez, ce que nous voulons faire c'est de se débarrasser de tout oignon de la polarité lui-même et devenir simplement des êtres — ni mâles ni femelles ; des êtres — et être sur un pied d'égalité les uns avec les autres. Nous ne pouvons avoir dans notre vie que ce qui est égal à notre intelligence divine, non pas l'intelligence de notre sexe mais notre intelligence divine. Combien d'entre vous comprennent cela ?

Et vous, les femmes, vous êtes les plus malines de tous. Vous savez pourquoi ? Parce que votre énergie est au niveau du troisième sceau. Et la région la plus vulnérable chez un homme est son pénis, et vous le savez. Vous le savez. Le jour où vous cessez de viser vers le bas, de regarder vers le bas, est le jour où vous retournez à Dieu. Facile.

Et les hommes, le jour où ils cessent de vivre dans leur pénis, dans leur image et peuvent se situer dans le lieu de leur pouvoir souverain — capables de laisser derrière eux leur passé, sachant que c'est leur passé — c'est le jour où ils se retrouvent sur le même précipice, c'est le jour où ils peuvent atteindre le quatrième et le cinquième sceau. Mais aucun homme n'atteint jamais ces royaumes avant d'avoir repris son pouvoir et d'avoir, en vérité, maîtrisé ce qu'il croit être selon son pénis et son image. Si vous deviez jamais faire un eunuque de tout homme présent dans cet auditoire, qui serait-il sans sa virilité ? Partagerait-il toujours son lit avec son amante ? Serait-il toujours capable de communiquer ? Pourrait-il toujours faire cela ? S'il le faisait, s'il était capable de le faire, cela est un signe certain qu'il n'est pas sa sexualité. Et il ne voudrait jamais être aimé pour autre chose que son être véritable, ce soi qu'il définit lui-même chaque jour.

Les nouvelles frontières du soi sont infinies. Le passé de qui nous sommes est déjà connu et c'est ennuyeux. Il n'existe aucun homme dans cet auditoire qui soit plus doué qu'un autre. Les choses sont ainsi faites. Et si ce sont des vantards, ce sont des imbéciles. Je connais les hommes. Tout homme qui se vante au sujet de sa sexualité veut avoir un harem, tout simplement. Vous comprenez ? Un homme noble ne fait jamais cela, un homme noble n'utilise jamais son sens de la sexualité en sorte de posséder une femme. Tout homme vrai dans cet auditoire qui est plus proche de Dieu se considère moins un homme et davantage un Dieu. Vous comprenez ? La même chose est vraie en ce qui vous concerne, les femmes.

Eh bien, quelle est votre moralité lorsque l'on en vient à l'enseignement de ce qu'est un maître et de ce qu'un maître n'est pas ? Un maître, qu'est-ce donc ? Un maître est quelqu'un qui n'utilise pas son corps, son visage, sa poitrine, son utérus, sa richesse — s'efforçant d'être mince, s'efforçant d'être grosse ; cela n'a pas d'importance — quelqu'un qui essaie de ne pas utiliser cela pour diminuer ce qu'il est réellement. L'objet de la focalisation devrait être ce que vous êtes en tant qu'esprit. L'esprit ne possède pas vraiment de sexe ; le saviez-vous ? Dans la science classique, nous n'avons pas l'esprit féminin ou l'esprit masculin, mais seulement l'esprit. Je vous le dis, il vaut mieux tendre à être un esprit et à avoir l'image d'un esprit que celle d'un corps, car vous rejoindrez alors les rangs des grands et illustres maîtres.

Si vous pensez toujours en termes de compétition, si vous pensez en termes de votre minceur ou de votre grosseur — combien de fois avez-vous sauté un repas en sorte de garder intacte votre apparence, combien de fois mangez-vous en sorte de pacifier ce qui ne vous est pas donné — chaque fois que votre focalisation se porte sur votre corps au lieu de votre esprit, vous êtes perdants. Cette session d'enseignement a pour objet de définir ce qu'est un maître. Qu'est-ce donc qu'une femme qui est un maître ? Premièrement, une femme qui n'utilise pas son corps pour obtenir ce qu'elle veut ; deuxièmement, une femme qui ne joue pas sur la tragédie de son passé pour obtenir ce qu'elle veut ; et troisièmement, une femme qui peut être qui elle est dans le moment et non pas telle qu'il y a deux minutes.

Vous toutes, et beaucoup d'entre vous là-haut, vous êtes là assises à vociférer et à vous plaindre de tout ce qui vous est arrivé dans votre passé. Que seriez-vous si vous n'en aviez pas le souvenir ? Pourriez-vous vous débrouiller seules ? Le pourriez-vous ? Pourriez-vous être aussi belles, aussi ravissantes, aussi intrigantes, aussi vives, si vous ne vous sentiez pas obligées de piéger un homme à cause de toutes les choses terribles qui vous sont arrivées ? Écoutez, il arrive des choses terribles à tout le monde. Vous n'êtes pas uniques. Personne ici n'est unique. Seriez-vous donc aussi belles si vous n'aviez pas de passé qu'en en ayant un ? Et si vous pouvez éliminer le passé et vivre d'après les mérites de votre sagesse, ceci est une raison d'être fière. Si vous ne le pouvez pas, il n'y a rien dont vous puissiez être fière ; vous êtes déjà morte. Et tout grand homme qui est un maître sait déjà cela. Vous comprenez ?

Vous ne pouvez pas séduire un maître avec votre victimisation. Vous ne pouvez pas séduire un maître avec votre beauté, avec votre corps. Vous ne le pouvez pas. Vous ne pouvez séduire un maître que lorsque votre esprit est égal au sien. La moralité des femmes est celle-ci : n'utilisez pas votre corps pour aller où vous croyez aller et n'utilisez pas votre passé pour compenser les carences que vous voyez dans votre corps. Ne contrôlez ni ne manipulez personne si vous ne vous contrôlez pas vous-même — compris ? — et aimez-vous par-dessus tout. Et si personne dans ce monde n'aime vos yeux, n'aime votre visage, n'aime votre corps, peu importe combien vous avez mangé, si personne ne l'aime, que vous, cela suffit. Et toute personne après cela est plus que la part qui vous est due. Vous comprenez ? Et en plus, soyez heureuses. Vous êtes alors le joyau le plus rare qui soit.

La plupart des femmes ne sont jamais heureuses à moins d'avoir un homme dans leur lit. Si vous pouvez être heureuse sans homme ou sans femme mais simplement avec vous-même, vous êtes un joyau sans prix. Je préférerais être proche de Dieu que proche du cœur d'un homme ou d'une femme. Ainsi parle le Christ : « Recherchez d'abord le royaume des cieux et tout le reste vous sera donné par surcroît. » Ceci est une vérité, et faire autrement est vivre de compromis ; vous êtes déjà morts.

Aimez vos enfants de toute votre force et de tout votre cœur et donnez-leur quand vous sentez qu'il ne vous a pas été donné. Prenez du plaisir à être avec eux, aimez-les et enseignez-leur de manière juste. Et ne permettez jamais, jamais, que vos enfants ne vous voient alors que vous vous sentez insécurisée et ne vous montrez pas insécurisée devant eux. Réglez cela avant de marcher noblement devant vos enfants. Et enseignez-leur comment rectifier tout problème, ne leur enseignez pas le préjugé ; enseignez-leur l'amour et la force. Enseignez-leur que la beauté n'est pas tout mais que la nobilité et le courage sont tout. Enseignez-leur que ce qu'ils sont doit être développé, et que seulement lorsqu'ils seront développés au point de s'accepter eux-mêmes — alors seulement — se considéreront-ils acceptables pour le monde, ni avant ni après.

Vous devez leur enseigner qu'ils sont biens comme ils sont et que ce sont eux qui sont ici sur ce chemin. Vous êtes leur mère. Enseignez-leur cela. Enseignez-leur l'amour et le pardon et enseignez-leur la vertu. Ne leur enseignez rien d'autre que cela. Ne leur enseignez pas le mensonge. N'enseignez pas à vos filles comment manipuler. N'enseignez pas à vos filles de grandir vite. N'enseignez pas à vos fils de grandir vite. Enseignez-leur d'être des enfants, d'apprendre à explorer, d'apprendre à aimer, d'apprendre à comprendre, de se complaire dans l'innocence des enfants. Et lorsqu'ils parviennent à l'âge adulte, enseignez-leur à être responsables de leur corps toujours avec l'idée qu'ils doivent le contrôler — vous avez compris cela ? — et que le livrer à la folie d'un homme est une sottise.

L'heure est arrivée pour vous d'être le grand professeur. L'heure est arrivée pour vous d'aimer inconditionnellement. L'heure est arrivée pour vous d'enseigner et d'aimer. N'abandonnez jamais vos enfants pour aucun homme. Vous m'entendez ? Jamais. Qu'il en soit ainsi. Et il m'importe peu que personne au monde ne vous trouve belle. Moi, je vous trouve belle et votre Dieu aussi. Ne vivez pas pour la chair ; vivez pour l'esprit. Et l'esprit vous récompensera au centuple.

Votre compliment le plus grand — votre esprit, pas votre corps

Écoutez-vous ? Cet enseignement, qu'a-t-il à voir avec l'Observateur[6] ? Tout à voir, parce l'Observateur est impartial. Vous devriez le savoir. L'Observateur est impartial. Et l'Observateur, dans la façon dont nous observons quelque chose est impartial par rapport à comment nous la ressentirons. Me suivez-vous ?

6. Voir l'illustration F : L'Effet de l'observateur et la cellule nerveuse et l'illustration G : biologie cellulaire et le lien avec la pensée.

La plupart des hommes et des femmes ont toujours été séparés les uns des autres — et, bien sûr, nous voici avec un groupe de femmes avec quelques hommes dispersés parmi elles — pour expliquer ce qu'on appelle la guerre des sexes. Il n'y a pas de guerre parce que fondamentalement jusqu'à présent tout le monde a vécu d'après ses émotions, ses instincts, ses sentiments corporels. Regardez, vous êtes dans l'école du Grand Œuvre. Si vous étiez dans la rue ce soir, à être lui ou elle, vous ne seriez même pas présents ici à écouter ce que j'ai à dire, bien que, lundi matin, vous souhaiteriez bien avoir entendu quelques mots de sagesse. Mais pas ce soir. Vous êtes ici à apprendre.

L'Observateur n'est pas différent que ce soit chez les femmes ou les hommes. La seule différence est que les femmes utilisent l'Observateur différemment des hommes. Habituellement, les hommes le font descendre jusqu'à leur premier sceau et les femmes jusqu'à leur troisième sceau. Là est la différence. Et dans un monde où tout est basé sur les trois premiers sceaux, ce sont les femmes qui ont à lutter contre ce qu'on appelle la sécurité. Les hommes, eux, se battent avec le succès. Les hommes ne craignent pas d'échouer en face des femmes mais il sont terrifiés à l'idée d'échouer en face d'autres hommes.

Ce sont donc les femmes qui sont les vraies amazones. Ce sont elles les vraies guerrières. Elles savent ce que c'est que de partir à la guerre et de sauver famille et foyer. Oui. C'est pourquoi leur pouvoir a été subjugué depuis une éternité ; elles sont une loi en elles-mêmes. Que cela a-t-il donc à voir avec l'enseignement ? Simplement ceci : en ce qui concerne l'Observateur, les femmes doivent porter la plus grande attention au pouvoir qu'elles ont sur les hommes. Et si les femmes prenaient leur pouvoir et le faisaient monter au lieu de descendre, elles atteindraient aisément leur septième sceau — aisément.

En ce qui concerne leur Observateur, les hommes ont beaucoup plus de difficultés car leur sentiment sur tout et n'importe quoi de ce qu'ils créent se rapporte au succès et le succès est toujours ancré dans la sexualité. M'écoutez-vous ? Leur chemin est difficile. Et ce difficile chemin est que si vous prenez un homme éclairé et le mettez en présence d'une hétaïre, il boira les eaux de l'oubli presque toute sa vie. Il sera l'esclave du tigre, et c'est alors que les femmes gagnent toujours. Peu importe ce que vous dites. Il en a toujours été ainsi sauf que malheureusement il n'a jamais été donné aux femmes le pouvoir de gouverner ; elles n'ont jamais eu du pouvoir que grâce à leur sexualité ou leurs fils.

Sur le chemin de devenir un maître, il y a des hommes et des femmes maîtres et ils sont considérés égaux ; ils ne sont pas considérés inégaux. Et ils ont leur beauté respective. Les hommes qui sont des maîtres sont beaux, beaux, selon le degré de leur beauté. Les femmes sont belles à vous couper le souffle. Elles sont belles selon le degré de leur loi. Mais, chez les maîtres, il y a une égalité ; il n'y a pas d'inégalité. Il y a partage. Dans ce domaine, il n'y a pas de maîtres qui vivent dans le premier sceau et d'autres dans le quatrième sceau. Ce ne sont pas des maîtres. Les maîtres sont tous sur un pied d'égalité. Ils ne peuvent exister qu'où tout le monde est égal.

Comment les femmes se réconcilient-elles avec le fait d'avoir acquis l'égalité ? Peuvent-elles toujours être belles et peuvent-elles toujours être féminines et toujours élégantes et toujours imbues de puissance ? Oui, beaucoup le sont. Du fait que leur beauté a été source de déchéance, y a-t-il des femmes qui se retrouvent enlaidies et laides et que c'est ainsi qu'elles parviennent à la maîtrise ? Oui, mais ne savez-vous pas que nous comprenons tous cela. C'est ce qu'on appelle le chemin.

Et existe-t-il des hommes qui soient virils et beaux et qui ressemblent à des Dieux ou au Dieu soleil lui-même ? Oui. Et existe-t-il des hommes qui sont des maîtres et qui sont laids et couverts de cicatrices et déchirés ? Oui, parce que ce qui nous mène au but et que nous chérissons, quoi que ce soit, nous le devenons car, une fois arrivés, notre apparence est sans importance. Ce qui est important est ce que nous sommes, la substance de ce que nous sommes.

Regardez, j'ai choisi le corps d'une femme parce qu'elles sont le groupe le plus sujet aux préjugés qui ait jamais existé et elles sont pourtant le groupe le plus puissant ; sinon, il n'y aurait jamais eu la conspiration de la religion pour les corrompre. Ne croyez-vous pas que je sais reconnaître une épée quand je vois une épée ? Et les libérer a été équivalent. Tout grand prophète qui ait jamais montré son visage a porté le visage d'un homme, ce qui a laissé aux femmes bien peu à adorer et à idolâtrer, à l'exception peut-être de la nature et des herbes et des fleurs et de la nourriture et de leurs fils. Ne comprenez-vous donc pas cela ? Bien peu de femmes ont jamais été fières de leurs filles parce, quand il s'agit de la survie, elles comprennent le chemin. Elles le comprennent. C'est une sagesse rudement gagnée. J'ai choisi une femme parce qu'à chaque fois que je viens ici et vous parle, c'est ce beau visage que vous regardez. Un beau visage peut-il en savoir autant et être si égal et si détaché ? Un beau visage peut-il réellement être Dieu et ne pas être influencé ? Oui. Et peut-il posséder du pouvoir ? Absolument.

Marie, la mère de Yeshua ben Joseph, est un archétype tellement pitoyable. Il est peu surprenant qu'elle pleure tout le temps. Je veux que vous sachiez toutes que vous pouvez devenir comme moi. Il n'est pas nécessaire d'être un homme. Il n'est pas nécessaire d'être un homme. Il vous suffit d'être vous-même, et que votre propre substance, votre sens moral et vos standards soient irréprochables. Vous serez alors comme moi.

Vous pouvez être aussi belle que vous le voulez, aussi laide que vous le voulez. Vous pouvez être aussi vieille que vous le voulez ; vous pouvez être aussi jeune que vous le voulez. Vous êtes celle qui décidez des conditions. Ce que vous aimez le plus à mon sujet, c'est moi, et on ne peut me voir. Ne voyez-vous pas ? Tous ces moments passés devant la glace, tous ces aliments que vous avez refusé de manger, toutes ces choses que vous avez mangé en excès, ne comprenez-vous pas qu'elles n'ont rien à voir avec ce qu'est la substance ? C'est ceci, et cela vient du dedans des yeux et c'est beau.

Vous en êtes aussi proche que cela. N'utilisez pas votre sexualité pour trouver un autre mari. Utilisez votre Dieu pour vous trouver vous-même. Cela signifie-t-il que vous allez vous abstenir pour le reste de votre chemin ? Peut-être. Cela n'a pas vraiment d'importance si vous êtes déjà comblée. On a besoin des autres seulement lorsque l'on a un manque en nous-même. Lorsque l'on est totalement satisfait en soi-même, les autres sont de la compagnie. Comprenez-vous ? Une telle femme est la femme la plus désirable sur la face de la terre. La femme la plus désirable sur la face de la terre est celle qui n'a besoin de personne. Me comprenez-vous ?

Vous êtes toujours allées vers le bas et vous avez utilisé votre passé — les abus de votre passé, votre culture, votre religion, vos parents — pour vous accrocher à quelqu'un. Et saviez-vous que, tout ce temps-là, une partie de vous savait que vous faisiez cela ? Vous le savez. Et vous vous êtes émerveillée à votre habileté, mais vous étiez embarrassée et haïssiez en même temps ce que vous faisiez parce que, bien entendu, vos sentiments étaient vos sentiments, mais votre tête n'était pas d'accord. Devriez-vous écouter votre cœur ou votre tête ? Votre tête. Et vous vous en êtes servi. Vous êtes donc allées vers le bas et vous avez utilisé votre état de victime au maximum et, une fois prête, vous avez posé le piège de votre sexualité. Ensuite, en sorte de les garder là, vous avez de nouveau joué à la victime. Est-ce là la vérité ? Oh ! Oui. Et la plus belle des hétaïres qui est ici va devenir laide et vieillir.

Et si vous réalisiez que ce que vous savez déjà, ce qui correspond à rire de ce que vous faites, pourquoi ne pas suivre son conseil et vous élever ? Qu'avez-vous à perdre durant ces cinq ans à venir ? Rien. Et si, en vérité, vous deveniez celui qui rit de tout ce que vous faites ? Pourquoi n'êtes vous pas cela, tout simplement ? Ne savez-vous pas que les Dieux des Sept Sœurs[7] vont vous trouver parce que vous n'êtes pas ordinaire ? Et ne savez-vous donc pas que vous vous aimerez encore davantage ? Et ne savez-vous pas que vous ne pouvez vous défaire de ces mouches parce que vous êtes tellement devenue collante ? Ne comprenez-vous donc pas que c'est comme cela que ça marche ? La vérité est la liberté et elle est également séduisante. C'est le

7. Les Pléaides.

compliment le plus grand que nous puissions nous faire à nous-même. Ce n'est pas notre corps qui est notre compliment le plus grand, c'est notre esprit.

Je veux que vous soyez de grandes femmes, et deveniez de grands Dieux. Je ne veux pas que vous ayez peur de quoi que ce soit. Je ne veux pas que vous ayez peur du temps ou de votre visage et des rides ou du gras. Je ne veux pas que vous ayez peur de la nourriture. Je ne veux pas que vous ayez peur de la pauvreté. N'ayez peur de rien de tout cela parce c'est le même Observateur, lui qui rit alors que vous concevez ce rêve, qui peut vous rendre riche, belle et éternellement jeune. Vous avez compris cela ? Qu'il en soit ainsi.

Mais vous allez devoir être assez courageuse pour voler de vos propres ailes. Et quand vous dites en avant, marche et que personne d'autre ne marche avec vous, vous devez avancer. Et s'il n'y a personne aux alentours, secouez votre propre champ de poussière. Compris ?

Eh bien, il est fort probable que si l'on faisait une lecture psychique de vous toutes, on découvrirait que vous avez été de multiples fois plus belles que vous ne l'êtes aujourd'hui, plus laides que vous ne l'êtes aujourd'hui, plus riches que vous ne l'êtes aujourd'hui, plus pauvres que vous ne l'êtes aujourd'hui, des courtisanes, des lépreuses. Qu'avez-vous donc à perdre si cela ne marche pas ? Eh bien, vous allez être plus sage quand vous arriverez dans la lumière et vous allez créer un corps plus joli car c'est toute la sagesse que vous avez acquise de votre corps. Vous comprenez ? Combien d'entre vous comprennent ? Qu'il en soit ainsi.

Je ne blaguais pas quand je vous ai dit que la plus grande armée qui ait jamais existé était une armée de femmes. Elles furent les guerrières les plus vicieuses qui aient jamais existé. Je pouvais trancher des têtes et ne pas être affligé. Elles pouvaient le faire mieux que moi car leur courroux était sans pardon. Ceci simplement pour dire où elles en étaient réellement et la qualité de la volonté cachée derrière leur façade, leur hypocrisie, leur diplomatie !

Lorsque vous développerez simplement qui vous êtes, vous serez plus belle que vous ne l'avez jamais été, et on ne pourra vous acheter, on ne pourra vous flatter, et on ne pourra vous vendre. Vous comprenez ? Qu'il en soit ainsi. Je vous promets que si vous faites ce que je vous dis de faire, vous verrez la vertu de l'enseignement en moins d'une quinzaine de jours. Non seulement ne serez-vous plus malades dans votre corps parce que vous n'avez plus besoin de recourir à votre victimisation ; elle ne sera plus là. Si elle n'est plus là, nous n'avons pas ces peptides qui envahissent ces cellules, causant la folie. Et la maladie n'existe plus. Et si on a l'honnêteté, on n'a plus besoin de se soucier du temps. Il suffit d'être le cœur de ce que l'on est réellement, cet Observateur. Et c'est cet Observateur qui vous accordera alors l'immortalité et vous ne mourrez jamais du cancer ou d'aucune autre maladie. Les femmes sont celles qui ont le plus grand nombre de cancers associés à leur sexe parce qu'elles jouent à ces jeux, et elles se haïssent parce que, à l'arrière de leur tête, quelqu'un rit tout ce temps là. Vous avez compris cela ?

Dans une quinzaine de jours, si vous dites simplement les choses suivantes :

Que je vive selon la voix qui parle dans mon esprit.
Que je la sois en toute vérité à tout moment.
Que je vive non pas de la richesse d'un autre homme
Mais de celle de mon propre esprit.
Dieu, fais que mon esprit accède à la richesse, la sécurité, la sincérité
Et enrichis ma vie
Pour que je sois une lumière dans le champ des morts.
Qu'il en soit ainsi.

C'est tout. Tournez-vous vers votre voisin et dites-lui ce que vous avez appris.

INTERLUDE
L'amant parfait

Marquons une pause un instant. Le voyage qui nous attend, droit devant nous, est nimbé de mystère, mystère constitué des secrets et histories réservés pour la table des maîtres, un mystère que ces derniers ont entièrement observé et vécu et auquel eux-mêmes ont survécu pour nous le raconter. Laissez-moi expliquer.

Quel est le secret pour découvrir l'amant parfait, l'amour parfait de notre existence, celui qui jamais ne s'étiolera ni ne tournera mal ? Les trois prochains chapitres abordent cette question sous différents angles, en nous présentant une série d'analogies allant de l'examen de certaines anomalies médicales aux légendes populaires touchant l'antique sagesse des maîtres laquelle nous procure d'importants indices pour comprendre.

L'esprit aiguisé de Ramtha nous convie à l'examen de cette question : lorsque nous tombons amoureux, quel est l'objet de notre attirance ? Lorsque nous déclarons aimer quelqu'un, qu'est-ce qui stimule nos rêves et notre imagination ? Quoi, précisément, capte notre attention et nous arrache à nos pensées du jour ? Voilà des questions importantes car tout le mode n'est pas d'accord quant à la nature véritable de l'amour.

Amour et beauté semblent appartenir à une même catégorie, encore que cela dépende passablement de celui qui observe. Le grand philosophe et écrivain écossais du dix-huitième siècle, David Hume, soulignait : « La beauté n'est pas une qualité intrinsèque des choses ; simplement, elle préexiste dans l'esprit de celui qui les observe et chaque esprit perçoit une beauté différente. Une personne peut même voir de la difformité là où une autre distinguera de la beauté ; chaque individu devrait s'en tenir à sa propre perception sans chercher à en faire une norme pour celle d'autrui[1]. » Ceci revient à dire que notre perception de la beauté en vertu de laquelle nous tombons amoureux, est amplement subjective, une affaire d'appréciation non exclusivement basée sur des caractéristiques extérieures, des attributs particuliers et pourcentages d'une précision mathématique.

La réponse de Ramtha à cette énigme est tout à fait ingénieuse et inattendue. Il indique que le caractère spécifique du regard direct échangé entre deux personnes constitue un élément du puzzle. Les regards directs que s'échangent des amants hypnotisent ceux-ci et subjuguent, car, ce faisant, c'est l'essence même de leurs personnes qu'ils captent, une réalité au-delà de leurs seuls constituants physiques, de leur sexe ou de leur statut social. Les gens qui consacrent tous leurs efforts à leur seule beauté physique et à la plastique de leur corps amenuisent leur identité et la restreignent à leur seul corps physique en se disposant à vivre un certain type d'amour, exempt de toute transcendance pouvant dépasser le simple amour sexuel et l'appel des sens. Leurs pensées intimes, leurs inquiétudes, leurs idéaux — leur esprit, en somme — sont fréquemment laissés en dehors du coup, préparant ainsi la voie à un désastre imminent, un épanouissement de courte durée et

---

1. David Hume, *Essais Moraux, Politiques et Littéraires*, Paris : PUF 2001 *Essai XXIII, Du Goût.*

qui n'atteint jamais un degré significatif d'intimité et de compréhension réciproque.

La présente mise au point vise à expliquer que l'amour varie en intensité et en couleur en fonction de la façon dont nous nous voyons et nous définissions nous-même. Si nous nous voyons seulement en tant que corps physique, eh bien là se situe tout ce que nous pouvons nous attendre à vivre, s'agissant de l'amour. Et sera une affaire d'amour physique et rien d'autre. Pas de réclamations sur ce point. Dans le cas présent, l'infidélité ne devrait pas être un problème puisque le but est le plaisir des sens quelque mélangé ou écrasé qu'il soit de culpabilité et de responsabilité. Ce n'est pas une question de moralité ; c'est le choix que nous faisons souvent. « L'amour est une chose aux multiples splendeurs », mais Ramtha explique avec une formidable honnêteté que, dans la société actuelle, beaucoup de gens se trouvent seulement faire l'expérience « d'un piège comportant des voies aux multiples splendeurs[2] ». Des signes à caractère sensoriel sont utilisés non seulement par les grosses corporations dans les domaines du marketing et du divertissement pour attirer l'attention des gens, mais aussi dans notre propre sphère privée pour nouer de nouvelles relations supposées durables et enrichissantes.

Ramtha insiste sur le fait que la clef se trouve dans l'esprit et que « ce qui rend magique l'amour n'est pas l'acte lui-même mais le cheminement sacré qui y mène, car il est totalement affaire d'esprit[3] ». Ramtha explique que « la véritable beauté est sans lien avec le corps. Cela tient à l'originalité de l'Esprit, à l'émerveillement du regard et à

---

2. *Love Is a Many-Splendored Thing : Mastery and the Relationship Factor, Part I*, Cassette 382.5. (Yelm : Ramtha Dialogues, 1998).
3. *Miracles Exist Outside Emotional Time*, Cassette 422 ed. (Yelm : Ramtha Dialogues, 1999).

l'agilité intellectuelle ; la vraie beauté est la marque d'un Esprit qui connaît et comprend les défis de la vie[4]. »

Des maladies mentales telles que l'amnésie et le dédoublement de la personnalité mettent en question la véritable identité d'une personne. Une personne souffrant d'amnésie peut oublier une autre personne, amants et enfants compris, du jour au lendemain. Les malades d'amnésie savent encore parler, marcher et fonctionner normalement, mais ils ne se souviennent plus du passé, ni des émotions partagées avec les personnes qu'ils aimaient. Cette maladie transforme considérablement leur identité. Le dédoublement de personnalité constitue également une affection déconcertante qui montre à quel point notre identité est profondément enracinée dans notre esprit. La totalité des rythmes biologiques du corps est modifiée en un clin d'œil à l'instant même du passage d'une identité à l'autre. Des affections complexes même peuvent disparaître complètement et réapparaître par le basculement d'un état identitaire à l'autre. Il ne s'agit pas là de quelque chose d'imaginaire mais d'un fait médical prouvé. Ramtha se sert de ces exemples de la médecine pour montrer que le qui et le quoi de ce que nous sommes est bien plus que notre simple corps physique.

L'un des passages les plus passionnants de ce livre traite de l'histoire de Don Juan et de Saint-Germain au domicile de la comtesse. Cette histoire vraie offre une parfaite illustration de ce qui est au cœur de notre aspiration la plus profonde. Dans l'histoire rapportée par Ramtha, le

---

4. *Love Is a Many-Splendored Thing*, Cassette 382.5.

personnage fictif espagnol Don Juan[5] — prototype de l'amant le plus célèbre — n'est autre, dans le cas présent, que Giacomo Casanova, Chevalier de Seingalt. Casanova était un écrivain Vénitien connu du dix-huitième siècle qui fréquentait la noblesse européenne et devint célèbre pour avoir séduit un très grand nombre de femmes de ce milieu. Le traducteur et éditeur bien connu de l'autobiographie originale de Casanova, Willard R. Trask, indique en commentaire dans son introduction que « Giacomo devint un bon étudiant, qu'il fréquenta l'Université de Padoue (1738-1741) et en obtint le diplôme, et que, plus tard, il reçut les ordres mineurs. Mais il s'avéra finalement rebelle à une carrière dans les Ordres. En effet, tandis que [Antonio] Gozzi s'efforçait de la guider dans la direction en question, la jeune soeur du prêtre, Bettina, enseignait à Casanova sa véritable inclination. Pour sa première liaison amoureuse, ce fit la fille qui fut la séductrice. Passé ce premier épisode d'apprentissage, il assumera lui-même le rôle et ce seront désormais les femmes qui jalonneront le déroulement de sa vie[6]. »

Deux maîtres peu ordinaires se trouvent donc l'un et l'autre à la même table : Saint-Germain, le grand alchimiste célèbre à la cour de France en raison de sa fabuleuse richesse en diamants et bijoux, et Casanova, le plus grand amant de l'époque.

---

5. La mention la plus reculée du personnage de Don Juan dans la littérature est dans *The Trickster of Seville* de Tirso de Molina (1630). Il apparaît dans l'opéra de Mozart : *Don Juan* (1787). Ironiquement, Casanova, de même que Da Ponte, fut impliqué dans l'écriture du livret de l'opéra pour Mozart. Le personnage réapparaît de temps en temps dans diverses pièces de Molière (1665), José Zorrilla (1844), dans la célèbre poème de Lord Byron : *Don Juan* (1819-1824), et dans la pièce de George B. Shaw : *L'Homme et le Surhomme*. Paris : Figuière 1912.
6. Giacomo Casanova, Chevalier de Seingalt, Paris : Caractères 20017

Dans l'affaire, l'atout le plus important de Don Juan n'était assurément pas son aspect physique sans défaut, ainsi que les divers portraits disponibles de Giacomo Casanova nous permettent tous de la vérifier par nous-même : « Son atout maître résidait dans le fait qu'il savait regarder une femme dans les yeux, entrer en conversation avec elle sans ne jamais détourner son regard ni marquer de l'impatience et qu'il était capable de maîtriser l'instant. Il avait l'art de faire en sorte que tout individu croisant son regard devienne l'unique personne au monde. » Et Ramtha de poursuivre : « Voilà pourquoi il était Don Juan, parce que la seule chose qu'il avait à faire, quant à lui, était d'accrocher et de soutenir le regard pour connaître l'âme d'une personne et, à partir de là, une relation intime se développait. C'était beau[7]. Le secret de son succès, ajoute Ramtha, était qu'il séduisait l'être profond de la personne et non pas son corps. »

Saint-Germain était célèbre en raison de sa richesse fabuleuse, de sa profonde connaissance des sciences exotiques et de sa sagesse. La rumeur se répandit qu'il avait découvert l'élixir d'immortalité et le secret alchimique de la transmutation des métaux en or et qu'il était même capable de rendre les pierres précieuses plus grandes que leur taille d'origine. En réalité, d'authentiques références historiques concernant ce maître original sont extrêmement rares. La propre description de Saint-Germain par Casanova dans sa célèbre autobiographie est assez intéressante.

« Cet homme étrange, déterminé de naissance pour devenir le plus grand des imposteurs, avait coutume de déclarer, sans être contredit et comme une chose banale, qu'il était âgé de trois cent ans, qu'il connaissait la science

7. *Miracles Exist Outside Emotional Time*, Cassette 422 ed.

médicale universelle, qu'il pouvait faire de l'ordre naturel tout ce qui lui plaisait, qu'il savait couler des diamants et, à partir de dix ou douze de ceux-ci, de petite taille, en obtenir un gros, sans perte de poids et de la plus belle eau. Pour lui, ces choses étaient bagatelle[8]. »

Ainsi que nous pouvons clairement le constater, Saint-Germain et Casanova étaient tous deux des personnages extraordinaires, chacun dans son propre domaine. L'un était maître dans la science occulte de l'alchimie, tandis que l'autre était un maître dans l'art de faire l'amour.

Ramtha pose maintenant la difficile question que voici : « Lequel des deux personnages bénéficiera de la meilleure écoute, le meilleur amant de l'époque ou celui qui parle d'immortalité ? » Ce qui signifie ceci : Entre la séduction irrésistible et l'aspiration à l'immortalité et à l'éternelle jeunesse, quel est le mystère le plus important au regard de l'esprit humain ?

La faculté de concevoir des rêves aussi fantastiques que l'immortalité et la jeunesse éternelle marque une étape vers une définition plus large et plus ouverte de qui nous sommes susceptibles de devenir et du niveau d'expérience auquel nous pouvons aspirer. La nature et le niveau d'intensité de l'expérience amoureuse, à la lumière de ce qui précède, ne sont pas susceptibles d'être décrits par des mots car il nous incombe d'appréhender par nous-même ce genre d'expérience pour qu'elle devienne notre propre affaire.

Voilà précisément le chemin qui s'offre à nous après que « nous ayons tout vu et tout fait[9] » étant alors prêts pour une vie plus riche, une réflexion plus vaste de qui nous sommes.

---

8. Giacomo Casanova, *History of My Life*, Vol. 5, Chapitre 5

9. *A Teaching Dedicated to the Feminine Gender*, Cassette 374 ed. (Yelm : Ramtha Dialogues, 1998).

Nous réaliserons alors pourquoi l'antique sagesse des temps passés, à moult reprises, met l'accent sur le fait que « aimer d'amour une autre personne signifie s'aimer soi-même d'un sentiment sans équivoque[10], » et que, pour découvrir l'amant parfait dans notre vie, nous devons d'abord trouver l'amour en nous-même — notre réflexion dans le miroir — toute chose que nous voyons et connaissons à notre sujet. Et après tout, les maîtres ne disaient-ils pas aussi que l'univers entier était semblable à un rêve, une illusion en vertu de laquelle toute chose, toute personne que nous croisons durant notre vie est en définitive, la réflexion, dans le miroir, de ce que nous sommes ? Ramtha explique ce point d'une manière simple en disant que « la façon dont nous faisons l'amour est celle dont nous faisons notre vie[11]. » L'amour, en fin de compte, commence par nous.

---

10. *Love Is a Many-Splendored Thing*, Cassette 382.5.
11. *Miracles Exist Outside Emotional Time*, Cassette 422 ed.

CHAPITRE 3
Secrets intimes d'un maître

Courir en rond pour retrouver notre passé

Personne ne m'a jamais conquis. Que faites-vous quand vous avez fait ce que j'ai fait[1] ?

Nous l'avons fait ; je l'ai fait ; j'aime cela. Je vais vous enseigner comment le faire, écoutez donc. Extravagant ? Je vous en prie, souvenez-vous, je vous en prie : j'ai trente-cinq mille ans. Je suis revenu. J'apporte ma personnalité alors que je descends dans ce corps. Je prends une conscience de Ramtha parce que Ramtha était un tacticien. Ramtha ne s'est jamais fait prendre par ses proches, il ne s'est jamais fait prendre par les femmes, il ne s'est jamais fait prendre par les drogues, il ne s'est jamais — certes, la violence, vous savez, j'ai dépassé tout cela. Je veux dire, vous savez, au bout d'un certain temps, quand vous êtes devenu vraiment bon à ce que vous faites, il n'y a là plus aucun défi, aucun défi. Ce fut ma première grande leçon, réaliser que j'en avais terminé avec mon passé.

J'ai eu une autre grande leçon que j'ai partagée avec quelques maîtres, à propos de la première fois où j'ai décidé de marcher sur Onaï.

Et, vous savez, alors que nous étions campés là-bas, on me présenta ma dame ; elle était folle et elle créa cette cicatrice que j'ai sur le visage. Je veux dire, nous n'avions

1. Vous trouverez les détails de la vie de Ramtha dans *Ramtha, Le Livre Blanc* et dans *Ramtha, Comment Créer la Réalité, Guide de Débutants* by JZK Publishing, une division de JZK, Inc.

que quatorze ans. Je veux dire, s'il vous plaît, où va-t-on ? Mais bien sûr, nous parlons de gens qui sont des géants. Je veux dire que, pour moi et pour des gens de la même allure que moi à l'époque, vous ressembliez à des enfants. Parfois, vous savez, vous ressemblez un peu à cela parce que vous êtes réellement un peu comme cela.

Je partis donc. Nous marchâmes donc. Elle fut placée où l'on pouvait prendre soin d'elle et nous marchâmes. J'ai quatorze ans et je suis réellement en furie. Nous marchons donc et nous marchons et nous marchons et nous arrivons à une nouvelle chaîne de montagnes et nous revenons et voilà qu'on dirait que l'endroit a un air un petit peu familier. Eh bien, j'avais tourné en rond ; j'étais de retour où j'avais démarré. Je veux dire, c'est embarrassant. C'est embarrassant. Je n'ai jamais confessé cela auparavant. C'est embarrassant. Eh bien, vous savez, les ruines de la ville au sommet de la montagne commencent à paraître un peu familières. Et nous voulons savoir qui a bien pu passer par là avant nous. Et voilà que c'est le même endroit que celui d'où je suis parti. J'ai fait un grand cercle tout rond. Vous faites cela tout le temps. Levez la main si vous le faites. C'est vraiment embarrassant, non ?

Eh bien, vous pouvez imaginer ce que j'ai ressenti, l'imaginer. Et tout le monde est là — Et je les regarde et je dis : « Vous m'avez jeté des pierres, vous avez voulu que je parte. Ne m'en voulez pas si nous sommes de retour d'où nous sommes partis. » Vous savez, et comme le dit la chanson, je croyais que j'étais si sage mais en réalité je suis stupide parce qu'à quatorze ans — vous savez, quatorze ans — je pourrais dire : « À quoi pouvez-vous vous attendre ? » Mais j'étais en réalité une créature hardie pour quatorze ans.

Écoutez-moi donc. Écoutez. C'était réellement embarrassant. Et bien évidemment ma première réaction, c'est : « Eh bien, oui, na ! na ! na ! Vous m'avez suivi. Je veux dire, à quoi pouvez-vous vous attendre ? » C'est comme cela que je sais l'histoire des tyrans et des victimes. J'étais un jeune de quatorze ans impressionnable. Je vais donc vous dire ceci. Après cette expérience — la psychologie n'existait pas de mon temps. Il n'existait que — Nous créons la réalité ? Voyons, personne ne m'a jamais dit cela.

Je reviens donc à ma première grande conquête. Je reviens à la femme que j'aime — j'ai quatorze ans ; je veux dire, quelle profondeur cela peut-il avoir ? — et je reviens d'où je suis parti. C'est seulement parce que je n'avais pas la sagesse de continuer en ligne droite.

Certes, vous pouvez continuer à retourner dans votre passé, mais permettez-moi de vous dire ce que je pensai de cela, la première et la seule fois que je fis cela, je fus embarrassé. Je veux dire, je fus embarrassé. Je commande une armée. Oui, j'ai quatorze ans. J'avais besoin de cette expérience, mais une fois me suffit. Pourquoi cela ne vous suffit-il pas ? Pourquoi retournez-vous sans cesse en arrière à un moment émotionnel intense ? Parce que vous n'avez pas d'émotions dans votre vie et que vous devez en créer. Vous avez besoin de rédemption.

Je peux vous dire quelque chose. Je n'ai pas eu besoin d'y revenir une seconde fois. Je suis parti en ligne droite et n'ai jamais souhaité y revenir. Et vous, vous ne cessez de revenir. Vous ne cessez de le faire. Pourquoi ? Telle mère, telle fille, tel père, tel fils ? Cela ne marchera pas. Cela ne marchera pas.

Le secret de regarder dans les yeux de quelqu'un

Écoutez. Ce qui vous retient de faire le miraculeux dont je vous ai parlé depuis que j'ai fait mon apparition ici — cela marche — c'est que vous êtes attachés à votre passé, attachés. Que cela veut-il dire ? Eh bien, je disais jadis à mon auditoire de débutants : « Regardez autour de vous, le passé existe-t-il toujours ? » Et ils étaient un peu embarrassés. Non, mais il existe là-haut. Vous avez une tranche de votre cerveau exclusivement consacrée à votre passé. Combien d'entre vous comprennent ? Vraiment ?

Vous savez pourquoi vous avez cela là-haut? Vous avez dit tellement souvent : « Je n'aime pas penser à cela, » mais vous n'avez jamais dit : « Je n'aime pas ressentir une émotion à propos de cela. »

Vous savez, une des raisons pour laquelle j'aime la danse que j'ai choisie — écoutez-moi — c'est que cela coupe court à beaucoup de votre bravade. J'ai choisi William parce que William n'a pas de rythme comme vous qui pouvez courir en rond comme un lapin sur un plat chaud. Ce qu'il a, lui, c'est la faculté de vous regarder droit dans les yeux. Pour moi, pour votre professeur, cela est l'attribut le plus important et le plus singulier quand il s'agit d'être proche de quelqu'un car les yeux sont les fenêtres de l'âme. Lorsque l'on a la faculté de regarder les gens profondément dans les yeux, il se passe quelque chose qui fait peur : nous affectons ces personnes. Ce qui nous intéresse, ce ne sont plus leurs attributs corporels. Nous les regardons dans l'âme. Nous pouvons à la fois être contaminé ou bien regarder au-delà de leur allure.

La raison pour laquelle je lui ai demandé de faire une démonstration ici est que — parmi tous ces gens comme il faut présents dans cet auditoire, parce que cela vous montre aussi que nous sommes à des millions et des millions d'années d'écart dans nos attitudes — c'est ceci : la danse devrait être un moment où l'on explore l'énergie, ce qu'on appelle la musique. Et votre partenaire ne devrait jamais être quelqu'un qui peut s'adapter à votre rythme parce que c'est ce que vous faites dans la vie de tous les jours. Dans votre vie, vous êtes toujours après quelqu'un qui puisse vous suivre mais avez-vous l'innocence solitaire d'avoir quelqu'un qui vous regarde dans l'âme?

Combien d'entre vous ont regardé les vidéos de mes enseignements et quand il y a un gros plan et que l'on montre mes yeux et que soudain je vous regarde, combien d'entre vous ont ressenti que je regardais dans votre âme ? Levez la main. Qu'il en soit ainsi. Pourquoi vous enseignerais-je autre chose que ce que je suis ? Je ne peux vous enseigner que ce que je suis. Je ne peux pas vous enseigner ni objection ni soumission. Je ne peux vous enseigner que selon ce que je sais. Et toute personne qui s'est trouvée assise en face de moi saura combien je suis puissant quand je vous regarde dans les yeux, parce que c'est un sentiment inconfortable. Combien d'entre vous en ont fait l'expérience ? Qu'il en soit ainsi.

Pourquoi ne voudrais-je donc pas un professeur qui puisse vous enseigner à faire cela ? Son plus grand attribut est qu'il sait faire cela. Eh quoi, avez-vous honte ? Avez-vous peur ? Avez-vous peur que quelqu'un regarde au-delà de qui vous êtes et qui ne s'intéresse pas à vos fesses, vos jambes, votre vagin, votre pénis ? Je veux dire, cela fait quoi d'avoir quelqu'un qui vous regarde dans les yeux ? La couleur de vos yeux n'a aucune importance. Les miens sont vraiment noirs. N'allez jamais croire à ces bêtises que les yeux bleus sont plus beaux que les yeux noirs car je peux éclipser les yeux bleus tous les jours de la semaine. Je n'ai pas ces yeux colorés et je n'ai jamais souhaité en avoir. J'ai aimé qui j'étais.

Pouvons-nous regarder dans les yeux de quelqu'un d'autre et regarder profondément dans leur âme ? Cela, c'est un don parce que comment touchons-nous les gens ? Si nous ne regardons pas leur corps mais regardons dans leur âme — m'écoutez-vous ? — cela ne veut pas dire que vous créez un tête-à-tête sexuel. Cela veut dire que vous les regardez. Savez-vous quand est la dernière fois qu'ils ont observé qu'ils ont été observés ? C'est la raison pour laquelle je fais faire cette danse. Et pourquoi dis-je que c'est beau ? Cela n'a rien à voir avec les mouvements et tout ça. Ce qui est beau est de voir un autre être regarder un autre être dans les yeux. Et peu importe qui j'ai mis avec lui, il a toujours fait cela.

Je veux donc que vous compreniez quelque chose. Je suis Ramtha, l'Être Éclairé. Je suis un être de trente-cinq mille ans. J'ai un lourd vêtement. Je suis ici pour étreindre et puis pour adoucir vos angles pour que vous puissiez briller de l'éclat le plus magnifique et que votre focalisation totale soit l'enseignement. Maîtres, c'est cela le message.

Je fais cela parce que cela m'amuse de faire cela ? Je vous en prie. Savez-vous tout ce que j'ai vu en trente-cinq mille ans ? J'ai vu beaucoup de choses, bien plus — je veux dire, si vous pouviez rêver aussi grand que ce que j'ai vu, eh bien, il n'y aurait pas de problème avec vous. Vous seriez prêt à aller de l'avant et vous disparaîtriez là-bas. Vous disparaîtriez simplement. Et votre passé s'enroulerait sur lui-même derrière vous. Il s'enroulerait ; il serait fini.

Mais vous êtes trop impliqués à faire en sorte qu'il se perpétue. J'ai envoyé des messagers ; j'ai parlé ; je vous ai embarrassés ; je vous ai dit la vérité. La plupart d'entre vous vous cachez de moi parce que vous ne voulez pas que je vous regarde dans les yeux, mais ne croyez-vous pas que je sais qui vous êtes ? Vous ne croyez pas que je sais ce vers quoi vous retournez ou ce qui vous attend ? Vous êtes gravement dans l'erreur.

Je lui fais vous enseigner ceci. Oui, je l'ai fait danser avec des hommes. Je l'ai fait danser avec jeunes et vieux. Je l'ai fait leur montrer quelque chose. Non, ils ne vont pas tomber amoureux de lui car son esprit n'est pas à la sexualité quand il est avec eux. Il regarde dans votre âme. Et l'amour le plus grand, il n'a rien à voir avec vos attributs corporels ; il s'agit de quelqu'un qui puisse nous comprendre, qui puisse voir si clairement toutes nos illusions : nos illusions sur notre corps, nos illusions sur notre visage, notre bravade, notre attitude de gens comme il faut ou je-suis-trop-bien-pour-toi, « j'ai trop d'argent pour danser avec toi parce que je suis spécial. » et toute cette merde.

Non, les personnes les plus mémorables que nous allons jamais rencontrer au cours de notre vie sont celles qui nous ont tenu près d'eux et ne regardèrent pas notre corps, notre taille, notre âge, notre identité. Ils regardèrent dans notre âme. Nous voilà maintenant au quatrième sceau. Là demeure l'amour ; je veux dire l'amour vrai, l'amour inconditionnel, l'amour magique. Et si cet amour ne fit pas passer notre sexualité à ce niveau-là, il nous fit nous retourner et nous éloigner. Et ce que cela nous montre — je le sais, j'en ai fait l'expérience — ce que cela nous montre est ceci : cela ne nous montre pas qui ils sont mais qui nous ne sommes pas.

Ainsi, lorsque nous ressentons une réaction émotionnelle en présence d'un tel danseur, d'un tel maître — nous en retirons une expérience émotionnelle. Je veux dire que nous savons comment nous oscillons entre, par exemple : « Oh, vous êtes l'homme ou la femme la plus remarquable avec lequel ou laquelle j'ai jamais dansé ; je suis follement amoureux de vous parce que personne n'a jamais auparavant regardé dans mon âme, » et toutes ces sottises, à moins que ce ne soit l'antithèse de cela. « Je n'ai rien à apprendre, de toi, mec. » Ce que je veux dire, c'est ceci : pouvez-vous laisser quelqu'un vous regarder dans les yeux et qu'un moment après, en un instant, cela devienne romantique et hypnotique ? Mais savez-vous ce qu'est l'hypnotisme ? L'hypnotisme, c'est l'abandon de l'image. C'est quelque chose de si facile à comprendre et c'est une véritable science parce que nous regardons dans les yeux d'une personne ; nous ne regardons pas ce que vous savez, là en bas. Soudain, nous voilà à la fois flattés et aussitôt après dégoûtés. Et si cela continue, nous commençons à dégringoler. Pourquoi ? Pourquoi ? Parce que tout ce que nous pensons se trouve réfléchi dans ces yeux. Et une entité pour qui ni votre corps, ni vos attributs corporels, ni votre sexe n'ont aucun intérêt — votre sexe, votre âge, que vous soyez jeune ou vieux, votre richesse ou votre pauvreté, voyez-vous, parce que ce sont vos problèmes — une telle entité pour vous tenir dans les bras jusqu'à la dernière danse. Si vous pouvez y rester et continuellement lâcher prise, lâcher prise, lâcher prise et vous regarder vous-même dans ces yeux, vous avez découvert l'Esprit Saint d'une personne. Et c'est ce à quoi tout le monde aspire — je sais que je voulais cela, et je sais que vous le voulez aussi — l'Esprit Saint.

Il est amusant de jouer dans ce corps mais si nous jouons avec d'autres personnes qui, elles aussi, jouent dans leur corps, nous savons que nous ne pouvons jamais prendre cela sérieusement. Ils ne seront jamais cette créature éclairée que nous souhaitions — Nous pensons que nous pouvons les modeler ; cela ne marche jamais. Vous savez pourquoi ? Parce nous ne pouvons jamais les regarder dans les yeux et savoir honnêtement que ce que notre connaissance intérieure les atteint, parce que si quelqu'un tombe amoureux avec notre connaissance intérieure, cela pourrait signifier que tout l'effort que nous avons mis sur notre corps pourrait n'avoir servi à rien.

Être émotionnel ou analytique

Alors, si le siège, le royaume des cieux, se trouve ici, ici, dans lobe frontal[2], le siège doré de Dieu, puis derrière lui — et bien que cela ne soit qu'une analogie — il ressemble en réalité à des tranches ou à des compartiments de modes de pensée. En partant d'ici, nous voyons que cette région est la pensée selon le mode de la bravade qui n'a pas beaucoup d'émotion associée avec. C'est plutôt le mode de pensée analytique. Il se trouve juste derrière le lobe frontal. Mais alors que nous suivons chaque tranche en descendant,

2. Voir Illustration C : Le Cerveau.

nous commençons à voir quelque chose d'intéressant se produire.

Juste derrière le lobe frontal existent les personnes les plus analytiques au monde. Et ce sont les intellects ; ce sont des personnes d'un haut niveau d'éducation ou bien des personnes religieuses. Ce sont les politiciens ; ce sont les responsables gouvernementaux ; ce sont les rois et les reines. Autrement dit — autrement dit — ceux qui dirigent le monde. Ce sont ceux qui sont aux commandes de l'argent. Ce sont les personnes qui pensent en termes d'équations analytiques.

Peut-être croyez-vous ne pas appartenir à ce groupe, mais vous en faites peut-être partie parce les personnes du troisième sceau ne sont pas simplement les personnes qui contrôlent le monde, ce sont aussi les personnes qui sont aux postes de contrôle, point à la ligne. Je parle des gens, les mères qui sont analytiques et qui se conforment au code maternel, des pères qui sont analytiques et qui se conforment au code des banques, au code du travail, au code du service militaire, au code démodé de la servitude. Réprimez vos émotions et gouvernez ; je veux dire, les gens puissants savent faire cela.

De telles personnes ont été formées dans les institutions. Elles vont à l'école ; elles ont appris. Et qui écrit les livres d'histoire ? Qui écrit la psychologie ? Qui écrit l'information ? L'école ne s'intéresse pas — aucun système d'éducation ne s'occupe des émotions des gens. Aucun. Les systèmes d'éducation existant ne savent qu'une chose : enseigner aux gens à être des robots selon le manifeste d'un certain critère de vie et d'être. Combien d'entre vous comprennent ?

Nous avons alors un réel problème parce que les adolescents, les jeunes, les personnes âgées, je veux dire, leurs émotions sont vraiment réprimées et il est peu étonnant que le système scolaire ne puisse les satisfaire car ils ne savent comment vivre avec cette fureur qui grandit en eux, ce sentiment qui grandit en eux, cette émotion qui grandit en eux. Ils commencent alors à se mettre en marche, en marche pour les choses qui sont justes et les choses qu'ils sentent justes. Sentir que quelque chose est juste n'est pas sentir que c'est intellectuellement juste. Combien d'entre vous comprennent ?

Si donc, suivant les tranches du cerveau, nous descendons jusqu'à ce point-ci, juste avant le subconscient, nous trouvons des êtres humains qui ne peuvent vivre que dans l'émotion. Ils ne pensent que d'après leurs sentiments parce que les sentiments — les sentiments — leur évolution a été une descente depuis l'intellect jusqu'à : « Je sens que c'est juste. » Eh bien, vous savez, quelqu'un qui vous dit : « Je sens que c'est juste, » vous devriez lui dire : « Mon petit, tu sens que c'est juste pour toi ? Eh bien, pour ma part, je ne voudrais jamais me trouver enveloppé dans ton corps émotionnel parce qu'on ne s'éveille jamais quand on est aussi profondément enfoncé dans ses émotions. Et tu ne m'aimes pas. Tu n'as pas de sentiments pour moi. Tu cherches seulement à ressentir une rédemption émotionnelle, que ce soit te sentir bien, te sentir mal ou te sentir sexuel. Revivons le moment, mon cher. Allons-y, faisons-le. Ce fut notre moment à tous deux. Diable ! De quoi parles-tu ? Je t'ai laissé tomber. Je n'ai même pas d'empreintes communes avec toi. Tu peux toujours frapper à ma porte, mon cher, tu es un étranger. »

Voilà donc avec quoi nous nous retrouvons. Vous devriez dire, maître, comment se réconcilier alors — Si vous dites cela, quelle est alors la différence entre ce que vous dites et un intellectuel ? Eh bien, un intellectuel est quelqu'un qui est sensé voir les événements que de façon purement intellectuelle, et c'est cela qui devrait être la satisfaction émotionnelle. La manière dont ils gouvernent le monde devrait être la réaction à cette observation intellectuelle claire et froide à l'inverse de celle de quelqu'un qui se lance sur les murs, à qui vous devez donner chaque jour ce qu'il veut afin qu'il demeure sain d'esprit car, vous voyez, il n'est pas dépendant de son intellect, il est dépendant de la chimie. Combien d'entre vous comprennent ? La chimie, les substances chimiques — les substances chimiques.

Savez-vous comment je sais cela ? Parce qu'au début, vous allez être soit d'accord avec moi ou ne pas être d'accord avec moi, et si je continue à vous pousser, vous allez devenir émotionnel. Et si je vais plus loin, vous allez être furieux. Et si je vais plus loin, vous allez aller de plus en plus profondément jusqu'à exploser. Et vous réaliserez alors que j'avais raison. C'est ce qu'on appelle les niveaux d'émotion dans le cerveau.

Je pourrais appeler cela la conscience et l'énergie mais, en réalité, nous n'avons considéré qu'une seule — je veux dire que notre conscience est une seule ligne. Je veux dire, c'est cela qui est éclairant. Nous ne faisons que découper une ligne de conscience et d'énergie selon ses composantes. Nous parlons toujours de votre vie et cette vie est votre conscience et votre énergie, la conscience qui a un nom et un numéro de sécurité sociale ; elle a un visage et un corps.

Tout le travail que nous avons fait jusqu'à présent ne s'est rapporté qu'à cette conscience-ci, qui est vous.

Et nous allons explorer cette conscience jusqu'à ce qu'elle soit complète. Si nous le faisons, nous comprendrons alors comment le faire. Malheureusement, ce que nous voyons lorsque nous nous rapprochons du subconscient[3], c'est que bientôt les gens ne pensent plus, ils réagissent. Vous ne pensez pas réellement. Savez-vous comment je sais que vous ne pensez pas réellement ? Parce que vous ne pouvez pas conjuguer ce que je dis sans que cela ne vous contrarie émotionnellement.

Vous savez ce que cela signifie ? Cela signifie qu'il n'y a pas de neuronet de pensée logique à ce niveau-ci. Les seuls neurones présents sont ceux qui ouvrent le robinet des émotions. Et c'est là que vivent la plupart d'entre vous. Vous avez vécu d'émotions, vous vous êtes sentis blessés dans vos émotions, pas reconnus pour ce que vous avez cru bon de faire. Et vous vous précipitez alors dans le passé et ressortez tout ce fatras pour le revivre parce que vous y êtes accoutumés. Vous êtes accoutumé à votre corps émotionnel. Et vous — vous, vous — je veux que vous compreniez que la raison pour laquelle il y a un effondrement de la conscience est que vous ne pensez qu'avec votre corps. Oh ! Nul besoin de vous éduquer ! Vous allez être une créature réactionnelle, rien d'autre. Tout autre chose vous le considérerez spéculation philosophique pure parce que, vous voyez, — Savez-vous comment je sais cela ? Vous direz : « Je ne sens pas que c'est juste, » quand la réaction que vous voulez ne se produit pas.

Savez-vous ce qui constitue la dépravation ? Le fait d'avoir recours aux aspects et aux profondeurs les plus

3. Le Cervelet. Voir Illustration C : Le Cerveau.

dépravés pour obtenir une réaction. C'est la raison pour laquelle il y a des tueries. C'est la raison pour laquelle il y a des violeurs. C'est la raison pour laquelle il y a des meurtriers en série. C'est la raison pour laquelle il y a les hommes gris. C'est la raison pour laquelle il y a les hommes politiques. C'est la raison pour laquelle il y a les meneurs, les chefs d'église et d'état. Ce sont des personnes dépravées qui vont à l'extrême du pouvoir pour extraire de ce contrôle les émotions dont ils ont besoin pour survivre.

Vous ne croyez pas que cela s'applique à vous ? Je vais vous dire à quel point cela s'applique à vous : parce que vous êtes votre vie linéaire de façon si consciente, vous êtes des habitants du Pays Plat[4]. Et le Professeur, que fait-il ? Le Professeur vient non pas de deux dimensions mais de millions de dimensions et s'efforce de vous dimensionnaliser à la fleur de votre maturité émotionnelle et intellectuelle.

Que signifie cela ? Eh bien, cela signifie ceci : Savez-vous qui vous êtes ? Je vais vous dire qui vous êtes. Vous êtes la conscience et l'énergie de votre nom, de votre corps, de sa constitution chimique, de sa génétique et de ce par quoi l'on vous connaît. Je ris à la folie de ceux qui se croient plus beaux que les autres parce que cela signifie seulement qu'ils sont des vieux tableaux, vieux — ils ne s'écarteront pas de cette ligne, ne fermenteront jamais et finiront juste par mourir. C'est aussi simple que cela. Vous êtes des feuilles sur l'arbre de la vie au lieu d'être l'arbre de la vie lui-même.

Le miracle existe en dehors du temps émotionnel. Il est évident que l'école entière, RSE[5], s'est consacrée à

4. Edwin A. Abbott, The Annotated Flatland, A Romance of Many Dimensions (Cambridge : Perseus Publishing, 2001).
5. Ramtha's School of Enlightement, l'École de Sagesse de Ramtha.

apprendre ce que nous sommes, à apprendre ce que nous sommes individuellement depuis notre génétique jusqu'à notre éducation, nos choix et qui nous sommes finalement devenus, comment nous défendons nos différences et comment nous défendons ce que l'on appelle notre état de séparation. En fait, ce sont nos émotions que nous défendons ; ce sont nos limitations que nous défendons.

L'étrange paradoxe d'un amnésique et la double personnalité

Qu'appelle-t-on amnésie ? Je veux dire, comment définit-on l'amnésie ? Non seulement êtes-vous des amnésiques mais un amnésique au sein du principe humain sera quelqu'un qui a une blessure à la tête — une blessure à la tête ; ceci est important — une blessure telle qu'elle efface le neuronet qui était leur lien avec leur passé. Que dire de ces amnésiques ? Eh bien, laissez-moi vous dire un petit quelque chose à leur sujet.

Si quelqu'un de très viril, de très pris dans la conscience sociale, de très imbu de lui-même, qui possède les autres — gens, lieux, choses, temps et événements — si soudain ils sortent et montent sur leur bicyclette et se font renverser par une voiture et ont une commotion cérébrale, et ils se réveillent. Et on leur demande : « Alors, qui êtes-vous ? » Ils disent : « Je ne sais pas. » Ils ont le moteur, ils ont le subconscient pour répondre à la question mais ils ne savent pas qui ils sont. Ne trouvez-vous pas curieux qu'ils disent — Littéralement, le médecin dit : « Qui êtes-vous ? » et ils disent : « Je ne sais pas. » Il est évident qu'une partie de leur cerveau n'a pas été endommagée parce qu'ils peuvent avoir des échanges et communiquer cognitivement ; d'accord ? Ils peuvent dire cela mais le médecin dit : « Eh bien, qui êtes-vous ? » et ils disent : « Eh bien, je ne sais pas. »

Ceci est quelque peu déconcertant. Je veux dire, ils ont connaissance, ils m'ont entendu, ils ont échangé avec moi, mais ils ne savent pas.

« Eh bien, quel est votre numéro de sécurité sociale ? »

Ils savent ce qu'est un numéro de sécurité sociale mais ils n'en ont pas.

« Eh bien, qui est votre famille ? »

« Je ne sais pas. »

« Avez-vous un mari ? Avez-vous une femme ? »

« Je ne sais pas. »

« Avez-vous des enfants ? Avez-vous des proches parents ? Qui est votre mère ? »

« Je ne sais pas. »

« D'où venez-vous ? »

« Je ne sais pas. »

Eh bien, en voilà un concept médical intéressant ! N'est-ce pas un paradoxe ? Ils peuvent répondre à la question mais ils répondent « Je ne sais pas. »

Qu'arrive-t-il à un amnésique ? Un amnésique subit une blessure à son image, le cerveau qui gouverne leur image. Ainsi, vous savez, si vous avez un partenaire qui est follement et passionnément amoureux de vous et s'il est renversé par un gros camion Mack, saviez-vous que — le jour d'après ou dix jours après quand ils sortent de leur coma — saviez-vous qu'ils n'auront aucun sentiment pour vous, mon cher ? Je dois dire que c'est juste un peu déconcertant. Vous entrez dans la chambre et il n'existe pas d'onde radar de l'amour.

Voyons, je me réfère à l'amnésie pour vous parler de ceci. Il y a sans cesse des cas médicaux de personnes qui ont des accidents — Des accidents : Ils n'ont pas été castrés et disent : « Je ne sais pas. » Je veux dire, ils ne disent pas cela. Peut-être qu'ils ont été blessés à la poitrine. « Je ne sais pas. » Non, ils ne diraient jamais cela. Ils diraient : « Il m'est arrivé cette chose terrible. » Non, non, non, non, non. Ce sont les parties du corps. Le cerveau est encore conscient. Mais quand cela se produit au cerveau, on a un problème parce que le cerveau peut vous oublier en une nuit. L'amant le plus intense, le plus passionné dans cet auditoire sera un étranger après l'accident.

Bien évidemment l'association médicale professionnelle veut rapidement trouver les parents de ces personnes — gens, lieux, choses, temps et événements — et les attirer dans la chambre. Et un fils peut regarder sa mère et ne jamais la reconnaître. Une femme peut regarder son mari et ne jamais le connaître. Il sera un étranger pour elle.

Que s'efforce alors de faire la science médicale ? Les faire se ressouvenir de leur famille. Mais sont-ils jamais la même personne ? Ils ne le sont jamais parce qu'ils n'ont aucun sens de culpabilité du fait de ne pas reconnaître leur mère. Mais la mère, elle, oui. Voici quelques indices : ils ne ressentent aucune culpabilité du fait que leur amant les reconnaît alors qu'ils ne reconnaissent pas leur amant. Et leur amant essaie de les aimer ; ils ne ressentent rien envers eux. Savez-vous pourquoi ? Ils n'ont aucun passé avec cette personne — aucun passé.

Le miracle existe donc en dehors du temps émotionnel. Peut-être alors que ces gens recherchaient un miracle. Peut-être qu'ils voulaient se réincarner mais ne jamais mourir et ne jamais avoir quelque affliction que ce soit vis-à-vis de leur association. La seule chose qu'il y ait à faire est d'endommager une partie du cerveau. Et c'est tout ce qu'il y a à faire, vous savez, vous faire renverser par un camion postal, ou bien un camion de lait ou bien encore un camion plein de « burgers », n'importe. C'est tout ce qu'il y a à faire. Tout est terminé.

Mais ce que cela nous apprend, c'est quelque chose de tout à fait merveilleux et de tout à fait intéressant parce que cela veut dire que ce que je vous enseigne n'est pas imaginaire mais une réalité. Cela veut dire que les parties les plus superficielles, les plus fragiles de notre être ont à voir avec notre passé. Autrement dit, si une petite partie de notre cerveau devait être endommagée, c'est le cerveau qui entre en jeu comme un ordinateur, si bien que toute personne — toute personne, lieu, chose, temps et événements — qui appartienne à notre passé et à notre présent n'est reconnue qu'émotionnellement.

Vous savez comment vous nommez les personnes avec lesquelles vous n'avez pas d'attache émotionnelle ? Des étrangers. Eh bien, un amnésique reconnaît sa mère comme une étrangère. Tournez-vous vers votre voisin et racontez-leur ce petit paradoxe s'il vous plaît.

La thérapie a montré que la réintroduction dans leur famille, que même lorsqu'ils sont réintroduits dans leur famille, voici comment la famille s'y prend. La famille commence par la sympathie. Ainsi, l'individu qui s'efforce d'être réinventé est réinventé par la sympathie. Et tout le monde l'aime et ils sont là et ils se mettent lentement à ressasser leurs vieilles histoires. « Je suis si heureux que tu sois à la maison. Tu sais, je me suis fait tellement de mauvais sang à ton sujet. Je me suis fait du mauvais sang et j'ai ressassé tout ce qu'on a traversé ensemble. » Et puis les voilà repartis dans leur manège personnel. Je veux dire, cette pauvre créature ne sait même pas qui elle est et soudain elle se trouve embarquée dans ses propres souvenirs. Et puis ils se retournent, les regardent et disent : « Comprends-tu ce que je dis ? »

Et ils vous regardent et disent : « Non. »

La réintroduction dans la famille est quelque chose de difficile pour les amnésiques car un amnésique n'a pas de lien avec ces personnes, réellement pas. C'est comme si on vous sortait de votre situation de famille et vous introduisait dans un groupe d'étrangers en disant : « Tu sais, tu as eu un accident, mais c'est ce que tu es réellement[6]. » Combien d'entre vous comprennent ? Vraiment ?

Un amnésique et le miracle, qu'ont-ils donc en commun ? Eh bien, si on laisse un amnésique tranquille, l'amnésique peut manifester n'importe quoi parce qu'il est si pur, je veux dire, il est pur.

Et si vous essayez de reconstruire cette personne dans le même corps, vous ne le pourrez jamais, jamais. Vous l'avez perdue. Il est perdu pour vous pour toujours. Pourquoi ? Parce que le passé est détruit par un neuronet qui contrôlait les émotions dans le corps. Et la seule façon dont on pourrait jamais recréer ce neuronet est en allant pas à pas dans le passé de cette personne. Et chaque personne, lieu, chose, temps et événement — chaque petit événement — les firent qui ils étaient dans votre vie.

Combien d'entre vous comprennent cet enseignement ? Eh ! Écoutez-moi ! Changez d'attitude ! Vous n'avez

6. Ce scénario est brillamment illustré dans le film de science fiction Total Recall (Artisan Entertainment : Arnold Schwarzenegger, Sharon Stone, 1990).

aucune raison d'avoir pitié de vous-même. Vous avez beaucoup de parties où aller dans le cerveau. Et vous savez comment y aller ? Par la volonté. Par la volonté.

Si un amnésique peut répondre aux questions du médecin et cependant ne pas connaître ses racines, il est clair que nous parlons d'un exemple de ces différents niveaux dans le neuronet du cerveau. Afin d'accomplir le travail, qui est l'absence de temps, vous devez être capable de faire la même chose.

Quelle est votre pierre d'achoppement la plus grosse ? Votre corps émotionnel. Oh ! Vous pensez — vous pensez — que je parle de la culpabilité et du sentiment d'indignité et du manque et de la honte et de tout cela. Non, je vais vous dire de quoi je parle : de l'apathie et de la léthargie. L'apathie et la léthargie, à quel niveau des trois premiers sceaux appartiennent-ils ? Il s'agit d'abandon ici. Il s'agit d'indifférence. On doit être un amnésique total quand il s'agit de se focaliser[7]. On ne peut appartenir à personne. On ne peut connaître personne. On ne peut être associé à quiconque. On ne peut avoir aucun attachement émotionnel.

Yeshua ben Joseph était bel homme. Je veux dire, il mesurait un mètre quatre-vingt-dix, avait les cheveux roux, la peau couleur de bronze avec les yeux bleus et il avait une femme qui était belle et il accepta d'être fermenté à l'âge de trente-trois ans. La fermentation : il doit oublier tout cela ; il échangea cela pour le royaume des cieux de son Père, parce qu'il le voulait bien. Il pouvait déjà prédire chaque émotion.

Écoutez-moi. Votre vie entière a à voir avec les émotions, à voir avec vous sentir bien, à voir avec vous sentir mal. Imaginez maintenant une vie où rien de tout cela

7. Lorsqu'on en arrive à l'application pratique du Grand Œuvre.

n'est comparable à la justification personnelle de soi. En êtes-vous capable ? Oh ! Vous dites que oui mais j'ai des gens ici qui ne pourraient même pas supporter de vivre l'un sans l'autre. Pouvez-vous faire cela, je veux dire, même pour le royaume des cieux ? Eh bien, non, si vous essayiez, vous auriez trahi quelqu'un. Quelle perte accessoire ! Décidément !

Les émotions, c'est ce que perdent les amnésiques. Cela ne signifie pas qu'ils n'en auront pas dans leur nouvelle vie. Ils les bâtiront, mais ils ne les bâtiront plus sur les pierres de construction du passé. Ceci est la raison pour laquelle maris et femmes se quittent : ils n'ont plus de passé ensemble. Avez-vous un passé avec la personne avec laquelle vous êtes ? Je veux dire, les avez-vous mis au pas de vos propres indiscrétions ? Les avez-vous mis au pas de vos propres insécurités et de votre manque de valeur ? De plus — de plus — les faites-vous souffrir parce qu'ils ne sont pas assez sexuels avec vous ? Eh bien, si je comprends votre esprit, vous savez, votre esprit se situe entre vos jambes. Soyons réels. Peut-être que c'est parce qu'ils ne savent pas vous faire l'amour parce qu'ils ne vous voient pas comme cela eux-mêmes.

Je parle d'aller au bord de la falaise et de sauter. Vous avez peur de cela. Vous avez peur de cela. Je veux dire, vous avez travaillé trop dur pour avoir cette image. Ceci signifie — ceci signifie — que les émotions sont en mouvement. C'est le pendule ; il est en mouvement, tic tac. Une horloge grand-père qui a un tel pendule compte le passage des heures. Et un jour, vous serez trop vieux et vous ne pourrez le faire remonter et, Dieu, qui va alors prendre soin de vous ? Le gouvernement. Peut-être que oui.

Eh ! Ce que je vous dis ne vous plait pas ? Eh bien, si nous sommes ici — j'aime Dieu, je vais donc prendre la défense de Dieu pour vous et en ce qui vous concerne, je sais comment prendre soin de vous. Et je vous dirai ceci : Vous n'atteindrez jamais ce moment divin si vous vivez dans votre corps émotionnel car votre corps émotionnel a réellement déterminé votre manière de penser. Vous ne pouvez rien dire sans en déduire un sentiment quelconque.

La meilleure conversation que vous puissiez imaginer est une conversation qui vous ramène au lit avec cette personne. Je veux dire, vous n'avez pas pu faire mieux. Je veux dire, c'est à hurler de honte, surtout du fait que l'on sait que l'on va mourir à cause de cela et ne pas vivre éternellement. Lorsque nous vivons d'après nos émotions — Et il y a encore autre chose d'étrange qu'ont les amnésiques. Faites vous-même la recherche ; vous découvrirez qu'ils rajeunissent et qu'ils ne comprennent pas pourquoi. Je vais vous dire pourquoi : ils n'ont pas d'émotions. Ils rajeunissent. Des os de vingt ans deviennent des os de vingt ans.

Voici un autre exemple : quelqu'un ayant une double personnalité. Une des personnalités fonctionne dans une partie du cerveau tandis que l'autre est amnésique. Cette personnalité-ci est la résultante de beaucoup de douleur et de souffrance du fait de l'autre personne, ou de faiblesse, appelez cela comme vous voulez. Ainsi une personnalité, dans la double personnalité, est une personne qui est pleine de regrets, qui n'est pas heureuse et qui a créé cette image, cette surimage, à partir de l'image qu'ils vivent : où on en abuse, on en profite, vous savez ce que je veux dire. « Regarde-moi bien, je vais mourir juste pour te donner une leçon. »

Ce qui se passe c'est que ce genre de personne développe cette autre personnalité. Eh bien, lorsque l'autre personnalité entre en action, le système immunitaire est renforcé et soudain cette même personne n'a pas le diabète, elle n'a pas de sclérose du foie, elle n'a ni maladies gastro-intestinales, ni le cancer ; elle n'a pas la maladie de Parkinson. Une toute petite partie du cerveau est l'antithèse de la victime. Ceci est un fait prouvé.

Une personnalité double est une personnalité qui sera sa propre force, son propre caractère et sa propre volonté. Mais ce faisant, elle abolit presque entièrement tous ceux qui sont dans sa vie, elle-même inclus. Et elle n'a pas de maladies. Et au moment où elle redevient une personne normale, elle succombe.

Eh ! Vous ne me croyez pas ? J'en suis un magnifique exemple. Les biorythmes entiers de ce corps changent le temps d'un clin d'œil qu'il me faut pour prendre possession du corps[8]. C'est vrai ; c'est ce qui se passe. Moi, je suis un autre genre de type. Cela ne signifie pas que je suis une double personnalité. Mais cela signifie que — dans le temps, je disais souvent à ceux qui faisaient partie des « Dialogues », et certains d'entre vous s'en souviennent peut-être — mais je leur disais et c'est la chose la pire que je leur ai jamais dit — « Saviez-vous que pour n'importe lequel d'entre vous ici, on pourrait vous extirper de ce corps et placer un maître dans votre corps et saviez-vous que vous marcheriez comme Dieu ? » C'est le pire de ce que je leur

8. Stanley Krippner, Ian Wickramasekera, et al, *The Ramtha Phenomenon : Psychological, Phenomenological, and Geomagnetic Data*, in *The Journal of the American Society for Psychical Research*, Vol. 92, No. 1, January 1998.

ai dit. C'était déjà assez dur à entendre. Je vous le redis donc encore aujourd'hui et on en est arrivé à dire des choses vraiment terribles.

Que signifie-t-il donc cela ? Un amnésique qui détruit un centre du cerveau par suite d'une blessure, une double personnalité qui n'utilise pas ce centre du cerveau et utilise un centre différent du cerveau pour créer une entité totalement différente, l'un comme l'autre n'est pas sujet aux lois biologiques auxquelles était sujette l'entité qu'ils étaient auparavant. Combien d'entre vous comprennent ? Vous ne me croyez pas ? Faites donc la recherche médicale vous-même, je vous en prie. Vous trouverez des rayons entiers de livres à lire[9].

Que veut dire cela ? Un miracle existe à l'extérieur — (Auditoire : du corps émotionnel.) Vous avez compris. Si donc on faisait venir un amnésique ici, aussi horrible qu'il soit — Ce pourrait être Hitler ; cela m'est égal. S'il est amnésique, il ne saura jamais qu'il ait jamais été Hitler. Il sera jugé devant le tribunal et il se sentira alors être victime parce qu'il ne se souvient pas d'avoir jamais fait quoi que ce soit. Combien d'entre vous comprennent ? Il pourrait venir apprendre à devenir un maître.

Totalement présent au moment de faire l'amour

Voici ce que vous faites. Vous avez une pensée — votre système d'éducation, vos parents, votre ADN — mais vous n'avez pas été éduqués plus que cela. Je veux dire, vous avez été éduqué, voyons, la moitié de la taille de ce petit

---

9. Pour une recherche plus approfondie dans ce domaine, voir l'œuvre de Colin A. Ross, Dissociative Identity Disorder : Diagnosis, Clinical Features, and Treatment of Multiple Personality, 2nd. Edition (New York : John Wiley & Sons, 1996).

ongle et regardez combien il en reste. Mais c'est à partir de cela — de cela — que l'expérience, le froid et le chaud, le bien et le mal, a émergé. Et quand vous en arrivez à l'âge d'être des créatures sexuelles, à la maturité sexuelle, le bien et le mal commencent à prendre le dessus et à vous rendre confus.

Qu'avez-vous donc fait ? Vous êtes dans un corps. Vous êtes dans un corps, un corps chimique. Oublions le cerveau. Vous êtes dans un corps chimique qui réagit à des décisions. Et pas seulement aux mégas décisions ; il réagit à la petite décision d'être assis ici et d'être stupide. Cela aussi est une décision. Vous avez décidé de vivre, de vous balancer d'arbre en arbre à partir de votre corps émotionnel. Vous vous balancez, tout simplement.

Comment donc mieux expliquer le temps qu'en l'expliquant selon notre anticipation de ressentir quelque chose ? Nous nous réveillons le matin, nous sommes totalement innocent et puis nous voilà dans le temps. Notre préoccupation est de ressentir. Notre préoccupation est de ressentir. Se lever de ce lit chaud. Nous savons maintenant qu'il est chaud et nous savons qu'il fait froid. Le lit est chaud ; c'est notre premier ressenti émotionnel. Et puis notre vessie est pleine et nous devons nous lever et nous précipiter aux latrines. Nous nous précipitons aux latrines et nous urinons. Nous urinons dans l'eau, assis là, et nous urinons, et ce qui vient après c'est d'aller regarder dans la glace pour voir qui a uriné. C'est vrai.

Nos vies — votre vie et ma vie au début — furent basées sur les sentiments. La mienne fut basée sur la colère. La vôtre est basée sur les sentiments et la rédemption. Et vous avez confondu tout cela avec l'amour. Vous croyez que le fait d'être conforme à ces émotions est de l'amour. Mais vous vous trompez complètement.

Est-il alors si étonnant que je dise que la conscience et l'énergie créent la réalité ? Ici, nous avons alpha et là, nous avons oméga, et entre les deux, nous avons le temps. Le temps ne se produit que si dans notre esprit — si dans notre esprit — Nous n'acceptons jamais ce qui est dans notre esprit à moins de l'avoir ressenti. Si nous devons le ressentir, il est alors projeté dans le temps et nous devons alors vivre la réalité consistant à le ressentir dans tout notre système biologique. À l'origine, nous avons été créés pour avoir la conscience — et souvenez-vous, notre devoir est de rendre connu l'inconnu — pour recevoir la pensée, et ensuite pour ressentir non seulement en tant qu'Observateur qui crée l'énergie et crée cette pièce de théâtre, ces accessoires, ces gens, lieux, choses, temps et événements mais nous devons aussi avoir un corps qui soit prêt à faire l'expérience de ces gens, lieux, choses, temps et événements. Nous avons une attache émotionnelle avec chacun de ces critères.

Et comment — comment — détermine-t-on quelle est l'attache émotionnelle la plus profonde ? Comment sait-on que l'on fonctionne à partir des trois premiers sceaux ? Parce que les personnes, lieux, choses, temps et événements dans notre vie seront agencés de façon prédominante à l'un des trois.

Par conséquent, un amnésique serait comme une personne vierge, réellement. La première fois qu'ils font l'amour, les instincts relatifs à faire l'amour surgiraient mais il n'y aurait pas de fantasmes et, par conséquent, ce moment serait pur. Un moment pur, c'est cela être vierge — le moment pur.

L'enseignement qui suit ne va pas vous plaire, et puis alors ? Nous voulons devenir amnésiques en sorte de renaître et de permettre à notre corps d'être transcendé.

C'est dans ce sens-là que la mère de Yeshua ben Joseph était vierge et non pas dans le contexte dans lequel nous parlons ; elle était vierge dans le pur moment de l'expérience.

Marie était donc réellement vierge en esprit. Elle n'avait pas de passé lié à l'acte de faire l'amour, pas d'expérience de l'acte de faire l'amour. Son enfant fut donc conçu dans la pureté du Moment Présent. Souvenez-vous, les miracles existent en dehors du temps émotionnel. N'ayant pas d'affiliation au moment, elle est comme un amnésique. Et cela va se produire. Ce moment va se produire et il va être puissant et merveilleux, et vous — je n'ai pas besoin de vous en dire plus. Vous savez ce que sont le musc et l'odeur et l'amour et la passion qui surgissent lorsque vous êtes dans l'instant. C'est ce qu'on appelle le moment vierge, et, en un tel moment, on ne peut concevoir que l'éclat de la beauté.

Eh bien, la raison pour laquelle les hommes — et je vais vous interpeller dans un moment, mais accordez-moi votre patience — la raison pour laquelle les hommes ne se mariaient jamais avec des prostituées est que les prostituées pouvaient toujours leur prendre leur semence mais n'en supportaient cependant aucune responsabilité. Ils ne voulaient jamais qu'une prostituée ne leur donne un enfant parce qu'instinctivement elles n'étaient jamais vierges dans leur esprit.

C'est cela le matriarcat — ou plutôt, est-ce le matriarcat ou le patriarcat ? C'est le monde de la religion dominée par les hommes. Ces termes naquirent longtemps après moi. Mais c'était le monde de la religion et de la politique et du gouvernement dans lequel les femmes étaient du bétail — je veux dire, réellement du bétail. Et j'ai beaucoup de femmes ici qui ont besoin d'entendre cet enseignement sur le miraculeux, d'entendre que les hommes de même que les femmes aussi, possèdent une connaissance intuitive réellement profonde qui remonte à leur Esprit Saint ; lorsque nous sommes prêts à mettre au monde un enfant, on ne veut pas mettre cet enfant au monde dans la décadence parce que si la conscience et l'énergie s'exercent en tous domaines, ce qui est le cas, alors, même l'ovulation, les ovules qui vont être présents vont être égaux à nos fantasmes, à notre esprit ; le sperme qui s'écoule de nous va être égal à notre esprit. Avec quoi nous retrouvons-nous donc comme fruit de nos entrailles ? Il va naître un humain réellement décadent, pourri qui sera exactement comme vous, la seule différence étant qu'il va vivre cette décadence ouvertement alors que vous la vivez en secret.

Et puis nous avons le problème inverse. Nous avons le problème inverse d'un partenaire qui, lors de l'ovulation, fantasme non pas de décadence mais de l'illumination extrême. Ils font l'amour en Dieu. Ils font l'amour à un saint. Ils font l'amour à quelque chose et en eux-mêmes, cela qui fait appel à l'ordre le plus élevé de leur semence ; n'allez pas me dire, n'allez pas me montrer votre ignorance en disant que le sperme d'un homme, ses spermatozoïdes — m'écoutez-vous ? — que c'est un coup du hasard car le plus fort à pénétrer l'ovule sera celui qui est le plus fort tel que supporté par l'esprit de son créateur.

Ainsi, ce que pense un homme, comment il réagit avec sa femme, cette dynamique tout entière, si c'est juste vlan-merci-beaucoup-madame — Vous savez, la plupart des femmes ici trouvent leurs maris vraiment dégoûtants parce qu'ils ne sont pas romantiques ; ils ne sont pas intimes. Ils n'ont pas la moindre idée de ce qu'est le sacré. Le sacré ? Un rite sacré, c'est le fait de diffuser et de rendre magiques les émotions du moment. Il n'y a rien qui soit plus important et plus puissant que le moment. Lorsque nous faisons vlan-merci-beaucoup-madame — écoutez, mesdames, et écoutez, messieurs — il est clair que votre être spirituel manque beaucoup de brillant. Vous ne voulez pas d'un homme comme ça et, de plus, vous ne voulez pas d'une femme comme ça, non, car ce qui rend l'amour magique, ce n'est pas l'acte mais le sacré qui mène à l'acte, parce que le sacré est tout esprit.

CHAPITRE 4

Don Juan et Saint-Germain chez la comtesse

Deux invités inusités

Il y a une histoire vraiment, vraiment célèbre, une très célèbre histoire qui s'est passée en France, chez la comtesse où un groupe d'invités illustres avaient été conviés ; l'un d'eux était Saint-Germain, la crème des alchimistes. Il arriva dans une voiture tout à fait ordinaire, une calèche, mais, à l'intérieur, cette voiture comportait de nombreuses commodités : une table qui se rabat à l'arrière, un système de chauffage et un chauffeur qui avait été avec lui depuis deux cents ans. Je veux dire, vous savez, c'était un modèle dernier cri.

Le voici qui entre. C'est un homme de petite taille, il n'est pas vraiment très beau et il est vêtu de velours noir de pied en cape. Mais ses boutons, au lieu d'être faits d'humbles coquillages, sont faits de diamants, et ils sont gros comme ça — ses boutons ! Le noir et les diamants sont impressionnants, c'est le vêtement du maître. Il porte des bas de soie noirs. Il porte des chaussures de velours noir avec des boucles en diamants dessus. Le bord de ses manches est en dentelle, la dentelle espagnole la plus rare et la plus belle qui ait jamais été faite et il a mis un mouchoir dedans. Vous savez, on avait des mouchoirs seulement parce qu'en ce temps-là les choses sentaient mauvais et/ou on prisait et on ne voulait pas que cela dégouline sur nos belles lèvres rouges. Je veux dire que du marron mélangé avec du rouge, ce n'est pas une bien jolie couleur. C'est pourquoi les gens avaient un mouchoir dans leur manche.

Il sort donc et il vient dîner. En réalité, il n'a aucun intérêt pour la nourriture qu'ils ont parce qu'il est un être tellement éclairé, qui vit complètement de son esprit. Je veux dire que toute la richesse qu'il a, il l'a faite. Il n'a pas travaillé pour elle, il l'a faite, si bien que cela n'a pas d'importance.

Il était petit. Il avait une coiffure merveilleuse. Et voilà toutes ces femmes magnifiques — des femmes magnifiques — avec leurs tournures, leurs robes et leurs perles partout et des ornements poudrés sur la tête, un vrai spectacle ! Et il suffit d'ajouter la lumière des chandeliers et les pierres vont alors briller de tout leur éclat.

L'autre invité d'honneur était Don Juan. Eh bien, oui, Don Juan se trouve là aussi et, avec or et brocart de velours vert sombre, il est tout atmosphère. Il y a quelques problèmes. Il est tout en vert foncé avec ce brocart d'or et la dentelle au cou et, bien entendu, les manchettes et son mouchoir. Mais voyons si je peux me souvenir de ses boutons. Ce n'étaient pas des diamants. Cela va me revenir. Il a aussi une culotte bouffante, des bas et il a des talons de brocart de velours vert. Ses cheveux noirs sont huileux et attachés avec un nœud de satin rose. Oh, Seigneur ! Et l'atmosphère qu'il créait, on aurait cru mille nuits de jasmin.

Voilà donc deux vrais maîtres assis à table : Saint-Germain, velours noir magnifique, austère, simple et diamants mis en valeur par la dentelle blanche, et d'autre part, le flamboyant Don Juan assis au bout de la table. Il est un peu malheureux parce que Saint-Germain marche sur ses plates-bandes. Non seulement Saint-Germain ne mange rien des dix-sept plats que comporte le repas comme le fait Don Juan mais il ne boit même pas le sherry offert. Il se fait apporter le bourgogne le plus fort qu'ils aient. Ce qu'il mange ? Il mange de l'avoine à l'eau et il boit du vin.

Ceci est un incident historique classique inscrit dans les annales — je dis bien, inscrit[1]. Sont présents les invités les plus illustres de l'époque. Qui va être le clou de la soirée ? Les dames de la table vont-elles s'intéresser à Don Juan ? Le plus grand attribut de Don Juan, c'est celui-ci : il ne pouvait s'en empêcher. Ce qui faisait de lui un amant si fantastique, ce n'était pas qu'il était si bon au lit, vlan-et-vlan-merci-madame ; c'était qu'il pouvait regarder une femme dans les yeux, converser avec elle sans ne jamais la quitter des yeux, sans ne jamais montrer d'impatience et qu'il savait faire durer le moment. Il n'est pas une seule femme qu'il ait regardé — pas une seule — qu'il n'ait séduite, même sans le vouloir. C'est juste que cette partie ici était comme une cascade menant vous savez où. C'est cela qui le rendit célèbre. Et les hommes le haïssaient. Ils le méprisaient. Ils parlaient de lui derrière son dos. Cela ne l'empêchait pas de venir dîner vêtu de son brocart de velours vert et or. Il avait un don. Il avait un don. Il savait

1. Giacomo Casanova, *History of My Life*, Vol. 5, Chapitre 5, p. 116 : « Le dîner qui fut pour moi le plus divertissant fut celui où elle [Madame d'Urfé] invita Madame de Gergy, qui vint avec le célèbre aventurier, le Comte de Saint-Germain. Au lieu de manger, il parla du début à la fin du dîner et j'écoutai avec grande attention car personne ne parlait mieux que lui. Il se vanta d'être un prodige en tout; il visait à créer la stupéfaction et y réussit magnifiquement. Il parlait d'un ton péremptoire mais personne ne le prit mal car il possédait une grande érudition, parlait bien toutes les langues, était un grand musicien, un grand chimiste et avait un visage attirant de même que la faculté de gagner l'amitié de toutes les femmes… »

comment faire en sorte que toute personne qu'il regardait était la seule personne au monde.

Lorsque les hommes font l'amour aux femmes, c'est presque comme si — parfois les femmes pensent que cela serait pareil si il y avait un trou dans le mur et si elles laissaient faire. Et en plus, quand elles sont dans cet état des plus susceptibles, il leur vient le sentiment terrible que leur mari ou leur amant ne leur fait pas vraiment l'amour à elles. C'est vrai. Mais lui, il n'avait pas ce problème-là. Il savait exactement comment faire cela, c'était le don qu'il avait. Et il fit l'amour aux femmes les plus belles d'Europe et aux femmes les plus laides d'Europe. Mais si vous lui demandez, il ne se souvient même pas à quoi elles ressemblaient. Il ne s'en souvient pas. C'est sur cela qu'est fondée sa renommée. C'était pourquoi il était Don Juan, parce qu'il lui suffisait de regarder dans ses yeux et de maintenir ce regard et il connaissait l'âme de la personne ; à partir de là, l'intimité fleurissait. C'était magnifique.

Nous voici donc avec un Dieu qui a la réputation d'être un séducteur, mais ce séducteur était bien plus que juste : « Donne-moi un trou dans le mur et je vais me masturber dedans. » Je veux dire, cet homme comprenait quelque chose. Ce n'était pas un homme sexuel. C'était un homme mental devenu sexuel.

Eh bien, quatre-vingt-dix-neuf pour cent des hommes ici présents ne savent pas faire l'amour. Et celui qui vous parle ne l'a jamais fait mais je sais quel don avait Don Juan. La raison en est que pour faire l'amour, il faut commencer avec l'amour et, si vous portez tout votre intérêt sur une personne, vous trouverez que tout en cette personne est beau. Mais si vous ne portez pas tout votre intérêt sur elle, vous ne trouverez que des images passagères qui sont l'image de la séduction. Il séduisait l'intimité d'une personne, pas son corps, et c'est cela, mes amis, qui fit de lui un maître. Était-il marié ? Oui, il était marié. Continua-t-il d'agir ainsi ? Oui. Son fils et sa fille étaient-ils beaux ? Exquis, car, au moment où il fit l'amour à leur mère, il était entièrement présent et cette mère était tout ce qu'il avait de plus beau.

Ce que veulent les femmes

Si vous étiez bien habillée, avec vos soies les plus fines et vos perles, avec votre dentelle la plus belle et la plus fine, vos talons les plus beaux, vos boucles les plus belles et vos éventails orientaux et que vous étiez à un dîner, lequel de ces deux illustres invités écouteriez-vous : l'homme en velours noir avec les diamants ou bien l'amant renommé ? La division à table est tout à fait claire parce Saint-Germain — c'est un maître ancien, et il est beau, je veux dire il est beau — son aura, son atmosphère est puissante, et de l'autre côté on a un homme dont la seule science est de séduire. Lors de cette soirée — la seule où les deux invités aient jamais été conviés ensemble — qui donc les membres de la famille royale qui sont à table mais aussi les dames qui y sont attablés écoutent-ils ? Saint-Germain.

Don Juan fut si furieux après cela qu'il traita Saint-Germain de charlatan. Vous savez, vous savez comment les choses se passent. Si vous essuyez une rebuffade, cela veut dire que cette personne doit être beaucoup moins bien que vous. Il est impossible qu'ils soient aussi glorieux que vous parce que, si vous regardez la vérité en face, le fait est qu'ils vous furent supérieurs et jamais, au grand jamais, il n'accepterait cette réalité. Il écrivit donc des choses tout à fait horribles au sujet de Saint-Germain et c'est grâce à cela, grâce à la jalousie de Don Juan, que nous savons que Saint-Germain était réellement un être vivant. C'est grâce à cela qu'on le sait. On le sait grâce aux émotions. Combien d'entre vous comprennent ?

Maintenant, si vous trouvez les mémoires de Don Juan, si vous trouvez tous les volumes qu'il écrivit au cours de ces dernières années-là, vous pourrez le lire[2]. C'est comme cela que vous saurez qu'il a existé un maître vivant qui transcenda le Moyen Âge et qui vécut jusqu'à l'âge de l'illumination. Ce fut Saint-Germain, un maître — un maître. Vous pouvez intriguer les femmes et les hommes grâce à la prouesse de votre pouvoir de concentration, mais deux chemins différents s'offrent alors à vous, il y a deux voies possibles. Soit vous les amenez à servir votre propre plaisir, à satisfaire votre usage personnel ou votre émotion personnelle, soit vous pouvez faire l'inverse. Vous pouvez les mener au pays du mystique, au pays de la magie, au pays de la vie éternelle, au pays de Merlin.

Et il n'y avait pas une seule femme à cette table qui ne fut fascinée par ce petit homme en velours noir, avec ses boutons en diamant, ses boucles en diamant et ses histoires. Et elles voulaient toutes une fiole de jeunesse éternelle. Et entre une fiole de jeunesse éternelle ou une nuit avec — comment s'appelle-t-il ? — Don Juan, que croyez-vous qu'elles choisirent ? Tournez-vous vers votre voisin et expliquez. Je crois avoir exprimé les choses très clairement.

Merci beaucoup, Don Juan d'avoir écrit sur ta jalousie, ton envie, et d'avoir décrit Saint-Germain comme un être

---

2. Voir Giacomo Casanova, Chevalier de Seingalt, *History of My Life.*

grivois, parce que sans ton émotion humaine fondamentale, on aurait considéré ta biographie, ton autobiographie comme fantaisiste. Mais tant d'émotion et d'hostilité ne permet pas de douter de son existence.

Oh ! Je dis trop de choses à la fois, mes mignons. Que veulent donc les femmes ? Croyez-vous qu'elles veulent une fiole ?

Voici ce que je veux dire, et j'ai beaucoup de choses à dire. Ce que je veux dire — tout ce que je veux dire, et c'est au pluriel, c'est ceci — quand on regarde les choses telles qu'elles sont, ce qu'aucun homme ne peut donner à une femme, c'est l'immortalité. Et vouloir cela, désirer cela, c'est la fascination des femmes, car elles sont en avance sur les hommes qui sont plus élémentaires. Qui vont-elles donc écouter, l'amant le plus célèbre de leur époque ou l'immortalité ? C'est ce dernier qu'elles écoutèrent. Et il eut la grâce d'offrir une fiole à l'hôtesse de ce dîner. Mais malheureusement, elle avait un rendez-vous ce jour-là et c'est sa servante, qui avait une migraine, qui prit la fiole et qui, en moins de trois heures, rajeunit de trente ans. C'est magique.

Tout cela est une histoire vraie. La comtesse revint et voulut flanquer l'intrus à la porte — l'intrus s'avéra être sa servante ; elle la flanqua à la porte de toutes façons — parce qu'elle avait pris sa fiole. Elle offrit à Saint-Germain de fréquentes, fréquentes opportunités de revenir. Il était venu une fois auparavant, il ne lui donna jamais la fiole. Et bien sûr, son antithèse, son antagoniste, Don Juan, ne vint pas car si Saint-Germain était invité, il n'allait pas venir. Eh bien, à la tienne, Saint-Germain, mon garçon.

Les fantasmes sexuels, les secrets au grand jour

Si les hommes possèdent dans leur sperme une pléthore de toute l'humanité et s'ils sont assez stupides pour ne pas en tenir compte — je veux dire, ils sont en quelque sorte comparables à un Dieu qui possède réellement dans sa semence toute personnalité humaine possible. On commence à voir le manque de sagesse qu'il y a à continuellement ne pas en tenir compte afin d'avoir un petit orgasme. Oh ! Vous en avez besoin, vous en avez besoin, vous en avez besoin ! Oh ! Pauvres de vous ! Avez-vous jamais pensé à élever votre énergie ? Non. C'est l'objet d'un autre enseignement, n'est-ce pas ? Ce qui se produit alors — et voici quelque chose d'intéressant ; écoutez bien ceci — et c'est la raison pour laquelle certains d'entre vous sont ici, pour d'autres c'est totalement différent : seul une poignée d'entre vous ici ont un père qui fit l'amour à leur mère lors d'une cérémonie amoureuse réellement sacrée qui conduisit à — parce que, vous savez, la cérémonie a pour rôle de confronter les émotions, l'antagoniste.

Maintenant, où en étais-je ? Oh ! Oui, à dire ceci, que la cérémonie — faire l'amour, ce n'est pas, eh bien, nous avons fini de dîner, brossons-nous les dents, prenons une douche, et sautons au lit tout nus, sortons le sèche-cheveux et le vibrateur ou tout autre chose qui va nous permettre d'avoir vraiment du plaisir. Je veux dire, cela, c'est mal. Je veux vous dire quelque chose : C'est mal. Ce n'est pas sacré. Ce n'est pas sacré. C'est de la technologie.

Écoutez, un Don Juan saura comment amorcer le moment. Cela commencera vers midi ; il apportera des fleurs et ils partageront le moment, mangeront ensemble sans qu'il n'y ait aucune distraction, et il regardera dans ses yeux. C'est la chose qu'il sait faire réellement magnifiquement. Vous les regardez dans les yeux et, vous savez, si vous le faites, il se produit une métamorphose. Ce n'est pas seulement le fait d'œuvrer ardemment en vue d'une nuit aux courses mais, en regardant dans les yeux d'une personne, je me trouve soudainement dans un état libre de toute émotion où je peux tout savoir.

Et puis le reste de l'après-midi passe. Vous pouvez imaginer l'activité qui a cours dans la maison. Je veux dire, les éventails vont bon train parce qu'il fait chaud et, je veux dire, l'après-midi entier est vécu en sorte d'aboutir au présent. Une vie entière est vécue pour ce moment, en préparation. Lorsque le moment arrive, il doit être lent, aisé et beau. Et il est bon de toujours commencer par le visage et jamais depuis le bas pour remonter au visage parce que personne ne regarde plus jamais son amant après cela. Je le sais ; j'ai regardé durant des siècles cette expérience de la copulation.

Quel genre d'enfants est issu de cela ? Eh bien, quand vous ne faites pas cela correctement, on a — Les hommes : Les hommes sont des créatures vraiment décadentes en ce qui concerne les fantasmes parce qu'ils ont un million d'âmes et, en conséquence, ils ne savent pas sur qui fantasmer. Ils finissent généralement par fantasmer sur la plus décadente. Chaque fois que les hommes fantasment sur les expériences homosexuelles — en réalité, ils font l'amour à une femme et ils croient faire l'amour à un homme — le sperme qui va pénétrer l'œuf, dites-moi ce qui se passe après.

Pour combien d'entre vous cela semble-t-il avoir du sens ? Levez la main. Qu'il en soit ainsi, car s'il en est ainsi, nous pouvons avancer et aller plus loin.

Et oui, tout ceci est humiliant. Et cela a aussi un autre effet. Dans cet auditoire-ci, cela détruit le pouvoir particulier des gens sur vous. C'est vrai, j'aime faire cela. Laissez-moi vous parler de mon père. Je n'ai jamais connu mon père. Mais mon père était un Atlante et ma mère était Lémurienne. Je tiens ma taille de ma mère et de mon père ma fantastique capacité de comprendre mon ennemi. Mais le courage, je le tiens de ma mère. Ainsi, cette petite affaire amoureuse — Et il prit ma mère, ma mère bien aimée ; il dominait une femme remarquable et cela lui plaisait. Il était comme un animal. Et je fus conçu par son sperme. Eh bien, il conçut le diable, parce que j'étais encore plus grand et plus méchant ; j'avais en moi les deux cultures et je vais provoquer ta perte. Dans sa luxure, il me créa, moi, ma première incarnation. Elle est vierge. Je suis innocent. Je ne sais pas. Je suis prêt à venir. Et c'est mon corps.

Eh bien, mon père était un Atlante, devinez qui j'assiégeai ? L'Atlantide. Je fus leur pire cauchemar. Lorsque les cités antiques referont surface, vous pourrez lire l'histoire du Ram qui fut écrite et le jour de terreur qui s'abattit sur eux. Et j'étais le fils d'un Atlante. Et ma taille, je la devais à ma mère. Ce fut ma mère qui resta avec moi. Et ce fut mon esprit féroce et ma colère qui se retourna contre eux. C'est la raison pour laquelle je sais de quoi je parle. Eh bien, j'étais — Aucun Atlante ne fut jamais aussi agressif que moi. D'où diable croyez-vous que je tenais cela ? D'un sperme. Cet homme avait conçu le diable.

Qui êtes-vous ? Je vais vous le dire. La plupart d'entre vous ont été conçus dans les fantasmes. Vous avez été conçus par la sexualité la plus élémentaire. Vous n'avez pas été conçus parce que votre père regardait dans les yeux de votre mère. Et s'il avait fait cela et si il l'avait bien fait, vous ne seriez même pas ici aujourd'hui. Vous voyez le tableau ? Oh ! Je sais que cela ne vous plaît pas. Mais écoutez. Nous devons aussi reconnaître une chose : Ce fut le corps qui fut conçu pour nous. Je veux dire que, parmi les millions de couples, les millions, les milliards qui copulent alors que vous êtes prêts à venir — je veux dire, votre âme, qu'a-t-elle au calendrier ? — vers quel corps allez-vous vous diriger ? Allez-vous vous diriger vers le corps qui est l'antithèse de l'âme ? Si la conscience et l'énergie créent la réalité, nous allons directement vers un corps qui est égal à qui nous sommes.

Vous êtes un croisement de sexe. C'est parce que votre père l'était alors qu'il faisait l'amour à votre mère. Eh ! Cela ne vous plaît pas ? Eh bien, en voici une bien pire encore : votre mère faisait l'amour à une autre femme lorsqu'elle vous a conçu, alors que votre père lui donnait son sperme. Cela ne vous plaît pas ? Cela ne vous plaît pas ? Si oui, vous êtes ignorants car vous n'avez pas accepté l'enseignement jusqu'à son dénominateur le plus bas. Les spermatozoïdes ne sont pas produits au hasard ; les œufs ne sont pas produits au hasard. Ils sont qui nous sommes.

Pourquoi croyez-vous qu'il était très très important pour un roi qui voulait créer un royaume qu'une femme soit vierge et sans expérience ? Il ne voulait pas qu'elle interfère avec ses plans, avec son héritage. Je veux dire, réveillez-vous, s'il vous plait. Aucun homme ne veut un enfant d'une courtisane parce que intrinsèquement il sait qu'il ne sait pas. Il sait qu'elle ne fait pas l'amour avec lui. Il sait qu'elle le fait pour sa survie. Quel genre d'enfant va donc provenir de cette union ? Quelqu'un qui va se réincarner et lui trancher la tête. C'est l'histoire des Césars, au cas où cela vous intéresse[3].

Combien d'entre vous comprennent jusqu'à présent ? Vraiment ? Le concept de la moralité, qu'est-ce donc ? La moralité est-elle simplement relative au niveau auquel vous existez ? Bien sûr que oui. Existe-t-il une moralité plus élevée ? Toujours. Qu'est-ce que la moralité ? La moralité est un mot dont la racine est la morale de l'histoire. C'est la morale du fantasme ; ceci est la vérité. C'est qui nous engendrons. Vos enfants — vos enfants — vos pires cauchemars furent créés par l'un de vous deux, vous-même ou votre mari. Et l'un de vous a eu un fantasme lors de la conception de l'enfant. La seule façon dont cette âme préoccupée et décadente ait pu venir est que l'un de vous était décadent et préoccupé. Et l'homme — la femme a un seul œuf — l'homme a des millions d'opportunités.

La moralité ne repose donc pas entièrement sur la femme, mais elle repose sur elle si elle persiste à choisir le mauvais partenaire et si elle persiste à essayer d'agir comme le fantasme de ce partenaire. Nous devrions aimer qui nous sommes. Nous devrions aimer être une femme, aimer être un homme ; lorsque nous sommes dans un système équilibré de conscience, la maladie ne peut jamais ronger ni notre squelette, ni notre cœur, ni notre foie, ni notre corps. Lorsque nous sommes dans un état de déséquilibre — dans un état de déséquilibre — si nous sommes de négatif à négatif ou bien de positif à positif, ou

3. Suetonius, *Les Douze Césars*. Paris, Éditions Garnier 1954-55.

encore en oscillation entre positif et négatif, il suffit d'un seul moment de déséquilibre — exactement de la même façon dont nous mettons un enfant au monde — pour qu'une semence de maladie soit engendrée dans le monde.

Vous savez, il y a ce merveilleux mystère en science et en médecine. C'est un mystère. Et la seule raison pour laquelle ils acceptent le phénomène est que leurs hypothèses sur les mécanismes d'apparition des maladies vénériennes est qu'il y a des personnes totalement immunisées contre ces maladies, que ce soit la syphilis, les verrues génitales, la gonorrhée, le cancer de l'utérus ou le SIDA, il y a des personnes qui ne les attrapent jamais même si elles y sont fréquemment exposées. Autrement dit, ces maladies viennent de personnes en déséquilibre, mais conscientes. Voilà leur origine, et elles sont ainsi transmises.

Je veux dire que vous pouvez dire : « Eh bien, vous savez, je suis une personne réellement équilibrée ». Mais quand vous mettez les gens en situation de l'acte sexuel et observez leurs fantasmes, ce qu'ils font, ce qu'ils pensent est vraiment bizarre et les choses dégradantes qu'ils font pour avoir un orgasme. C'est ce déséquilibre qui est le mécanisme défaillant qui affaiblit le premier sceau, le rendant susceptible aux maladies. Certaines personnes n'attrapent jamais aucune maladie, quelles qu'elles soient. Vous savez quelle en est l'explication donnée par la science médicale, c'est que ces personnes sont protégées par la nature. Ceci est absolument vrai, car ce n'est pas dans leur conscience. Ils ne sont pas ceux qui entretiennent ces pensées. Ils ne sont pas ceux qui ont les fantasmes. Tout simplement pas. Si les deux l'attrapent, c'est que les deux le font.

Il n'y a rien de mal à cela. Tout organisme, tout organisme vivant, est un peu comme nous nous mettons ensemble et nous copulons et nous mettons un enfant au monde — exact ? — ou bien nous copulons et nous avons seulement une liaison. Nous faisons le je-te-regarde-dans-les-yeux-à-la-Don-Juan, couche-toi-je-crois-que-je-t'aime, et nous réglons tous les problèmes avec cet acte. Mais en réalité, nous ne devrions jamais avoir à régler tous les problèmes avec cet acte, car cela devient alors une conscience et une énergie de même qu'une faculté corporelle utilisées en excès.

Je veux dire, votre partenaire pourrait-il vous aimer si vous vous absteniez ? C'est une bonne question, n'est-ce pas ? Et s'ils ne le peuvent pas, nous devons alors les regarder et comprendre que l'attirance n'existait peut-être que pour ce que vous pouviez donner continuellement. Ceci n'est pas différent que de dire que le miracle existe en dehors du temps émotionnel. L'amour inconditionnel, lui aussi, existe en dehors du temps émotionnel. Voyons, comment savons-nous si quelqu'un nous aime vraiment ? Si nous étions soudain castrés ou bien ne pouvions plus faire l'amour, nous aimeraient-ils toujours, nous seraient-ils toujours fidèles ou bien seraient-ils attirés vers un autre partenaire ?

Les personnes qui sont protégées par la nature ne sont pas en réalité protégées par la nature dans le sens que ce sont des créatures très évoluées. Elles n'y sont pas sujettes, ce n'est pas là que demeure leur conscience et ils ne fantasment pas sur de telles choses. Elles vivent dans le moment ; elles sont sincères. Elles existent depuis une autorité plus élevée que leur premier sceau. En d'autres termes, ce sont les yeux qui créent le contact si bien que faire l'amour est en réalité un abandon confiant de son intimité, de ce contact de l'âme.

Eh bien, comment explique-t-on quelqu'un qui n'est pas sujet à ces choses ? Ce ne sont pas des personnes sexuelles ; voilà comment on peut expliquer cela. Et si elles les attrapent, je crois qu'elles réalisent finalement qu'elles le sont. Il n'y a rien de mal à cela. Mais, dans la mesure où nous avons un contact sexuel en vue de créer un autre être sensible, si on ne copule pas pour créer un autre être sensible, on créera une autre forme de vie.

Beaucoup d'entre vous ici ont donné naissance à d'autres organismes. Ce sont vos enfants. Ils vivent avec vous et sont le résultat de vos fantasmes d'avant. Ce sont des organismes. Ils sont vivants. Ils ont une certaine durée de vie. Que faire lorsque vous rencontrez une personne qui n'a rien de tout cela ? Tout d'abord, vous devez l'aimer. Vous devez l'aimer plus que la créature que vous essayez de les faire devenir selon votre passé car, chaque fois que cette personne devient une créature passée pour vous, elle est sujette à ces maladies. Je veux que vous n'oubliiez jamais cela. Le miracle existe en dehors du temps émotionnel. L'amour et la guérison existent en dehors de nos émotions passées qui perpétuent nos maladies, nos maladies vénériennes et leurs cycles.

Essayez juste l'expérience suivante : retournez dans vos fantasmes. Essayez de faire l'amour une fois dans les fantasmes qui ont engendré ces maladies, et regardez l'éruption se produire. Ces maladies sont du domaine de la conscience. S'il y eut jamais un professeur qui fut strict, cela va être ce professeur pour vous et je n'aurai été que le vent. Essayez. Si vous ne me croyez pas, je veux que vous sachiez que ce que je vous enseigne est la vérité.

Combien d'entre vous ont appris ? Douloureux, mais c'est la réalité. C'est une des choses qui bloquent le miracle dans votre vie car, vous voyez, votre identité entière est maintenant les émotions de Don Juan. Et vos maladies réapparaissent cycliquement dans votre présent à cause de vos fantasmes. N'allez jamais me dire que les choses vous arrivent simplement. Je n'avalerai jamais cela. Je sais que, quelque part en silence, je vous ai observé avoir le fantasme, et en voilà le résultat ! Vous créez la réalité. C'est pourquoi vous êtes Dieu, pour l'amour de Dieu. C'est pourquoi vous êtes Dieu.

Voici ce qu'est une émotion : Nous avons dû avoir la pensée, nous avons manifesté la réalité, préparé le corps chimiquement, et engagé ensuite l'expérience ; en retour, nous avons alors reçu dans le cerveau une bouffée d'information à la fois chimique et électrique. C'était bon et nous avons donc voulu le refaire, sauf que la fois suivante, cela a été un peu plus dur car, vous voyez, aucune expérience originelle ne sera jamais comme la première fois. Elle devra toujours évoluer à partir de là. C'est la raison pour laquelle les gens tombent dans la décadence alors qu'ils démarrent avec le concept vierge, le sacré et l'intime et tout cela. Mais la première fois — Et puis la deuxième fois, ils doivent y ajouter quelque chose, si bien qu'ils construisent ce gâteau, avec toutes ces épices qu'ils y ajoutent, et bientôt on ne peut même plus prendre plaisir au gâteau parce qu'il ne nous donne pas la même expérience.

Pourquoi ne nous donne-t-il pas la même expérience ? Parce que nous sommes des Dieux en évolution, je veux dire que la nature de notre force vitale est de faire connaître l'inconnu. Nous ne pourrions jamais vraiment avoir deux fois la même expérience. Nous devons toujours la modifier. La vérité est que vous épuisez continuellement l'expérience, vous épuisez l'expérience.

Un homme fait l'amour à une hétaïre vraiment douée dans l'art de faire l'amour ; c'est fabuleux. Je veux dire que sa pauvre femme qui lui a donné tous ces enfants, elle ne peut pas en faire autant. Mais si elle n'avait pas donné le jour à ses enfants et était une hétaïre, elle pourrait en faire autant. Mais la deuxième fois que vous allez voir l'hétaïre, elle a changé de vêtements et d'encens et elle a embaumé son corps différemment parce que cela va être une nouvelle expérience. C'est ce que les hétaïres savent faire. Mais même les hétaïres deviennent ennuyeuses car il y a des limites à ce qu'on peut faire, mon cher. Et un jour, elles sont remplacées par une vierge. Parfois vous voulez l'expérience qui ne soit pas si ingénieuse, si imaginative et faite avec autant d'artifice. Combien d'entre vous comprennent ?

Toutes les émotions ont une fin parce que les émotions naissent dans le temps. Elles ont une durée de vie temporelle, et puis elles s'épuisent. L'ennui, c'est quand l'expérience a été faite. C'est donc une nouvelle journée — bon, merveilleux — vous allez donc commencer en étant un peu différent aujourd'hui. Ah ! C'est passionnant. Vous découvrez que votre partenaire ne veut pas rester au lit avec vous toute la journée car il veut sortir et faire quelque chose. Il veut être différent, vous devez donc sortir et faire ces choses. Et puis quand vous vous couchez le soir, c'est passionnant. Vous devez donc changer tous les jours pour suivre votre partenaire. Et vous ? Vous savez, vous vous trouvez dans cette relation pour le plaisir, pour l'argent, pour la célébration à cause de vos enfants ? C'est vraiment pitoyable.

Et vous ? Vous décidez donc de faire quelque chose d'autre. Vous l'avez fait trois jours de suite et votre amant vous suivra, il fera cela et puis cela ne lui plaît plus. Mais vous avez bien aimé tout ce qu'il a fait. Nous voici maintenant avec un petit problème. Voici que les émotions changent. Voici que nous ne sommes plus aussi disposés à nous donner parce qu'ils ne nous comprennent pas, ils ne nous aiment pas, et ils ne tiennent pas à nous. Ils font les choses selon leurs conditions à eux, mais nous avons été d'accord avec cela.

Je veux dire que vous avez une grosse épine dans le pied. Et pourquoi est-ce que je passe toute cette magnifique journée à en parler ? Parce que la raison qui fait que je ne réussis pas à vous faire manifester une Toyota, un pot rempli d'or ou la vie éternelle est que vous utilisez toujours ces enseignements de la même façon que vous avez utilisé tout votre corps émotionnel, et cela ne marche tout simplement pas. Cela ne marche pas. Je veux dire que vous ne pouvez pas persuader Dieu de vous faire l'amour. Vous ne pouvez pas persuader Dieu. Vous ne pouvez pas être une hétaïre pour Dieu. Vous ne pouvez pas promettre. Vous ne pouvez pas penser que vous allez être bon, que vous allez être toutes ces choses que la religion dit que vous serez — vous ne pouvez pas faire cela — et allez ensuite manifester. C'est une toute autre affaire et il s'agit de votre créateur. Il ne s'agit pas de racontars. Combien d'entre vous comprennent ?

Toute expérience émotionnelle, si elle devient comme une drogue, il est important que nous la modifions chaque fois parce que nous en sommes dépendants. Nous la modifions. Et ceci est vrai pour la sexualité, pour la douleur et pour le pouvoir. Et il y a des gens qui sont dépendants des trois. Peu importe pour eux avec qui ils sont. Ils ne veulent que la dépendance, c'est tout.

Je peux vous dire et je vais vous dire tout de suite que vous êtes dépendants de vos émotions. Boire du vin et fumer la pipe n'est rien en comparaison. Nous sommes face à de sérieuses difficultés. Si et seulement si nous voulons être un maître et avoir la vie éternelle, nous sommes en face de sérieuse difficultés. Si nous ne voulons pas ces choses et sommes immergés dans le plaisir des sens, nous n'avons alors que la vie simplement — la vie, la mort et les impôts.

La raison pour laquelle Saint-Germain captivait les dames à cette table, et les hommes, c'est qu'il était un maître de ce que les deux pouvaient apprécier. C'était un mystère. Le sexe n'est pas un mystère. Et beaucoup d'entre vous sont nés après que vos parents soient finalement devenus des partenaires amoureux et le caractère de ce que vous êtes se trouve brouillé par vos fantasmes. Je veux dire que vous devriez vous demander si votre mari vous aime réellement lorsque vous avez consenti à devenir quelqu'un de sadique, de masochiste ou un homme ? Je veux dire, de qui — de qui — est-il amoureux ? Ceci devient tout à fait inquiétant pour l'esprit féminin car, oui, la première fois, ce sera amusant et excitant, mais, après un certain temps, vous commencez à vous sentir mal à l'aise là-dessus parce que vous vous trouvez à avoir à jouer un rôle qui assurément était juste au début mais maintenant cela a créé une dépendance. Combien de vous, mesdames, en ont fait l'expérience ? Levez la main. Regardez autour de vous, messieurs.

Voulez-vous savoir pourquoi les femmes ont un sentiment d'insécurité quand elles ont une liaison amoureuse ? Parce que vous les faites se sentir comme cela. Ce n'est pas suffisant tel que c'est. Vous savez pourquoi ? Parce que vous avez perdu l'art du sacré et vous ne savez faire que vlan-et-vlan-merci-madame comme si vous étiez une créature spéciale. Elles ne savent même pas que vous n'avez rien de spécial. Oui, vous possédez un million d'âmes dans une seule éjaculation, mais quelle en est la valeur ? Il est peu étonnant qu'elles ne veuillent pas être enceintes de vous, car, après un certain temps, elles ont un sentiment d'insécurité. Vous savez pourquoi elles ont ce sentiment d'insécurité ? Parce que les seules fois où vous êtes vraiment heureux d'être avec elles, c'est quand elles transcendent leur féminité et sont un monstre quelconque, un homme, ou quand elles vous offrent leur rectum. Cette fois-là, c'est bien, mais vous allez avoir des problèmes parce que cette dame va finalement réaliser qu'elle n'est pas avec quelqu'un qui l'aime, et elle va avoir beaucoup de problèmes par rapport à l'engagement émotionnel qu'elle a avec vous. Mais éventuellement elle va vous remplacer parce qu'elle va chercher quelqu'un qui puisse tomber amoureux d'elle sans plus, quelqu'un qui puisse la regarder dans les yeux et lui faire l'amour à elle — et pas à un fantôme, ni à un homme ou à une autre femme, une bête ou une volaille — mais à elle. Et si nous trouvons une telle créature, nous allons en tomber follement amoureux, qu'elle soit jeune ou vieille.

Pourquoi Saint-Germain pouvait-il donc avoir l'attention de la table, ce qui généra tant de ressentiments chez Don Juan ? Parce qu'il offrait à chaque être humain assis à cette table une promesse et une aventure que même la plus grande prouesse du plus grand amant tel que lui n'était pas en mesure de fournir. Et ce maître était maître de l'esprit, maître de la vie éternelle. Tout le monde le troquerait pour une fiole de vie éternelle. Cela nous montre simplement ! Qui donc ne fait pas partie de votre vie ? Qui donc ne fait pas partie de votre vie ? Qui n'êtes-vous pas et qui êtes-vous ?

Les choquantes révélations de notre revue dans la lumière

À quoi cela mène-t-il ? Je veux dire, ce sont toutes les choses que vous verrez dans la lumière[4]. À quoi cela mène-t-il ? Eh bien, je veux vous poser une question : croyez-vous que votre femme va être pressée d'avoir un bébé avec vous quand elle sait ce que vous voulez qu'elle vous fasse ? Croyez-vous que votre mari ou votre amant va être pressé d'avoir un enfant avec vous quand il sait ce que vous faites et ce que vous pensez avec lui ? Parce que vous savez d'où viennent les abus sexuels infligés aux enfants ? Des fantasmes présents lors de la conception de ces enfants. Les pères violent leurs filles parce que c'est un fantasme que le mari et la femme finissent par avoir. C'est vrai. Vous ne me croyez pas ? Mourez, allez dans la lumière, revenez, et enseignez à cet auditoire. Les épouses sont jalouses de leurs filles car leurs filles sont nées des fantasmes de leur mari.

4. Dans la revue de vie après la mort.

Elles viennent de son sperme. Combien d'entre vous comprennent ? Les fils — les fils — ils ont un attachement inhabituel à leur mère et un attachement inhabituel à leur père. Et ils sont même parfois sexuellement abusés par leur père. Où pensez-vous que — je veux dire, je sais combien d'entre vous ont été sexuellement abusés quand vous étiez des enfants et vous me demandez « pourquoi moi ? » Je vais vous dire pourquoi vous, parce que vous êtes venu de parents qui ont fait cela et vous êtes la raison séculaire de cet abus sexuel du fait qu'ils vous ont créé dans ce contexte.

J'aime mon « Docteur ». Il est assis là et il secoue la tête. Il n'est pas en désaccord avec moi. Tout est sur le même pied et il le comprend et la seule chose qu'il trouve à dire c'est que c'est triste. Oui, c'est triste. Nous créons toujours la réalité. Ne laissez aucun magasine, aucun programme de télévision ou aucun être humain vous dire que c'est juste la nature humaine ! Oui, cela arrive d'être irresponsable mais la sagesse est de notre côté. On ne s'engage pas dans une relation amoureuse avec un autre être humain à moins d'avoir la sagesse que ce soit avec un autre être humain que nous considérons aussi sage que nous, après en avoir fini avec ces amours infantiles et ces fantasmes stupides. C'est alors que l'on s'engage dans une relation avec une autre personne, et cette relation n'est pas fondée sur un fantasme ; on ne veut pas donner le jour à un démon à cause de quelque chose de dénaturé. Et c'est facile à faire, facile.

La moralité, qu'est-ce donc ? La moralité c'est de dire : « Non, je ne suis pas prêt pour une relation amoureuse. Et je ne suis pas prêt pour donner ma semence et je ne suis pas réellement prêt pour être suffisamment responsable de partager l'amour car la vérité est que, quand je te fais l'amour, la plupart du temps, si tu voyais ce à quoi je devais faire l'amour dans mon esprit, tu ferais ta valise et tu partirais d'ici. Et de même, si je le voyais, je serais effrayé aussi. Pourquoi faisons-nous donc cela ? Ne devrions-nous pas être amoureux et ne devrions-nous pas avoir transcendé nos émotions au point tel que le miracle de l'amour puisse se produire ? »

L'amour ne peut exister qu'en l'absence du passé. Et vous savez ? Je viens de vous donner la clé ici avec Blue Body™, que la façon dont ont lieu les miracles, c'est quand on ne fonde pas une relation sur la manière dont on avait un rapport sexuel dans le passé, la manière dont on faisait l'amour dans le passé et la manière dont on fantasmait ou pensait dans le passé.

Vous croyez que c'est horrible qu'une petite fille innocente soit violée et abusée par son père ou son oncle ? Eh bien, parlons-en. C'est le père qui a crée cette réalité parce qu'il a engendré sa fille de la poussière de sa poussière. Dans son esprit, elle ne peut être que ce qu'il l'a permis d'être ; c'est cela que nous payons durant un millier d'années de vies car personne ne nous a jamais enseigné que nous sommes dans l'erreur si c'est la manière dont nous pensons car ils veulent être populaires, ils veulent être sexuels et ils veulent être acceptés, et en plus ils vivent d'hypocrisies. Un moment, ils jouent aux séducteurs et puis ils disent : Non, non, non, non. Écoutez-moi. Eh bien, je vous en prie, que veulent dire ces paroles ? De quels signaux s'agit-il ?

C'est dans un miracle d'amour que l'on veut se rencontrer. L'amour n'a pas de passé. Il doit créer son propre Présent.

Si vous en êtes encore à vous battre avec votre vie sexuelle et ces monstres là-haut[5], vous n'allez pas entendre un seul mot de ce que j'ai à vous enseigner parce que vous allez penser que c'est votre prérogative. Et mon objet aujourd'hui, c'était de pénétrer jusque dans votre esprit et dans votre âme et dans votre intention et de mettre au jour ces bâtards. Peu importe qui vous êtes, si vous ne le faites pas, vous ne connaîtrez jamais le miracle, vous ne connaîtrez jamais le moment, et vous ne connaîtrez jamais l'amour.

Mais de quoi avons-nous honte ? Ce qui nous fait avoir honte, c'est que c'est la partie secrète de nous-même que nous n'avons jamais maîtrisée, parce que nous croyons que le sexe n'a rien à voir avec le fait d'être un homme bon ou une femme bonne alors qu'en fait cela a tout à voir avec. C'est le premier sceau et comment nous réagissons à ce niveau est comment nous allons réagir partout ailleurs.

On a donc commencé à parler du miracle au niveau du premier sceau, et on voit — on voit — que nos enfants sont réellement l'incarnation des fantasmes que nous avons créés lors d'une relation sexuelle. Pourquoi cela en serait-il exempt ? Vous en avez une autre explication ? Si vous dites que cela en est exempt, je vais vous demander qui est le Dieu qui a créé cette exemption et ne conviendrait-il pas de parler au Dieu du sexe ?

Il y a des hommes et des femmes ici qui ont dit qu'ils ne pourraient jamais avoir des enfants. Le fait est qu'ils n'en voulaient pas. Ils ne voulaient pas de la responsabilité. Ils

5. Dans notre tête.

voulaient la liberté d'être qui ils voulaient être sans pénalité. Et la vérité est qu'ils n'auraient pas fait de bons parents.

Afin de concevoir la grandeur, il faut être amoureux de la grandeur. Nous consommons le pouvoir, nous concevons le pouvoir, nous devons concevoir le pouvoir. Ceci est vrai sur toute la ligne. Combien d'entre vous comprennent ?

Je sais que c'est un enseignement indigeste, mais je veux vous demander quelque chose : ne savez-vous pas que c'est ce que je vois quand je vous regarde ? Je veux dire, comment puis-je vous dire cela ? Vous ne voulez pas que je vous dise pourquoi vous ne pouvez produire le merveilleux ?

Nous voici donc retournés à tous ces principes vieillots : la moralité, les pensées pures, faire l'amour purement, la virginité, le lit conjugal. Mais nous ne nous sommes mariés que parce que nous étions follement amoureux l'un de l'autre, follement amoureux l'un de l'autre. Autrement dit, ce regard dans les yeux et ce contact de l'âme, cette étreinte de l'esprit, ce transport de notre âme, c'était l'énergie née ici qui est ensuite descendue au lieu de l'énergie recueillie là en bas et qui ne montera jamais ici. Vous savez, ces principes démodés sont vivants aujourd'hui. Ils étaient vivants de mon temps. Je veux dire, ils sont réellement démodés.

Vous voulez de beaux enfants ? Attendez et tombez amoureux, et à chaque fois — L'amour n'a pas besoin d'évolution ; il est. Le sexe a besoin d'évolution. Ce sont ces attributs sexuels qui sont si beaux à voir. Mais, vous savez, quand on tombe amoureux de quelqu'un, ce n'est jamais réellement pour son apparence physique. C'est pour son esprit. Et leur esprit est évident — leur âme, leur douceur, leur beauté — la beauté de l'esprit. C'est avec une telle personne que nous voulons avoir des enfants car c'est une telle union qui va créer de beaux enfants, des enfants réellement beaux.

Par conséquent, vous savez, vous pouvez continuer à vous amuser et à faire l'imbécile et à être bizarres, vous savez, et être juste un vieil enfant brisé ou bien vous pouvez être un être jeune et éternel. Les enfants brisés ont répandu toute leur force vitale, des millions et des millions et des millions d'âmes — des démons — répandues sur les draps. C'est cela un vieil homme brisé ; c'est cela une vieille femme brisée. Ou bien vous pouvez comprendre que les miracles existent, et les miracles existent parce qu'on ne se trouve en difficulté que si on le faisait à cause de ce que l'on ressent émotionnellement ou chimiquement.

Pour en revenir à Saint-Germain et à Don Juan, il est clair maintenant que Saint-Germain ne fit de plat à personne à cette table. En fait, il ne mangea même aucun de ces dix-sept mets. Il n'était même pas — Il ne mangea rien, mais il but leur vin. Et telle était la condition. Écoutez. Il avait dit : « Je ne viendrai que si vous ne me donnez pas cette nourriture abominable que vous mangez. » C'est ce qu'il avait dit.

« Aucun problème. Mais, venez. »

Eh bien, il ne mangea pas. Et alors que tout le monde s'en met plein la figure à en avoir une éruption de pustules de petite vérole, vous savez, lui, il raconte des histoires. Il est beau ; il est merveilleux. Vous croyez que son hôte est furieux parce qu'il ne mange pas la nourriture ? C'était la condition de sa venue. Il avait été honnête, rare et remarquable étiquette. Il était honnête.

« Non, mais je viendrai paré de mes plus beaux atours. » Velours noir avec boutons en diamants, dentelle espagnole qui dépasse de ces manches, apparence tout à fait sensationnelle.

Finalement, je veux dire, il devint l'invité de salon le plus demandé dans tous les salons de son époque, la raison étant qu'il était magique. Et tous ceux qui en étaient jaloux le traitaient de charlatan, mais il était magique. Que faisait-il ? Eh bien, il leur contait la bonne aventure. Il les regardait et leur disait leurs prophéties. Et vous savez ? Il tombait toujours pile. Souvenez-vous, il s'agit de la cour de Marie Antoinette. Toujours pile. Portez vos plus beaux atours.

Voyez-vous, maîtres, il demeure une énigme même aujourd'hui. Il sortira de son silence. Il reviendra, mais sans dire quand, au cas où quelqu'un dise qu'il en est le channel car personne n'en sera jamais le channel. Il sera lui-même.

Permettez-moi donc de revenir à ceci. Voici l'analogie. L'analogie est la suivante, à savoir que l'existence humaine est si ennuyeuse et ne suit aucun code de moralité pas plus qu'elle n'a le désir quelconque d'en établir un ; en effet, qu'y a-t-il à l'autre bout de cette existence ? Qu'y a-t-il à la fin de cette bonne vie, le ciel et l'enfer, vous savez, la pesée du cœur, ou bien, comme le dit le Bouddha — comme Père l'a si magnifiquement expliqué — rien ? Je veux dire, je veux que vous sachiez quelque chose. Il existe des royaumes de si grande magnitude.

Je ne pense pas que vous soyez mauvais. Je veux dire, vous créez des enfants qui sont vos instruments de vengeance. J'insiste, je n'ai pas besoin de vous le dire.

J'insiste, vous êtes déjà dedans. Vous ne créez pas d'enfants, vous n'y êtes pas parvenu parce que vous ne voulez pas que votre corps grossisse ? N'allez jamais, jamais écouter quelqu'un qui vous dit qu'ils n'ont pas pu en avoir. Ce n'est pas vrai, ils le pouvaient. Ce qu'ils voulaient, c'est jouer, c'est tout — me suivez-vous ? — parce que j'écoute leurs excuses et je me contente de les regarder et je souris. Parce qu'en un sens, ils ont eu la chance de savoir qu'ils ne pouvaient pas le faire et ils ne l'ont pas fait car, au fond d'eux, ils savaient qu'ils ne pourraient créer que ce qu'ils sont.

Il est donc inutile de punir qui ce soit parce que vous vivez déjà cette expérience. Je m'efforce de vous sortir de cette expérience, exactement comme Saint-Germain le faisait à table au dîner, ce qui est la raison pour laquelle il était un invité tellement demandé. Vous savez, aucune femme ne voulait l'emmener dans son lit et aucun homme ne voulait l'emmener dans son lit car il était une conscience originale et séculaire. Il était lui-même. Je veux dire, tout le monde savait qu'il était inapprochable. Tout le monde savait cela car ils savaient que pour être en sa présence ils devraient être humbles, ils devraient écouter, ils devraient vouloir savoir. Et ils voulaient tous savoir ce que savait cet homme de magie. Il était l'antagoniste ultime de la réalité de Don Juan, son antagoniste ultime. Il était la créature ultime qui nous suppliait de rêver plus loin que nous ne l'avions jamais imaginé auparavant.

Pourquoi donc ? Parce que Saint-Germain n'était pas un homme d'émotions. Je veux dire, il n'en avait tout simplement pas. Il n'en avait pas. Pour lui n'existait ni le sexe, ni la victime, ni la maladie, ni le pouvoir, ni la tyrannie, ni la victimisation. Il n'avait rien de tout cela ; vous oui. C'est votre manière de vivre à vous. Il pouvait par conséquent marcher en votre compagnie et être très clairement lui-même ; il serait un mystère et serait rempli de mysticisme et de beauté et il captiverait l'oreille de toute personne assise à la table. Pourquoi ? Parce que tous les autres sont ordinaires.

Le miracle maintenant : l'émotion était destinée à nous permettre de faire l'expérience de ce que nous avions créé dans notre esprit. Mais nous sommes tellement devenus dépendants du fait de nous sentir bien, de nous sentir mal, de nous sentir rejetés, de nous sentir sans valeur, de nous sentir coupables, de sentir le manque, qu'il n'y eut plus qu'une chose qui compte : ressentir ; nous ne pouvions même pas nous convaincre nous-même d'en sortir. C'est alors que notre corps est sujet à la maladie. Je veux dire, vraiment sujet à la maladie. Nous ne sommes pas préservables. Vous pouvez dire tout ce que vous voulez. N'allez pas me servir ce crotin de cheval de sympathie. Tout le monde sait vers quoi va notre sympathie la plus profonde. Notre sympathie la plus profonde est que nous avons fait des choix dans cette vie-ci. Nous avons choisi de vivre de la manière dont nous ressentons plutôt que selon ce que nous savons.

Maintenant savez-vous combien de millions d'années — regardez-moi — savez-vous combien d'incarnations vous avez vécu et ce que vous avez vu dans la lumière ? C'est parce que, voyez-vous, une émotion, c'est que vous êtes au milieu d'une expérience et que vous n'en avez pas recueilli la sagesse ; vous n'en avez pas terminé avec. Ah ! C'est cela ! Maintenant, je peux utiliser ce galet comme une pierre pour construire une marche, pour construire ensuite une autre marche, pour construire encore une autre marche et c'est ce qu'on appelle l'évolution. Savez-vous combien de millions d'années vous vous êtes réincarnés à propos de la même émotion ?

Pourquoi l'âme vous a-t-elle ramené de nouveau ? Vous croyez que l'âme vous a renvoyé pour conquérir ce que vous ne connaissez pas ? Non, elle vous a renvoyé parce que vous êtes au milieu — vous êtes au milieu — de la possession ; vous êtes au milieu du ressentir.

Vous savez quelle est la vérité que vous pourriez dire à quelqu'un ? Vous pourriez leur dire ceci : « Tu sais pourquoi tu es important dans ma vie ? Parce que tu me fais me sentir d'une certaine manière. Sais-tu pourquoi je change et pourquoi tu ne fais pas partie de ce changement ? Parce que je ne veux pas sentir quoi que ce soit car je veux créer et avoir la place de faire l'expérience des actions sensuelles des quatrième, cinquième, sixième et septième sceaux. Voilà la raison pour laquelle tu n'es pas dans ma vie, mon cher. » Dur à entendre ? Quoi ! Vous le voulez, oui ou non ?

Savez-vous combien d'entre vous ici attendent, attendent quelqu'un dont ils puissent tomber amoureux et qui ne vive pas d'après leur image, ni leur sexualité, ni leur passé, quelqu'un de tout neuf, tellement pur ? Un amnésique. Ouais, mon cher. Oh ! Mon Dieu, amènes-moi un amnésique. Eh bien, n'est-ce pas un concept plausible, réalisable ?

Permettez-moi de vous dire quelque chose. Permettez-moi. Vous allez le savoir de toutes façons parce que vous allez mourir si vous ne comprenez pas ce que je vous dis ; vous allez le voir dans la lumière.

Comment pouvons-nous savoir que nous ne sommes pas déjà morts et que je vous enseigne dans la lumière ? Je veux dire, combien de chances avons-nous ? À combien de galeries des glaces avons-nous accès ? Peut-être sommes-nous déjà morts. Oh ! Seigneur ! Nous sommes peut-être déjà morts et sommes à nous passer en revue dans la lumière[6]. Mais nous pouvons maintenant donner à ceci un angle un peu différent. Peut-être que nous ne sommes pas morts mais ce moment-ci sera dans notre revue dans la lumière ; nous allons donc mourir et nous le regardons, nous le revivons donc et nous entendons le même enseignement de nouveau. Combien de « Jours de la Marmotte[7] » avons-nous besoin ? Combien ? Combien de revues dans la lumière, mon cher ? Combien ?

Je veux dire qu'il y a peut-être un rideau à l'extérieur de cette arène et à l'extérieur de votre maison ; vous savez, c'est seulement une toute petite communauté mais la toute petite communauté est un artifice. C'est un artifice total. Regardez autour de vous. Nous sommes tous des artifices. Vous savez, je peux prendre cela en mains et en faire un jeu d'esprit avec vous. Oh ! Cela vous plait ? Disons donc que chaque fois que vous êtes à une retraite et que c'est la pagaille dans votre vie et que vous la changez, chaque fois que vous êtes venus à une retraite, en fait, vous êtes morts et vous êtes à vous passer en revue dans la lumière. Et si c'était ce que je vous dis ? Quoi ! Allez-vous prouver le contraire ? Parce que vous vivez dans une dimension où vous êtes toujours vivants. Ici-bas, il y a une pierre tombale

6. Voir Ramtha, *Le Mystère de la Naissance et de la Mort. Le Soi Redéfini.*
7. *Groundhog Day* (Bill Murray, Andie MacDowell : Columbia Pictures, 1993).

pour vous — une pierre tombale. Peut-être que ceci est la grande classe au ciel. Peut-être êtes-vous dans la grande classe au ciel. Je ne cesse de vous répéter que ceci est une illusion. Vous ne me croyez pas ? C'est une grande classe dans le ciel. Eh bien, regardez le temps qu'il vous faut pour apprendre, le temps qu'il vous faut pour lâcher prise et devenir.

Vous savez, voici ce que je disais à mon groupe des Dialogues. Vous savez, ils étaient avec moi deux jours et demi, trois jours. Et vous savez, ils me demandaient : « Quelle est le plat de résistance de votre enseignement ? Je veux dire, maintenant — maintenant — vous commencez à réaliser maintenant combien de mots ont été dits et vous voyez par conséquent comment je dois m'y prendre pour répondre. Voici ce que je disais : « Surmontez, surmontez, surmontez, jusqu'à ce que vous deveniez. » Ceci est toujours en cours aujourd'hui.

Est-il donc possible que vous naissiez comme un de ces êtres réellement originaux, un homme, un homme réellement original, si éclairé, si pur et si beau ? Sa conscience n'est pas au niveau de son premier sceau et il est réellement beau. Et toutes les belles femmes essaient de froufrouter près de lui, s'efforçant d'être uniques et d'être meilleures les unes que les autres. Je veux dire, il ne les voit même pas car ce n'est pas ce qu'il est. Ce n'est pas son fantasme. Ce n'est pas son fantasme et elles n'ont toujours pas entendu le message.

Soudain arrive cette personne d'aspect tout à fait ordinaire qui est réincarnée, très ordinaire, mais avec un esprit très remarquable et très beau. Et ils tombent follement amoureux — follement amoureux, esprit à esprit

— esprit à esprit, et lentement ils se courtisent — Ils se courtisent ? Eh bien, se courtiser naît dans l'esprit et descend lentement pour se jouer sur les six sceaux avant de donner lieu à la copulation, mais cela doit tout d'abord se passer au niveau du septième sceau. Et la façon dont nous faisons l'amour est la façon dont nous faisons notre vie.

Avoir des enfants est un acte sacré. Faire l'amour est un acte sacré. Je veux dire, cela se comprend si vous avez seize ans et que vous avez des problèmes. Et ne me demandez pas ce que sont ces problèmes car je pourrais bien vous les expliquer. Mais ne prétendez pas avoir de nouveau seize ans, pas dans ce contexte-là. Grandissez. Mûrissez. Soyez des hommes et des femmes mûrs. Commencez à grandir.

Vous voulez créer le miraculeux ? Commencez au niveau du premier sceau. C'est là que vous devez commencer. Ceci est réellement une classe de maîtres et une telle classe débute avec des faits aussi élémentaires et fondamentaux que ceux d'aujourd'hui. Mais aussi fondamental que soit cet enseignement, nous commençons à fouiller dans chacun de vos esprits mystiques et à y découvrir ce qui est réellement caché derrière votre intention, ce qui est caché derrière vos enfants et ce qui est caché derrière votre stérilité. Cela devient tout à fait évident.

Nous comprenons également de qui nous sommes les enfants. Pourquoi blâmer vos parents ? Ils ont eu un fantasme, vous avez été créés mais vous étiez l'égal de cette création. Je veux dire, vous avez couramment le même fantasme. C'est la chose que vous faisiez dans votre dernière vie et à laquelle vous êtes confrontés dans la lumière. Vous allez naître de gens qui font la même chose.

Mon Dieu, je veux dire que « faites aux autres comme vous souhaitez qu'il vous soit fait à vous », cela va loin. Combien d'entre vous comprennent ? Pensez aux autres comme vous aimeriez qu'ils pensent à vous. Pensez à vos enfants comme vous aimeriez qu'ils soient.

Nous avons donc maintenant fait le tour complet depuis le besoin humain le plus élémentaire et l'ignorance humaine : la sexualité, les enfants, la copulation, l'intimité, l'aspect sacré ou grossier de l'acte. Et nous voyons alors pourquoi je vous dis de prendre la responsabilité de votre vie. C'est vous qui êtes nés de vos parents. Oui, bien sûr, ils ont eu ce fantasme mais, allez donc savoir comment sur des millions de spermatozoïdes, le fantasme qui créa ce corps vous était parfaitement adapté !

La morale de l'histoire

Que cela a-t-il donc à voir avec les liaisons amoureuses ? Eh bien, voilà : il y a de nombreuses femmes et de nombreux hommes ici qui ont besoin de comprendre quelque chose, qu'aimer une autre personne signifie de vous aimer vous-même sans aucune équivoque. Et vous aimer vous-même ce n'est pas se polir les ongles et cela n'a rien à voir avec votre coiffure. Cela n'a rien à voir avec vos muscles, vos seins ou le nombre de fois où vous vous faites mourir de faim pour être mince. Et je peux vous dire, vous faites cela et vous savez que vous le faites. Cela n'est pas vous aimer vous-même. Réveillez-vous.

Vous aimer vous-même, c'est vivre conformément à votre aptitude morale et spirituelle la plus élevée. Vous aimer vous-même, c'est cela. Et l'amour que vous portez à quelqu'un d'autre ne peut être égal qu'à l'appréciation spirituelle que vous avez de vous-même. N'importe qui peut être un corps. Vous tous ici, jeune ou vieux, donnez-vous à moi pendant quatre-vingt jours ; si vous voulez vous faire un corps, je sais comment faire un corps. Non seulement allez-vous être bien polis, mais vous allez être analogiques et allez pouvoir faire tout ce que vous voulez. Je sais comment utiliser les muscles. Ce n'est pas ce que je suis venu faire ici. Je ne suis pas ici pour cela. Vous devriez vous en réjouir.

Maintenant, maîtres, revenons-en à ce sujet car c'est important. Si nous passions autant de temps à développer notre grand esprit moral, si nous passions autant de temps à développer notre être spirituel — non pas notre être charnel ; l'être charnel, c'est facile ; l'être spirituel, cela ne l'est pas car il est sous-développé — si nous faisons cela, nous pouvons alors aimer quelqu'un. Et cette personne peut alors être quelqu'un qui n'a pas autant besoin de nous pour la poursuite de sa vie. Nous pouvons aimer quelqu'un et dédier notre précieux temple qu'est alors notre corps ; si Dieu est rendu manifeste, le corps devient le temple sacré. Nous pouvons alors partager le temple et le rituel avec quelqu'un que nous aimons, dans la pureté, la vertu et l'honneur. C'est bien. C'est beau.

Mais si nous sommes un vaurien, si nous souffrons de la psychose de notre image, nous ne serons jamais fidèles à quiconque. De plus, nous ne serons jamais honnêtes avec quiconque car nous ne l'avons jamais été avec nous-même ; si nous l'avions été, nous ne nous trouverions pas dans une relation malhonnête. M'écoutez-vous ?

Si nous nous étions considérés nous-même avec révérence et honneur, si nous comprenions que notre sperme — je parle des hommes, car je fus un homme — que notre sperme est vivant, les hommes de vertu ne répandent pas leur semence si ce n'est au nom de l'amour et du partage, ce qui est égal à qui ils sont, à qui nous sommes. Nous pouvons aimer quelqu'un d'autre parce que nous nous aimons nous-même. « Je te donne le don de ma semence. Je ne l'ai pas répandue quotidiennement par la masturbation car c'est mon habitude. J'ai vécu dans l'honneur, le respect et l'amour de moi-même. Lorsque je me donne à toi, c'est véritablement un don. » Une personne morale, c'est cela.

Y a-t-il des gens comme ça ? Oui. Y a-t-il des gens comme ça ? Oui, des gens qui sont de grands êtres, des hommes et des femmes qui sont de grands êtres. Les Christs, que sont-ils ? Ils savent que le sperme est vivant et ils savent que, s'ils ne le répandent pas inutilement, ils peuvent utiliser cette énergie en la faisant monter dans leur cerveau en sorte de se concentrer sur ce qu'on appelle la perfection de la vie morale.

Tout maître qui veut devenir un maître n'a pas de dettes car c'est le passé, ce n'est pas le présent. Et en pardonnant à qui nous doit, nous sommes libérés et pouvons vivre dans le présent, plus précieux.

La personne à qui nous pardonnons, il se peut qu'elle nous prenne pour un imbécile. Il se peut qu'elle célèbre la bonté de notre cœur, mais elle vient tout juste d'être libérée de son honneur.

Qu'est-ce donc qu'un véritable maître ? Quiconque est si présent ne peut occuper l'espace du passé et il pardonne à ceux qui lui doivent de l'argent. Vous commencez maintenant à voir pourquoi l'idéal élevé là-haut n'a pas d'utilité pratique dans la vie courante. Mais un Christ ne vise pas l'aspect pratique des choses dans la vie mais cherche à faire connaître l'image spirituelle de Dieu.

Soyez gentils, ne vous endormez pas. C'est vrai, il y a des gens plus anciens dans cette école qui ont entendu ces paroles de multiples fois, mais vous n'avez jamais été aussi évolués qu'à présent. Et vous commencez peut-être à comprendre ce que je vous dis, que dans le présent, qui est divin, dans le moment présent, ce que je vous ai enseigné, cette boîte que nous voyons dans notre lobe frontal, nous voulons la nettoyer. Nous ne voulons pas que si peu que cela de notre boîte crânienne ici[8], ce petit centre exquis soit tout ce que nous ayons pour manifester la grandeur.

Tous les jours, nous ne pouvons nous empêcher de renouveler notre passé, nos dettes, nos amours, nos colères, nos haines, notre égoïsme, notre image, si bien que cela consume grandement le moment. Il est peu étonnant que nous soyons spirituellement affamés. L'esprit est affamé. Seule une personne dépourvue d'esprit peut vivre ainsi. Vous savez pourquoi ? Parce que c'est l'esprit qui est le phénomène. C'est l'esprit qui est la créature qui cherche à se surpasser et qui crée la réalité.

8. Le lobe frontal.

CHAPITRE 5

Beauté et originalité véritables

Quand le blasphème est le nom de la vraie conquête

Écoutez-moi donc. Écoutez très attentivement. Votre voile est tombé et je sais que j'atteins des endroits durs et délicats, mais c'est ce que je veux faire.

Je veux que vous sachiez quelque chose — en réalité, je veux que vous sachiez tout. Saviez-vous que personne, sauf les grands maîtres de l'antiquité et ceux qui parlèrent ouvertement des enseignements ne dirent jamais que vous aussi étiez un Christ — c'est ce qui était par trop extravagant — ni que vous êtes Dieu. C'était un blasphème. C'est un blasphème à l'Ouest. C'est un blasphème à l'Est. C'est un blasphème au Nord. Et si vous avez véritablement l'intention de conquérir votre image, c'est un réel blasphème au Sud. Cela me plaît. Autant être original.

En quoi cela pouvait-il donc me soucier ? En quoi cela pouvait-il me soucier ? Comme Yeshua ben Joseph : j'ai un message et je vais livrer ce message. Ceux qui essaient de le détruire le détruisent parce que le message met en cause le style de vie qu'ils ont pris l'habitude de mener. Et le message est le suivant : Vous êtes Dieu. Ne pensez-vous pas qu'il serait temps que vous agissiez en tant que tel ?

Quel genre d'impact cela a-t-il sur votre vie ? Eh bien, cela coûta la vie à certains maîtres de l'antiquité.

Je vous le dis, il n'est pas un homme plus sublime et plus beau qu'un homme qui marche dans un état de grâce, qui est impeccable envers son être spirituel, qui s'aime lui-même non pas pour sa réflexion dans le miroir mais pour ce qui transparaît dans ses yeux, ce que disent ses lèvres, ce qu'il ressent dans les larmes qu'il verse. C'est cela un homme qui est beau, un homme qui n'a pas honte d'accepter cent ans plus tard tout ce qu'il a dit, un homme qui est honnête, un homme qui n'est pas un opportuniste, un homme qui use de son esprit de la manière la plus brillante qui soit et comprend que la chose la plus satisfaisante à la fin de la journée n'est pas une partie de jambes en l'air mais de savoir à quel degré vous avez été capable d'influencer votre vie depuis une perspective plus élevée.

La noblesse et la beauté d'une femme noble et belle ne se juge pas d'après son visage et sa silhouette comme beaucoup d'entre vous le font. Ce n'est pas cela la vie. La biologie naturelle de votre vie vous a donné une période de temps agréable dans la vie où vous êtes la plus belle et où vous êtes bénie d'avoir l'opportunité de mettre au monde des enfants. Vous avez la silhouette, vous avez les seins, vous avez l'utérus, vous avez le visage. Cela ne durera qu'un moment. Leur seul but est de permettre la séduction et la copulation.

La véritable beauté n'a rien à voir avec le corps. C'est l'originalité de l'Esprit, des yeux qui dansent et un esprit vif, un Esprit qui sait et comprend les défis de la vie, qui ne dépend pas d'un autre homme et ne passe pas sa vie à prendre un homme à son piège. Un Christ spirituel qui soit une femme est véritablement une chose magnifique à regarder, c'est admirable et plus rare que deux lunes dans le ciel.

C'est une entité souveraine qui possède son propre pouvoir et qui tombe amoureuse d'elle-même. Lorsque vous vous aimez vous-même, vous rendez parfaites les pensées, vous rendez parfaits les actes, vous rendez parfaits les rêves en sorte que soudain le centre de votre noyau n'est pas quelqu'un d'autre mais vous-même. Le centre de la joie n'est pas quelqu'un d'autre mais vous-même et également ces choses que vous faites qui, le soir venu, vous procurent bonheur et allégresse car elles étaient au-delà de votre corps, elles dépassaient votre génétique — elles étaient au-delà de votre appartenance sexuelle — si bien que, la nuit venue, vous réalisez les choses remarquables que vous avez vécues durant cette journée, ces choses qui ont transcendé les relations dans votre vie et qui vous ont rendue plus sage, plus belle et plus spirituelle.

Quand vous développez votre corps, vous affamez parfois l'esprit. Vous affamez l'esprit au profit du corps, de vos réactions chimiques, parce que, vous savez, vous êtes un sac rempli de substances chimiques. Vous l'affamez au profit d'un sentiment d'accomplissement et vous croyez que c'est cela vivre. Mais vous est-il jamais venu à l'esprit que vivre puisse relever d'un ordre plus élevé : un esprit si aiguisé et si puissant qu'il puisse manifester n'importe quoi ? Cela exclut-il le corps ? Non, car le corps devient le temple parfait d'un chef à la fois grand et magistral.

Ceci signifie-t-il que vous n'aurez plus jamais de relations sexuelles ? Non, mais cela signifie qu'elles seront plus chéries, plus réelles, plus dans le moment et pas artificielles. Cela signifie-t-il que vous allez rater des opportunités dans les affaires ? Non, cela vous rendra seulement plus sage, plus avisé et plus intuitif. Vous aurez des années lumière d'avance dans le jeu. Cela signifie-t-il que vous avez raté ce qu'il y a à voir dans le monde ? Lorsque vous aurez vu le monde seulement comme un microcosme d'ici et de là, vous réaliserez à quel point le monde est ignorant. Je veux donc que vous buviez tous la moitié d'un verre de vin et disiez à votre partenaire ce que vous avez appris jusqu'ici. Combien d'entre vous ont compris ce que je vous ai enseigné jusqu'à présent ?

Le plus grand mystère de tous : le soi

Ainsi donc, mon peuple bien aimé, notre étude dans l'École Ancienne de Sagesse avait pour objet le plus grand mystère de tous : Qui sommes-nous ? Et bien sûr, nous ne pouvons pas considérer qui nous sommes à moins de considérer ce que l'on appelle la complexité du système biologique que nous appelons « nous » et de comprendre comment il fonctionne. Et assurément, même si nous pouvons l'analyser dans sa totalité et le disséquer, le voir rire et pleurer dans la vie, le voir devenir morbide, froid et raide dans la mort, nous devons nous demander où demeure l'essence qui lui donne son animation et qui disparaît ensuite, nous laissant en présence de cendres durcies, pitoyable souvenir de l'animation de la vie. Qu'est-ce donc qui lui donnait son animation ?

Vous n'êtes pas votre corps ; si vous l'étiez, vous iriez dans la tombe. Et lorsque le croquemort aspire sous vos aisselles et entre vos jambes, lorsqu'il commence à pomper tout le sang de votre corps et que celui-ci coule dans une sorte d'égout sur ce qu'on appelle un drain froid en acier inoxydable, pouvez-vous réellement dire : « J'étais mon corps » ? Si vous l'étiez, cela voudrait dire que c'est vous qui allez dans le drain et que c'est vous qui retournez aux vers et que c'est vous qui êtes embaumé grâce à ces substances chimiques qui ne font que préserver une image. Mais qu'elle était donc, cette délicieuse entité dont le corps était la scène, avec tous ces acteurs qui jouaient dans la pièce ? Pour qui le corps jouait-il cette pièce ? Serait-ce ce qui a quitté le trône et les acteurs n'ont plus maintenant personne pour qui jouer. C'est cela ce qu'on appelle la mort biologique.

Donc, avec ce que vous avez appris du corps, vous éduquant sur le fait qu'il n'y a aucune molécule, aucun peptide, aucune hormone dans le corps qui ne soient porteurs d'une intention, d'une information et que cette information est apportée à chacune des cellules du corps[1] en sorte de permettre à la cellule de changer de costume, nous devons en revenir à ceci : avons-nous réellement été absorbé trop longtemps par notre rôle dans la pièce, avons-nous pris notre costume trop au sérieux, et avons-nous répété notre texte trop longtemps ? Le spectacle, pour qui est-il donc ? L'entité que vous vous êtes exercé à être. Et lorsque vous écoutez, qui écoute les voix ? Voilà qui vous devriez être, celui qui écoute, pas les voix, car c'est ce qui est éternel. C'est lui le metteur en scène de toute cette frasque.

Un maître, qu'est-ce donc ? Un maître est quelqu'un qui comprend cela et comprend que le corps est de la pensée coagulée, en vérité une intention coagulée. Et dans ses merveilleuses complexités, il est un tribut à qui nous avons été, pas à qui nous sommes. Qui nous sommes est de défier qui nous avons été, en sorte d'être qui nous sommes. Comprenez-vous ? Combien d'entre vous comprennent ?

---

1. Voir Candace B. Pert, *Molecules of Emotion* (New York : Simon & Schuster Inc., 1997).

Le corps vit dans le passé. Qui nous sommes est le présent. Nous utilisons le passé et défions le passé pour devenir le présent. Nous utilisons une pensée coagulée dans le passé issue du présent à partir de laquelle nous appliquons notre intention. Et notre rôle est de faire en sorte que la molécule d'intention du passé — le biorythme, la biophysique, la bioscience, le bioectoplasme du passé — soit notre volonté. Et la raison pour laquelle nous l'utilisons est que cela met sur la table expérience et préparation. Et ce dont il est dépourvu, nous lui donnerons sous forme de volonté. Où il manque de courage, nous encouragerons. Lorsque nous encourageons, nous changeons ces peptides moléculaires.

N'allez pas croire que les acides aminés soient stables. Ils ne le sont pas. Et n'allez pas croire qu'il y ait une loi rudimentaire qui dise que tous les jours au réveil vous êtes rempli des mêmes substances chimiques ; vous ne l'êtes pas. Chacune de ces molécules est un être changeant. Chacune d'entre elles peut être changée par l'attitude et l'intention. N'allez pas croire un instant que votre ADN soit statique. Il ne l'est pas. Il y a tout un tas d'ADN poubelle que vous n'avez jamais été et qui ont le potentiel de devenir ce qui vous a été donné par les Dieux, procréateurs de votre néocortex.

N'allez pas croire un instant que votre corps soit statique. Il est aussi malléable que celui de la chenille qui devient un papillon. Avec une intention, toute molécule peut changer car les molécules sont au service de l'intention[2]. Les cellules reçoivent l'information. N'allez pas croire un instant que l'expression de vos cellules soit statique et linéaire. Ce n'est pas le cas, à moins que vous ne soyez déjà

2. Voir Illustration. G : Biologie Cellulaire et son Lien avec la Pensée. p. 316

consciemment mort ; elles vont alors se conformer à l'horloge biologique de l'ADN dans l'expression de leur vie ; l'environnement n'aura que peu d'effet sur elles car l'environnement n'est rien de plus que ce qu'on appelle le produit de l'Observateur et, dans ce cas, l'Observateur a simplement été émotion. Et tout le monde est d'accord là-dessus. C'est la raison du capitalisme.

Ainsi, un maître n'a pas de visage : seuls les acteurs du bal costumé ont un visage. Le maître — le maître — n'est pas ici pour le plaisir, seuls le sont les acteurs de la pièce qui lisent leur script. Seuls les acteurs ont un script ; le spectateur n'en a pas. Me suivez-vous ?

Pourquoi alors les voix parlent-elles dans votre tête ? Pourquoi les représentants de la collectivité du corps convergent-ils dans la tête, se disputant pour obtenir l'attention ? Parce que, devant le trône de Dieu, ils se disputent pour avoir la préséance, pour défendre équitablement la continuité de leurs sentiments. Et que se passe-t-il lorsque le Dieu est passif et le permet ? Vous n'êtes alors que la continuité de vos émotions. Vous n'êtes rien de plus.

Que se passe-t-il le jour où, exactement comme sur le Plan de la Béatitude, lorsque vous savez que vous passez en revue dans la lumière — vous le savez déjà — vous pouvez tout changer ? Que se passe-t-il le jour où vous réalisez cela, le jour où vous cessez de jouer le rôle et devenez celui dont tous les rôles implorent la reconnaissance ? C'est le Seigneur Dieu de notre Être. C'est ce que la science ne pourra jamais, jamais comprendre. La science ne peut qu'étudier les effets, les phénomènes, le hasard quantique et son expression ; elle ne peut jamais découvrir la Source. La

Source ne peut jamais expliquer, ne peut jamais être expliquée par la science ; elle ne le sera jamais. Elle ne le sera jamais.

Quand allez-vous donc devenir l'Observateur ? Dans l'École de Sagesse Ancienne, c'est ce que les étudiants viennent apprendre : apprendre à choisir. Et ils comprennent que le choix est un grand sacrifice car ils se retrouvent soudain en dehors de portée du feu des projecteurs en tant qu'acteurs de la pièce pour se retrouver dans le rôle du metteur en scène. Existe-t-il quelqu'un au monde qui veuille réellement devenir ce qui n'a pas de visage, ce qui n'est pas projeté sur l'écran des potentiels quantiques ? Aucune image ne voudrait cela.

Pourquoi les maîtres sont-ils donc si rares ? Parce que rare est l'être qui se dit à lui-même : « Je dois être plus que mes sens. Je suis plus qu'un être qui mange, qui a des rapports sexuels, dort, se réveille, a des idylles et se soucie de son intégration dans la société. Il doit y avoir plus que cela. » Et comment puis-je savoir qu'il y a plus ? Parce qu'il y a ce grand trou à l'intérieur de moi que nul montant d'argent, de nourriture ou de sexualité n'est jamais capable de combler. C'est un puits sans fond. C'est ce que les Chrétiens appellent le grand Satan. C'est un puits sans fond. Comment puis-je le remplir ? En l'étant.

Il y a une partie de nous qui sait que nous sommes nobles. Quand donc choisissez-vous cela ? Quand vous cessez d'attiser ces molécules et de les considérer comme la raison de l'existence, réellement et véritablement, quand l'existence ne tourne pas autour de ce que vous allez manger, autour de qui vous allez séduire et qu'elle n'est pas non plus autour d'un autre être humain. Il s'agit de quelque chose de bien plus extraordinaire que n'importe quelle sensation tactile qui peut être étalonnée émotionnellement sous forme de rétroaction des molécules montant au cerveau et retournant au corps, remontant du corps au cerveau. Vous devez être plus que cela.

L'École de Sagesse Ancienne a toujours donné naissance aux plus prestigieux maîtres de l'antiquité, ceux qui sont prêts à apprendre à être l'Observateur sans l'effet narcotique des émotions — et toute émotion est un narcotique — à être cela, à faire un choix réellement clair. Combien de fois ai-je été un homme ou une femme, et combien de fois ai-je eu une expérience sexuelle au cours de dix millions et demi d'années ? Combien de corps ai-je vus — combien de seins, combien de vagins, combien de pénis, combien de muscles, combien de cheveux, combien de visages ai-je vus — en dix millions et demi d'années ? Pendant combien de temps puis-je dupliquer cela ? Quand je dis que je veux réellement voir la Voie Lactée, est-ce réellement ce que je veux ? Je ne ressens pas de bouffée d'émotion à propos de la Voie Lactée mais j'en ressens assurément une à propos de mon érection.

Le jour où vous déciderez d'être l'Observateur dont les rêves peuvent atteindre la Voie Lactée, le jour où c'est ce que vous voulez plus qu'une érection, ce jour est celui où vous ferez l'expérience de la Voie Lactée. C'est le jour où vous voyagerez avec les Dieux qui sont réellement tout à fait adultes et mûrs. L'école a pour objet de faire comprendre que les molécules d'émotion œuvrent main dans la main avec le progrès de l'âme et son intention de faire connaître l'inconnu sur ce plan, de conquérir ce qui agite l'âme, l'agitation d'une émotion. Regardez cela. Il se peut que vous portiez aujourd'hui ce que vous n'avez jamais pu dépasser il y a six millions d'années. Peut-être le portez-vous aujourd'hui dans vos émotions.

Comment dépasser cela ? En décidant d'être ce qui ne ressent rien chimiquement et en commençant à empiéter sur la sphère où l'on sait ce que c'est. Et arrive de pair avec cela ce qu'on appelle sa propre dynamique de sentiment, si vous voulez, qui n'a rien à voir avec la chimie. Dieu dans son état naturel d'être — Nous qui sommes tombés depuis Point Zéro sommes les êtres les plus enjoués qui soient. Nous sommes les êtres les plus beaux qui soient. Nous sommes sans limites. Nous sommes sans peur. Nous sommes sans manque. Nous sommes sans sentiment de malheur. Nous sommes les voyageurs du temps. Nous avons tout vu et tout fait. Et quand nous sommes intégralement nous-même, il n'y a personne, pas même le corps du Christ, qui puisse magnifier notre éclat. Aucune molécule, aucun site récepteur, en vérité rien ne peut nous donner ce que nous sommes déjà naturellement car Dieu est amour et, en vérité, « Dieu est amour » est la joie et la colle qui donne consistance à toutes choses. La joie est dans la colle, non pas dans ce qu'elle maintient ensemble. Il s'agit simplement de choix.

Et au cours de ce voyage, nous pouvons être assurés d'une chose : peu importe ce qui vient à notre rencontre dans cette vie, nous sommes dignes de cette opportunité et, en regard de ce que nous voulons, nous sommes équipés — non pas infirmes émotionnellement mais équipés — grâce à la volonté, sceptre de la décision pour savoir ce que nous voulons. Si nous fondons toute décision simplement sur nos émotions, nous sommes voués à l'échec et ne porterons jamais la couronne de notre Dieu, de notre Christ. Nous ne porterons jamais le nom audacieux de voyageur du temps ; nous serons simplement un autre être humain qui n'est jamais — Les héros : l'histoire ne se souvient jamais que des héros.

Et qui sont les héros ? Simplement dit, ce sont ceux qui furent les rebelles qui se levèrent contre le système. C'est la raison pour laquelle on se souvient d'eux. Personne ne se souvient de tous les bénis-oui-oui. Qu'en pensez-vous ? Personne. Personne ne se souviendra jamais de vous pour avoir été du statu quo. Les seuls dont on se souvienne jamais sont ceux qui marchèrent en dehors des sentiers battus. Ils marchèrent à contre-pas de toute l'humanité. Eux seuls méritent qu'on se souvienne d'eux. Cela ne devrait-il pas vous montrer quelque chose ?

Les voyageurs du temps sont ceux qui ont fait leur marque dans l'histoire. Ce ne furent jamais des hommes qui dirent « oui » à tout ou des femmes qui dirent « non » à tout. Ils le savaient et ils l'ont fait, laissant tout en l'état car ils ne le firent pas dans le but d'être acceptés par quiconque. Ils le firent car ils se sentaient poussés à le faire car ils étaient des voyageurs du temps. Ils ne le firent pas pour l'émotion. S'ils l'avaient fait pour l'émotion, ils ne l'auraient jamais fait. Ils auraient été intimidés. Comprenez-vous cela ? Et ils n'auraient jamais fait les choix qu'ils firent car cela leur aurait coûté leur mariage, leur liaison amoureuse. Cela leur aurait coûté ce qu'on appelle leur réputation. Cela leur aurait coûté leur or. Cela leur aurait coûté leurs privilèges dans la société. Même si tous ces facteurs étaient en cause, ils prirent cependant la décision. Ils mirent de côté tout ce qui avait rapport aux émotions et prirent la décision. De tels êtres sont les voyageurs du temps. C'est ce qu'est l'Observateur.

Il y a des maîtres qui sont en avance sur vous et qui sont déjà dans le temps quantique alors que vous en êtes encore à vous plaindre de ce que votre mère vous a fait. Vous en êtes encore à vous tripoter à cause de l'abandon de votre père. Vous en êtes encore à tomber malade parce que personne ne vous a aimé quand vous étiez enfant. Vous en êtes encore à vomir à la pensée de ne pas être accepté. Quel genre d'enfants allez-vous mettre au monde ? La névrose ; des enfants disposés à la névrose, à un comportement dû à une attitude psychosomatique. Voilà le genre d'enfants que vous mettez au monde. Ils vont mourir jeunes. La nature disposera d'eux lors du premier fléau. Ils ne sont pas équipés. Ils ne sont pas émotionnellement équipés. Ils ne sont pas biophysiquement équipés. Comprenez-vous ?

À la vie éternelle en tant que le voyageur du temps
Dieu, je suis,
L'Observateur
De cette vie bénie.
Qu'il en soit ainsi.
À la vie.

Les grands hommes de renom

Ainsi, les hommes qui sont venus écouter ce qu'on appelle les enseignements d'une entité extravagante dans le corps d'une femme, ces hommes sont, c'est évident, des hommes de renom. Et ils sont ici pour écouter la vérité. Ils sont davantage que la totalité de ce que l'on appelle leur premier sceau. Ils vacillent plutôt dans le voisinage de ce que l'on appelle le troisième et sont en chemin vers le quatrième. Mais souvent vous voulez définir les hommes d'après leur sexualité. Vous insistez à le faire et ils approuvent. Ne savez-vous donc pas que leur cœur n'est pas là où est leur premier sceau ? Si tel était le cas, vous les auriez gardé là il y a longtemps. Et par conséquent, les hommes, tout autant que les femmes, sont par conséquent, en mouvement, pour parler en terme d'évolution.

Et, en faveur de mes hommes magnifiques ici présents, je veux dire qu'ils ont un rêve plus grand, qu'ils ont, en vérité, un désir plus grand et que leurs idéaux pour la maîtrise sont plus élevés que ce que les femmes leur reconnaissent. Il n'y a pas un seul homme ici présent qui n'aimerait pas que celle qui partage son lit avec lui et, en vérité, sa semence, ne soit en mesure de partager d'égal à égal, en parité, son esprit qui soit à la fois porteur de défi et stimulant et ce qu'on appelle un Esprit créatif qui ne connaisse pas de frontières et qui, par-dessus tout, aime Dieu plus que lui-même. Il n'y a aucun homme ici qui ne voudrait pas d'une telle femme et, en vérité, d'une telle compagne.

Ainsi, les hommes qui sont ici ne devraient pas être mis dans la catégorie de ceux dont on dit qu'ils étaient vulnérables seulement aux hétaïres car ils sont également venus ici selon un autre calendrier car leur voyage est également un voyage rempli de terreurs, de menaces, de batailles et de guerres ainsi que du passé bien sûr. Et il se peut bien que, pour un homme, le plus important défi de tous soit d'échouer aux yeux des hommes qui l'entourent.

Si un homme peut devenir plus grand que les défis que lui présentent ses homologues, il est alors sans égal. Un homme dont l'estime de lui-même est égale aux yeux que lui portent les hommes qui l'entourent a beaucoup d'égaux. Et si les femmes désirent des hommes ordinaires, il y a certainement un marché où les trouver.

À qui m'adressai-je donc ce soir ? Ce que je veux dire est que notre appartenance sexuelle n'importe pas. Nous ne devrions jamais nous allier personnellement à notre sexe mais à notre Dieu. Cela en dit long sur l'étudiant qui est sur le chemin du Grand Œuvre. Aucune femme ne devrait quémander de la considération devant une approche masculine. Aucune femme ici ne devrait dire : « Je suis inférieure parce que je suis une femme et je dépens par conséquent des bons soins de mon homme. » Si vous faites ceci, vous ne faites pas partie du Grand Œuvre. Et j'ose dire, pour ainsi dire, qu'il n'y a aucun homme ici qui devrait dire qu'il est supérieur à aucune femme, qu'il est seulement égal en esprit.

Alors, que nous dit tout cela de vous tous ici ? Vous tous ici avez un Observateur. Ultimement, vous êtes tous cela. De vous diminuer vous-même, c'est être moins que cela. De vous diminuer vous-même, c'est devenir la fragilité de vos propensions biologiques et émotionnelles. Être l'Observateur et dire : « Je crée ceci », l'affirmation suivante étant « J'attends l'expérience avec impatience » — non pas : « Je crée ceci mais je ne sens pas que c'est bon ou je ne sens pas que c'est juste » — je ne veux pas entendre cela. Un maître du Grand Œuvre dit : « Je crée. Ce que je ressens n'est pas ce qui importe. Je verrai cela au moment où je le manifesterai. Tout autre chose, c'est plaquer le passé sur mon avenir. »

Cette Retraite a pour but de retirer les pelures de l'oignon, de trouver cette partie qui fait que nous sommes terrifiés, dans l'insécurité, inégaux, sans défi ou encore qui nous rend grand ou non. Et si nous allons trouver le cœur de qui nous sommes, nous devons apprécier en chemin notre magnifique beauté féminine mais cela ne peut être la fin ultime. Et c'est seulement temporaire. De plus, nous ne pouvons être coincés dans nos pénis et nos prouesses d'amants. Et nous ne pouvons penser que notre succès consiste à enlever une autre femme à un autre homme. On ne peut pas penser de cette façon. C'est la façon dont pensent les vieux satrapes et ils sont tous morts. Quelque part, nous devons mettre cela de côté et tendre vers quelque chose de plus profond. Nous devons aller plus profondément et trouver cette voix qui observe seulement, en silence, sans émotion et qui est seulement dans un état d'être tel que, quoi que nous lui présentions, rien ne va la grandir ou la diminuer.

Ces retraites, c'est leur but : sous la femme, trouver l'Observateur et le devenir, l'être aussi audacieusement que vous avez été une femme avec toute votre ingéniosité et votre manipulation et vos mensonges et tous les pièges que vous avez posés. Et dans l'homme, c'est trouver l'Observateur alors qu'il essaie et prétend être tout à la fois courageux, fort, spirituel, sexuel et celui qui met le pain sur la table. La vérité est que les hommes divins ne prennent pas tellement plaisir à leur sexualité. Ils le font pour l'amour de la compétition. Pour un homme véritablement divin, le sexe n'est pas l'atout le plus grand de son existence physique. Chaque fois que vous trouvez un homme qui a plus de passion pour ses pensées et ses créations que pour son corps, vous avez trouvé un Dieu ; ceux-ci sont plus rares que deux soleils dans le ciel. Tel est le voyage.

Eh bien, pourquoi dit-on : « Quand vous aurez gagné sagesse avec l'âge » ? Cela signifie-t-il que l'âge physique doit advenir avant la sagesse ? C'est habituellement la vérité. Pourquoi ? Parce que la cause de la distraction s'est finalement estompée et cela n'intéresse plus personne. C'est alors que toutes ces émotions peuvent finalement devenir sagesse. Lorsque personne ne vous prête plus attention, c'est alors que vous devenez réellement sage. La sagesse avec l'âge, c'est le corridor doré des Dieux mais nous pouvons la connaître dans la fleur de la jeunesse.

Cette Retraite-ci a pour but de trouver l'Observateur au-delà de la sexualité physique, de le trouver là où cela nous comble totalement — totalement — et où vous, les femmes, n'avez plus besoin de jouer vos jeux. Que feriez-vous en une quinzaine de jours si vous ne faisiez pas cela ? Qu'en serait-il si, au lieu de faire l'amour, vous disiez la vérité ? Qu'en serait-il si, en une quinzaine de jours, vous étiez réellement qui vous êtes, l'Observateur ; que se passerait-il ? Beaucoup de choses changeraient-elles ? Oui, cela me plaît. On appelle cela le chaos. Ces choses disparaissent pour que survienne quelque chose en accord avec ce qui s'est présenté. Que seriez-vous si vous n'étiez pas une hétaïre ? Possédez-vous l'esprit qu'il faut ? L'avez-vous ?

Et vous, les hommes : êtes-vous réellement courageux et beaux sans votre sexualité ? Et qui êtes-vous ? Qui est avec vous dans votre vie ? Cela vous indique qui vous êtes. Pourriez-vous être cela si vous étiez seul ? Pourriez-vous être honnête et dire la vérité ? Oseriez-vous être émotionnel ? Oseriez-vous dire la vérité ? Oseriez-vous ? Si vous le faisiez, beaucoup de choses changeraient en une quinzaine de jours. Et ceux d'entre vous pour qui rien ne changerait, vous êtes bénis car vous vivez déjà une vie de vertu.

Et voici ce que je veux dire : nous parlons de la richesse fabuleuse que tout le monde veut. Qu'est-ce qui empêche qu'elle se réalise ? Les faux-semblants, l'hypocrisie, la tricherie, les mensonges, toutes ces choses qui ne sont pas du tout l'Observateur. Si l'Observateur peut observer la richesse fabuleuse, comment donc peut-on la créer ? Lui donne-t-on un spin féminin ou un spin masculin ? Comment va-t-on obtenir notre richesse fabuleuse ? Va-t-on l'obtenir par l'intermédiaire d'un homme ? Va-t-on l'obtenir grâce à la bagarre et à la traitrise ? Comment l'obtient-on ? Ne comprenez-vous pas, vous que je trouve si beaux, que le jour où le passé est terminé pour vous est le jour où tout ce que crée l'Observateur existe sans l'attachement du passé.

Pour entrer dans votre vie, quel miracle doit diminuer sa mise afin d'obtenir votre approbation ? Intéressant, n'est-ce pas ? Car la conscience et l'énergie, et même le corps émotionnel, créent toujours la réalité. Je veux que vous soyez capables de créer dans la clarté. Je veux que vous créiez tout ce que voit l'Observateur, quoi que ce soit, sans aucune motivation secrète. Les motivations secrètes sont les jeux que jouent les hommes et les femmes dans les champs de Dieu. La voie vers la manifestation la plus claire, la plus pure, la plus rapide est de créer en dehors de la sexualité. La manifestation est alors immédiate. Combien d'entre vous comprennent ? Qu'il en soit ainsi.

Si cette vie-ci se terminait demain matin, vous iriez dans la lumière et vous auriez un corps de lumière qui ressemble de près à celui que vous avez mais plus beau et plus radieux. Si on devait passer en revue le corps de lumière, vous n'auriez pas un corps appartenant à un sexe ou l'autre ; en effet, qui est celui qui regarde ? C'est celui que nous voulons être. Vous avez compris cela ?

Demain une scientifique[3] va venir vous parler des émotions ; il est approprié que ce soit une femme qui le fasse. Mais, au cours de cette dissertation, je veux que vous vous souveniez de quelque chose : c'est le point de vue d'une scientifique. En outre, cela n'explique pas le soi véritable et noble ; cela n'explique que le corps et ses émotions. Vous comprenez cela ? Certains d'entre vous ont besoin d'entendre ce que je vous dis depuis toujours de la bouche d'une scientifique avant de l'accepter. D'autres n'en ont pas besoin. C'est de la connaissance, simplement. Ajoutez-la à la somme de vos connaissances.

Il existe un domaine que même moi je ne peux aborder ; je peux expliquer tout ce qui l'entoure et encore, toutefois il existe un territoire à l'intérieur de ce domaine. Aucun mot d'aucune langue ni aucun symbole ne sont capables d'expliquer ce qui s'y trouve. C'est un peu comme le lobe frontal. On l'appelle la région silencieuse du cerveau. On ne peut l'expliquer mieux qu'en disant que cette région est simplement silencieuse. Mais c'est là où le siège de la conscience présente ses désirs.

À l'intérieur de ce domaine, je peux discourir sur ce qui existe autour et autour et autour — et il n'y a pas meilleur

---

3. Candace B. Pert, scientifique spécialisée en neurobiologie et professeur de recherche du Département de Physiologie et de Biophysique du Centre Médical de l'Université de Georgetown, à Washington, D.C. Elle fut responsable de la découverte des récepteurs opiacés en 1972. Son ouvrage « *Molecules of Emotion* » fait état des découvertes de ses recherches.

stratège que moi — mais il existe une région où je ne peux entrer, cette région qui fait nécessairement dire au hiérophante : je vous ai enseigné une discipline. La discipline est de vous enseigner d'aller dans la région où je ne peux pas vous emmener. Cette région — je ne peux vous faire être l'Observateur pas plus que je ne peux vous faire entendre vos propres pensées car vous êtes toujours occupés à m'écouter. Vous devez entrer dans cette région. Ce domaine est destiné aux disciplines[4] et, grâce à elles, survient réalisation personnelle et, en vérité, l'illumination. Vous n'allez être illuminés par rapport à votre véritable soi que si vous appliquez ce que je vous ai enseigné ; alors, vous pouvez avancer dans cette région, dans le noyau central. Une fois assis dans le noyau, vous verrez toute votre réalité. Et toutes les disciplines que je vous ai enseignées vous amènent à ce point central. Si vous ne le faites pas, vous ne ferez que chevaucher la frange des enseignements sans jamais faire l'expérience de la vérité. Et je ne suis jamais venu ici pour présenter des enseignements sans que vous en fassiez l'expérience. Enseignement et expérience marchent main dans la main. La seule manière dont vous allez grandir est de prendre les enseignements et de les appliquer. Avez-vous compris cela ?

Cette petite Retraite a pour but d'entrer dans le cercle qui est silencieux, que personne ne peut vous expliquer. Je vous ai donné les disciplines. Elles vous mèneront dans le noyau. Si vous ne les appliquez pas et n'y allez pas, vous ne méritez pas le fruit de ce que l'expérience peut vous livrer. Aucun d'entre vous ne le mérite.

---

4. Les disciplines du Grand Œuvre de Ramtha sont des exercices pratiques qui permettent à l'étudiant de faire l'expérience directe des enseignements. Dans le cas présent, la discipline est appelée « l'écoute des voix ». Il s'agit simplement de l'acte consistant à calmer le corps en sorte de devenir hautement lucide et d'observer le flux continu de pensées que nous entretenons dans notre tête.

Voulez-vous être un Dieu ? Je vous ai enseigné comment être un Dieu. Dieu est l'Observateur. En vérité, comment peut-on être l'Observateur à chaque moment de chaque journée ? Entrez dans le cercle et ne craignez pas d'observer le processus de pensée du cerveau charnel que vous avez créé dans cette incarnation-ci et la réalité que vous avez créée. Et dans ce même noyau, depuis l'Observateur — l'Observateur a le pouvoir de se projeter en avant, de se saisir de n'importe quel rêve et de le faire se réaliser. Mais ce rêve ne peut se réaliser que s'il transcende notre passé, car tous les jours, le rêve de l'image se perpétue sans fin. Vous avez compris cela ?

Voilà le don de sept années passées sur mon rocher. Ce fut le don de ma souffrance. Et ceci est le don de ce qui m'est arrivé lorsque je quittai le rocher car la personne qui descendit du rocher n'était pas la même créature que la créature misérable et à demi morte qui y avait été placée. Vous allez entrer dans mon rocher et vous allez apprendre les choses que j'appris qui me permirent de devenir un être changeant et qui m'ont permis d'être soit le vent, ou cette femme, ce qu'on appelle la douce caresse sur votre visage, soit le royaume des cieux. L'Observateur ne connaît pas de frontières. Avez-vous compris ?

L'amour est une chose aux multiples splendeurs

Eh bien, où en étais-je ? Je passe en revue mon cahier de notes mentales. Je me rends compte que j'ai ennuyé un grand nombre d'entre vous et qu'un grand nombre d'entre vous se sentent harcelés par ce que j'ai dit. Avec l'âge — il faut que vous compreniez ceci au sujet des personnes âgées : elles radotent sans arrêt.

Je veux donc parler de quelques autres choses parce que vous êtes justes mûrs pour les entendre.

Eh bien, je vais reprendre les mots d'un poète du dix-septième siècle qui dit que l'amour est une chose aux multiples splendeurs[5]. Cela l'est vraiment. L'amour est une chose aux multiples splendeurs.

Qu'appelez-vous donc l'amour ? J'ai observé beaucoup d'entre vous alors que vous définissiez l'amour mais vous ne savez même pas de quoi vous parlez. Écoutez-moi. Il est important que vous appreniez. L'amour n'a rien à voir avec le premier sceau, avec le fait de coucher avec quelqu'un, de copuler avec quelqu'un. Ce n'est pas de l'amour, c'est de la luxure. Et nombreux sont ceux parmi vous qui, du fait de leur luxure, se trouvent avoir la responsabilité d'enfants sans même n'avoir jamais eu l'opportunité de connaître l'amour comme une chose aux multiples splendeurs.

Eh bien, nombreux sont ceux dans cette salle qui connaissent des liaisons amoureuses abusives. Croyez-vous réellement que, parce que vous ne valez pas plus que cela, aimer quelqu'un qui est abusif envers vous soit de l'amour ? Non, l'amour n'est pas abusif, l'amour ne vit pas dans l'insécurité et l'amour n'est pas la luxure. Mais la vraie copulation existe dans l'épanouissement de l'amour.

---

5. Nous n'avons pu retracer l'existence de l'expression « Love is a many-splendored thing » (« L'amour est une chose aux multiples splendeurs ») aussi loin que vers les années 1800. Cette expression fut utilisée dans un film de 1955 du même nom. (Twentieth Century Fox : William Holden, Jennifer Jones). Ce film était basé sur le livre *Multiple Splendeur*. Paris : Stock 1982, autobiographie de Han Suyin, pseudonyme de Elizabeth Chow Kuanghu Comber. Vers la conclusion de son livre, Suyin cite comme source de son ouvrage le poète anglais Francis Thompson (1859-1907) et son poème « *In No Strange Land* ».

L'amour, la luxure et le besoin de camaraderie sont des domaines tous très différents. L'animal, à la base, convoite en vue de la procréation. Ils ne le savent pas sur le moment mais ils sont chimiquement — chimiquement — poussés à copuler, les conséquences produisent la génération suivante. Certains d'entre vous sont très sages. Vous avez appris comment éviter cette fâcheuse petite répercussion de la luxure. Certains ne l'ont pas appris. Certains d'entre vous poursuivirent la luxure dans le seul but d'avoir des enfants sans accorder aucune considération aux répercussions car, tout le monde, moi inclus, a une aspiration forte, profonde, intense pour l'amour. C'est un mystère. Mais une fois que nous découvrons le mystère, c'est une chose aux multiples splendeurs. C'est un phénomène et pourtant c'est le fondement même de la vie parce, d'un point de vue plus vaste, c'est l'amour qui nous donne la vie. Nous sommes aimés par un ordre supérieur qui est tellement passionnément épris de nous que, littéralement, sans cette passion, nous ne serions rien, nous n'aurions ni mémoire, ni passé, ni présent, ni futur, ni espoir. Nous ne serions rien.

Mais quelque chose nous aima à nous donner la vie, nous aima à nous donner l'animation, nous aima à nous donner l'aventure. Ceci est le premier grand amour. Et je peux vous le dire, pour celui qui a atteint l'ordre supérieur de cet amour, c'est une chose aux multiples splendeurs. Au niveau le plus primitif, c'est un amour qui est la relation la plus élémentaire de deux personnes attirées l'une vers l'autre, attirées chimiquement l'une vers l'autre, attirées émotionnellement l'une vers l'autre, car, comme les animaux, les gens ne sont généralement pas attirés les uns vers les autres à moins que cette attirance ne soit de nature chimique. Et la différence qui existe entre des amis et des amants tient au fait que les amants sont de sexe opposé. C'est la seule chose qu'un amant puisse partager, mais pas un ami. Et certains d'entre vous ont franchi toutes ces lignes de séparation.

Maintenant, est-ce naturel ? Cela nous ramène à la question : Qui êtes-vous, quelles sont vos prérogatives dans la vie ? Tout le monde peut faire l'amour. Toutefois, tout le monde peut avoir des rapports sexuels mais le sexe est-il nécessairement l'amour ? Non. C'est une convenance et c'est chimique. L'amour est cette existence dorée élevée qui transcende la luxure mais qui, une fois trouvée, l'inclut sous forme d'unicité passionnée, unicité partagée non seulement sexuellement mais aussi spirituellement. Elle est partagée sous sa forme humaine. Elle est partagée dans les rêves. Elle est partagée non pas alors que l'un s'appuie sur l'autre mais telle que les deux sont forts, capables de marcher et de définir la réalité, capables de mêler ces réalités ou de les laisser séparées. Mais c'est une camaraderie où règne la grandeur à tous niveaux.

Et beaucoup d'entre vous ont passé leur temps à ternir ce moment avec ce problème si élémentaire — si élémentaire et si animal — un problème qui fait partie de votre nature à tel point que j'aurais même honte d'être considéré dans la même catégorie ; si j'avais souhaité être un lièvre, un étalon, une jument, un âne ou un chien, j'aurais pu l'être. Être humain — être humain — consiste simplement à revêtir le vêtement porté par le divin.

Il y a une importante propagande dans le monde sur la liberté sexuelle et sur ce qui est la chose la plus essentielle dans une liaison amoureuse. Je regrette de ne pas être de cet avis. Ce n'est pas la chose la plus importante. Les facteurs les plus importants dans une liaison sont l'honnêteté, l'individualité, la grandeur dans l'unicité car c'est ce qui est éternel. Cette société est décadente et, si vous ne le savez toujours pas, vous aussi êtes un imbécile une fois de plus. Combien de fois l'avez-vous été ce soir ? Et la seule chose qui vous distingue des animaux de la forêt est le fait que vous contrôlez — vous contrôlez — les armes qui les contrôlent. C'est la seule chose qui vous en sépare.

Eh bien, l'amour est une chose aux multiples splendeurs. Et ce n'est pas quelque chose qui débute entre nos jambes. C'est quelque chose qui débute dans notre âme et là seulement. C'est quelque chose qui, tel le plus parfait, le plus poli des miroirs — le miroir d'une aurore cuivrée ou bien de la lueur argentée de la lune montante — ce miroir qui nous reflète nous-même. La splendeur en est de pouvoir interagir dans un miroir dont la réflexion est parfaite si bien que si, regardant dans ce miroir, nous trouvons la réflexion à la fois belle, satisfaisante, porteuse de défi, excitante, si nous tombons amoureux de la réflexion qui possède dans ses yeux la promesse d'un nouveau développement, d'une nouvelle aventure, d'un nouvel éveil, si bien que si nous regardons dans le miroir et touchons le miroir, la réflexion vient à la rencontre de notre toucher et si nous bougeons notre doigt le miroir bouge avec nous ; si nous nous retournons, il se retourne mais s'assure d'un regard que nous le regardions — L'amour est une chose aux multiples splendeurs. Que le miroir soit cuivré, argenté, qu'il soit d'argent vif ou bleu nuit, il présente une réflexion.

Et la réflexion de l'amour, en tant que chose aux multiples splendeurs, est essentiellement notre propre réflexion et lorsque nous regardons dans ce miroir, nous regardons une autre entité. Mais cette entité présente spontanément sa réflexion afin que nous la rencontrions dans le miroir, afin que, s'il sourit, nous sourions, que si ses yeux dansent, nos yeux dansent et que si nous nous unissons, nous touchons de tout notre corps ; la seule chose qui nous sépare est que c'est une illusion de notre propre réflexion. C'est alors que nous connaissons la splendeur.

Que cela signifie-t-il ? Une réflexion dans le miroir ne sera jamais malhonnête. Une réflexion dans le miroir ne mentira jamais. Une réflexion dans le miroir ne s'animera jamais d'elle-même. Lorsque nous regardons la réflexion, elle nous regarde droit dans les yeux. Et même lorsque nous nous retournons pour nous assurer si elle est toujours là, elle nous renvoie notre regard. Elle n'a pas de passé pas plus qu'elle n'a de futur. Elle est notre partenaire au moment de notre délice, au moment où nous célébrons un domaine primordial et céleste.

Lorsque nous aimons ce que nous voyons, nous ne copulons pas avec le miroir. Nous ne violons pas le miroir. Nous n'abusons pas du miroir. Nous sommes fascinés par lui. Ceci est splendide. Et lorsque nous avons quelqu'un et nous demandons si c'est lui ou nous-même qui sommes le miroir, lorsque nous sommes aussi proches, nous avons découvert l'amour car, en cela, nous avons découvert notre délice, notre nudité, notre gloire, notre beauté, notre bonheur.

Vous avez brouillé les cartes sur ce que devrait être une liaison amoureuse. Elle ne devrait jamais être basée sur la sexualité. Si elle n'est que cela, on ne devrait jamais prétendre qu'elle est plus qu'un moment chimique et qu'il n'y a rien de plus à attendre. Et si vous découvrez alors que vous êtes dépendant de ce moment chimique, cela signifie qu'il est la totalité de la réflexion et, lorsque vous regarderez dans le miroir, vous descendrez toujours votre pantalon, regarderez vos fesses et le seul endroit qui ait un intérêt quelconque ; et vous ne verrez jamais la réflexion dans sa totalité. Les choses sont tout simplement ainsi.

Il y en a trop parmi vous qui aiment les gens à cause de leur apparence et qui sont totalement mécontents de leur manière d'être. Telle est donc votre illusion. Il y en a beaucoup parmi vous qui s'apprécient l'un l'autre au lit où vous êtes partenaires de bon gré ; tout est possible dans ce moment-là, juste avant l'orgasme. Mais lorsque l'orgasme est passé, tout est-il toujours possible ? Rarement, parce que si vous aimez les gens seulement pour leur sexualité, vous êtes un imbécile et eux aussi.

Aimer une autre personne, c'est s'aimer comme on se voit dans le miroir, non pas aimer une partie d'un corps qui peut satisfaire une partie de notre corps. Un maître ne ferait jamais cela. Et si cela se produisait, ce serait une partie du passé qu'il a nettoyé, ne laissant aucune empreinte.

Et l'amour est une chose aux multiples splendeurs. Et l'amour le plus grand est l'essence d'une personne qui nous émeut — elle nous émeut — comme nous n'avons jamais été ému auparavant, qui hante notre esprit, qui est notre idéal. Aussi profondément que nous allions, aussi intense que soit notre étreinte, c'est une personne dont nous ne trouvons jamais le fond. Et c'est comme si nous voulions nous perdre en eux et comme si leur moment est notre moment et, lorsque nous sommes séparés, la splendeur du moment euphorique de notre union demeure en nous. Nous avons véritablement trouvé un compagnon au niveau le plus élevé de nous-même. C'est cela de l'amour.

Et la réflexion extériorise notre aspect le plus élevé et non le plus bas. La réflexion exige que nous soyons ce que nous sommes de plus beau, de plus poli, de plus raffiné, non pas ce que nous avons de plus décadent, de plus médiocre, notre faiblesse ou notre peur. On ne regarde jamais dans le miroir pour voir cela. On regarde dans le miroir pour se voir soi-même.

Beaucoup d'entre vous descendent jusqu'à votre dénominateur le plus bas et appellent cela de l'amour. Si vous êtes des maîtres du Grand Œuvre, vous devriez être des maîtres dans chacun des aspects de votre vie. Et ce corps est une chose sacrée. Il n'est pas à vendre. Un Dieu y demeure. Il ne devrait pas être dénigré dans le but d'avoir un orgasme mais devrait en quelque sorte demeurer sanctifié pour quelque chose de véritablement merveilleux. Ne courez pas partout pour vous faire baiser parce que vous êtes en rut. Retournez-vous et changez de perspective. Regardez pour voir si vous voyez votre réflexion dans une foule bruyante. Peut-être que cette réflexion ne ressemblera pas du tout à ce à quoi vous auriez voulu qu'elle ressemble et peut-être que son essence, sa magie, son — prenez la femme que vous considérez la plus belle au monde, si elle n'a pas d'essence, elle n'a rien. Prenez l'homme le plus jeune et le plus viril du monde, s'il n'a pas d'Esprit, il devient vite plus rien. Il s'agit de ce qui est notre réflexion. C'est ce que nous devrions aimer.

Il y en a beaucoup parmi vous qui tiennent à des gens alors que les seuls moments où vous vous rencontrez, c'est au lit ; le reste de la journée, vous vivez dans la discorde. Ce n'est pas de l'amour. C'est de la dépendance sexuelle. Et lorsque vous reconnaissez que ce n'est pas de l'amour, vous vivez dans la culpabilité et la responsabilité dans l'attente de ce moment où vous allez de nouveau copuler car c'est le seul point sur lequel vous deux vous entendez. Tout le reste n'est que mésentente. Vous ne faites pas cela à un miroir. Vous ne faites pas cela à votre réflexion. Et pourtant, votre manque de bonheur, votre colère, votre attitude abusive proviennent du fait que vous n'avez pas grandi dans un aspect de vous-même si bien que la seule façon dont vous communiquez est par la sexualité. Votre croissance est étouffée.

Vous aimez la personne mais vous haïssez la personne. Vous aimez les haïr. Vous aimez les rendre malheureux. Vous aimez leur faire des reproches, trouver leurs carences. Vous aimez faire la mouche du coche. Vous êtes une commère. Mais ils connaissent votre numéro car vos baisers et vos réconciliations ont toujours lieu au lit, pas le moins du monde dans la vie. Ceci n'est pas une liaison basée sur l'amour. Ce n'est pas l'amour qui est une chose aux multiples splendeurs. C'est une liaison née de la culpabilité et du besoin sexuel. C'est un tort. Vous l'avez tous fait. Vous n'êtes pas obligés de le refaire.

Si vous abusez de la personne avec qui vous êtes, vous leur tapez dessus parce que vous ne pouvez pas vous taper dessus vous-même, vous êtes en manque, vous êtes laid, vous êtes piégé, vous êtes malheureux et vous ne pouvez vous en sortir car c'est là-dessus que repose votre liaison.

L'amour n'est pas seulement au lit. C'est le matin à l'aube. C'est dans la splendeur de midi. C'est dans la somnolence de l'après-midi. C'est au moment de l'heure dorée. C'est de partager les murmures silencieux de la lumière à l'heure dorée. C'est tout.

Vous, les femmes, vous vivez avec vos hommes parce que vous savez comment amener un homme au lit et vous savez quoi utiliser pour les y amener. Mais vous croyez que cela va les faire rester là ? Vous êtes des imbéciles — des imbéciles — parce que si la sexualité est la seule façon dont vous trouvez un homme, je peux vous garantir une chose : il y aura d'autres femmes bien plus malines que vous qui viendront et utiliseront les mêmes moyens. Nous voici alors avec un problème, le problème de l'infidélité. Il sort avec quelqu'un d'autre et vous croyiez qu'il vous aimait. Il ne vous aimait pas. Vous vous conciliez sa présence et vous utilisiez cela comme piège. Que pouvez-vous attendre d'autre de cette liaison ?

Il se trouvera toujours quelqu'un de mieux que vous. Ne le savez-vous pas ? Mais peut-être vivez-vous dans un monde imaginaire ? Et si telle est la base de votre liaison, vous ne vous aimez pas réellement vous-même ; je peux vous le certifier. Vous abusez des outils de votre profession qui sont aussi vieux que le monde. Vous n'êtes pas allées plus loin que cela, pas plus loin que de vous développer et votre unique préoccupation est de le garder au pas : pourvu qu'il ne regarde pas une autre femme, qu'il ne couche pas avec une autre femme, qu'il ramène la paye à la maison, qu'il vous soit fidèle. Qu'avez-vous à offrir ? Et, de plus, quelle sorte d'homme avez-vous piégé là ? Peut-être qu'il ne vaut — peut-être qu'il ne vaut — rien de tout cela. Ce n'est pas l'amour, cette chose aux multiples splendeurs. C'est un piège aux multiples facettes.

Êtes-vous sage ? Êtes-vous réfléchie ? Êtes-vous sage, êtes-vous réfléchie ou bien êtes-vous juste maligne et jolie ? Et essayez-vous de tomber enceinte afin de pouvoir cimenter cette liaison ? Vous savez, qui êtes-vous ? Quelles sont vos intentions ? Vos enfants vont grandir et vous quitter un jour — ne le savez-vous pas ? — exactement comme l'homme que vous avez piégé. Lui aussi va vous quitter. Qu'avez-vous fait ?

Vous n'avez pas dansé avec l'image dans le miroir et vous ne l'avez pas aimée. Il existe de belles femmes partout. Vous n'êtes pas uniques. Ce qui vous rend uniques — ce qui vous rend uniques — c'est lorsque vous comprenez ce que je vous dis : Vous êtes plus que votre corps et lorsque ceci devient l'ordre supérieur de votre existence, c'est alors que vous devenez uniques.

Et vous, les hommes, pourquoi vous trouvez-vous dans cette liaison ? Vous trouvez-vous dans cette liaison parce qu'elle vous excite sexuellement mais le reste du temps dans votre vie, elle n'est bonne à rien ? Jusqu'où allez-vous aller à sacrifier votre vie simplement pour la copulation ? Cela en vaut-il la peine ou bien craignez-vous que quelqu'un d'autre ne la prenne ? Eh bien, ne comprenez-vous pas qu'ils vont se retrouver dans la même pagaille que vous ? Ne voulez-vous pas partager cela ? Où est le problème ? Répandez la pagaille.

Si vous êtes là parce que c'est sexuel, ne prétendez pas alors que ce soit quelque chose d'autre car elle vous décevra toujours et, en outre, vous vous décevrez vous-même parce que ce n'est pas le fondement de l'union. Comment peut-on le savoir ? Essayez de vous abstenir pendant soixante jours et voyez comment cette liaison s'est poursuivie.

Cet homme est-il pour vous un billet pour le repas ? Cette femme est-elle un trésor ? L'est-elle réellement ? Si elle est un trésor, chacun des moments de votre journée est alors le fondement de l'union. Si l'un de vous deux trouve toujours quelque chose à redire sur l'autre, la raison en est que vous êtes une entité tellement faible, arriérée, ignorante, jalouse que vous ne pouvez pas poursuivre votre vie et vous départir de votre orientation sexuelle dans cette association. Vous ne méritez même pas d'avoir un nouveau partenaire. C'est ce que vous êtes. Si vous le réalisez, vous comprenez alors que cette relation n'a aucune valeur. Les reproches que j'adresse à cette personne représentent ma frustration sexuelle en action. Ce n'est rien d'autre. Ceci est stupide. Combien d'entre vous le comprennent ?

Eh quoi ! Essayez-vous de manifester un homme car il va être riche et prendra soin de vous le reste de votre vie ? Que vous est-il arrivé ? Économisez-vous votre cervelle et votre corps en sorte de le manipuler afin qu'il ramène la paye à la maison ? Est-ce ce que vous faites ?

Et vous ? Travaillez-vous toute la journée pour ramener la paye à la maison seulement pour avoir quelqu'un avec qui coucher la nuit ? Vous pourriez avoir des liaisons beaucoup moins compliquées avec les hôtesses qui font le trottoir qui ne vous demandent que quelques dollars et vous n'auriez pas les problèmes émotionnels qui vont avec.

Maintenant, je ne veux pas que vous vous sentiez coupable d'être dans votre liaison si telle en est la raison. Pourquoi ne dites-vous pas les choses telles qu'elles sont. Ce serait impeccable. Ce serait digne d'un maître. N'allez pas vous trouver une autre personne parce que vous ne faites que les utiliser. Et ne dites à personne que vous l'aimez si vous ne l'aimez pas. La meilleure réponse à cela, la voici : « Je ne sais pas ce que je ressens à ton égard car je ne sais pas ce que je ressens à mon propre égard. Et si je t'utilise et que la seule manière que tu peux être dans ma vie c'est au lit, je n'appelle pas cela de l'amour. Je n'appelle pas cela de l'amour, que ce soit pour moi ou pour toi. Je mentirais si je parlais autrement et, même si je suis une âme misérable, du moins cela va à l'encontre d'un aspect de ma moralité intérieure personnelle. »

Personne ici ne devrait vivre comme un animal. Il y a ici des femmes très malignes qui savent comment utiliser leur corps pour obtenir ce qu'elles veulent mais malheureusement, vous porterez le joug du désir des hommes à un prix. Il y a des hommes ici qui savent comment mentir aux femmes et les manipuler pour leur corps sans ne jamais avoir l'intention de vivre à la hauteur des rêves issus de leur étroitesse d'esprit. Vous ne devriez pas faire cela ; aucun d'entre vous ne devrait le faire.

L'impeccabilité débute même lorsque l'on est jeune. Et l'amour est une chose aux multiples splendeurs. Trouver un tel amour exige une vie de ce calibre de moralité et de vertu. Cela exige une entité qui refuse de vendre son corps ou son âme en contrepartie de toute espèce de confort. Cela exige une entité qui aime son âme, qui aime son Esprit et le corps qu'elle habite, un corps qui est pur à ses yeux. Peut-être que le monde se moque d'elles mais il existe d'autres maîtres dans le monde qui sont sur un grand chemin et qui ressentent les choses pareillement.

Je sais que je vous ai enseigné à partir de là d'où vous êtes Dieu et d'où vous manifestez votre vie. Vous pouvez faire tout ce que vous voulez. Mais je veux vous dire que ces choses qui sont des stigmates pour vous, qui vous font ressembler aux éléphants dans les sables mouvants, ceci est une de vos faiblesses et ce ne devrait pas l'être — ce devrait être une de vos forces ; je veux vous dire aussi que la plus belle liaison que vous puissiez avoir dans cette école en est une qui n'est pas fondée sur la popularité, qui n'est pas fondée sur le physique mais qui est fondée sur le fait de vous débarrasser de toutes les choses sans valeur : tous les amants, toutes les femmes et tous les hommes, de les mettre de côté même s'il est dans votre habitude de réclamer la camaraderie à grands cris.

Apprenez à être le danseur dans le miroir, faites-le, exercez-vous, apprenez à être cela. Vous n'allez pas savoir qui a levé la main, le miroir ou moi ? Est-ce moi qui ai levé la main ou était-ce seulement ma réflexion, à moins que ce ne soit la réflexion dans le miroir ? Si vous faites ceci, vous découvrirez l'intégrité dans chacun des sept sceaux. Vous découvrirez la pureté dans les sept sceaux. Vous découvrirez l'honnêteté. Et lorsque vous ferez ceci, vous ne pourrez vous empêcher d'aimer qui vous êtes. Il se peut qu'il n'y ait personne dans cette école qui vous apprécie. Ce n'est pas pour eux. C'est pour vous. C'est pour vous.

Qu'est-ce qui sépare la beauté ordinaire du fait d'être unique ? La force, la ténacité, l'originalité de la pensée, une femme qui est son propre pouvoir, son propre génie ; un homme qui est son propre gardien moral ; un homme qui ne vit pas dans le passé, dont l'intégrité n'a rien à voir avec le fait de répandre sa semence en sorte de prouver sa virilité mais qui ose rêver de concepts de pensées fantastiques.

Il se peut qu'il n'y ait personne pour vous dans cette école. C'est parce que vous devriez l'être pour vous-même.

La beauté ne se voit pas, pas plus que l'amour. C'est un état d'existence qui remonte à ce qui est spirituel en nous. Je parle des attributs spirituels, du caractère, du vin qui emplit le verre à l'inverse du verre seul.

Je veux que vous connaissiez tous le type d'amour dont je parle mais vous n'allez jamais le connaître à moins de regarder en face qui vous êtes. Et il y en a parmi vous qui êtes mariés depuis longtemps et la passion s'est depuis longtemps évanouie. L'amour aux multiples splendeurs, évanoui depuis longtemps, se trouva enfoui sous les responsabilités, les problèmes, les familles, les différences d'opinion, les amis, les problèmes d'argent et toutes les choses de ce genre. Votre rôle est de retirer toutes les pelures et de découvrir ce qui vous a attiré à être ensemble au début, de redécouvrir cet amour si sublime, si beau, si pur et si clair car il est donné à tous de se faire du souci mais il n'est pas donné à tous d'être aimé ou d'aimer.

Eh bien, mes bien-aimés, combien d'entre vous ont appris quelque chose ce soir même si c'est à contrecœur ? Vraiment ? Vraiment ? Croyez-vous donc que l'effet le plus remarquable de l'enseignement — croyez-vous que l'enseignement de ce soir, aussi cru, aussi poétique, aussi simple et aussi provocateur qu'il ait été — se pourrait-il que l'enseignement de ce soir vous ait amené à concevoir une vie plus noble, plus empreinte d'amour et de respect de soi et même une vie telle que celle dont nous avons célébré le souvenir un dimanche de Pâques, lors d'une matinée orageuse, alors que nous célébrions la vie d'un grand être ?

La vertu est une route ardue en un sens mais elle en vaut la peine. La vertu — la vertu — c'est l'honnêteté. La vertu, c'est la clarté. C'est ne pas utiliser qui que ce soit. Ce n'est pas vivre selon qui que ce soit. C'est être vrai envers soi-même. Toute la culpabilité que vous avez nourrie en vous, toutes les choses que vous avez faites aux autres sont des graines porteuses de maladie et ultimement, vous serez la cause de votre propre perte.

Le jour où nous nous ouvrons, où nous respirons clairement et où nous pardonnons à nos débiteurs, où nous pardonnons à ceux qui ont transgressé contre nous — pardonner, ce n'est pas réembrasser ; pardonner, c'est simplement les retirer de l'aspect de notre vue car celle-ci appartient au passé. Et lorsque nous pardonnons, nous permettons que le passé puisse reposer en paix et n'occupe plus ces moments précieux qui nous demandent instamment de renouveler notre vie et de devenir une autre personne, de nous réinventer, de nous donner naissance à nous-même d'une manière telle que personne ne nous permit jamais de le faire auparavant.

La liberté et la vertu sont une seule et même chose. Elles surviennent au prix et selon le bon gré de celui qui bénéficiera de ce privilège : la rude tâche de pardonner à vos ennemis et de laisser les choses mourir d'elles-mêmes, de nettoyer votre fenêtre, de pardonner à ceux qui ont transgressé, de pardonner la vision que vous aviez acceptée auparavant dans votre vie et qui vous a mené dans des eaux si troubles, aller jusqu'au bout de sa racine, pardonner et en être purifié et n'entretenir personne dans notre vie qui nous rappelle notre petitesse.

Chercher les ennuis, c'est quelque chose de terrible. C'est terrible de retourner dans le passé pour le déterrer car, ultimement, nous sommes à la fois le bourreau et le pendu. Je serai heureux, très heureux, lorsque vous apprendrez tous à vous réinventer vous-même et à ne pas devenir le mensonge mais plutôt à devenir ce que vous voulez être, intégralement et à vous aimer tellement vous-même que vous ne serez jamais plus abusés par quiconque, ne ressentant jamais non plus, au grand jamais, que vous l'ayez mérité et apprendrez à savoir et à demeurer en quête de ceci : « Je veux connaître l'amour comme une chose aux multiples splendeurs. Je peux être un animal mais, de naissance, je suis un homme et, de naissance, je suis une femme. Je veux connaître la qualité de ce que je suis. C'est ce que je veux connaître, ce à quoi je tends ; je veux le vivre en toute impeccabilité et ne pas m'accoupler comme un animal pour assurer la prochaine génération ; je veux que mes enfants soient issus d'une union qui soit si belle — si belle, si claire et si pure — je ne veux être un piège pour personne, ce qui mènerait à ne pas vivre à la hauteur de ce qui est attendu de moi en dehors du lit.

Il y a tellement à apprendre et cela en vaut pourtant la peine car cela vous rend immortels. Votre vie est longue, vos pensées plaisantes et profondes et pures de tout préjugé. Elles sont pures de toute culpabilité, honte et ignorance. Elles sont pures, comme celles des petits enfants.

Le Christ a dit que c'est seulement lorsque vous deviendrez comme l'un d'eux que vous pourrez entrer dans le royaume des cieux ; ceci est l'abolition de l'animal pour laisser place à l'existence féerique du pur Dieu, de la pure jeunesse, d'une clarté pure et sans préjugé. Et vous n'êtes jamais trop âgé pour ne pouvoir vous éveiller et redevenir jeune. Et vous n'êtes jamais trop mauvais pour ne pouvoir vous éveiller, réinventer et être vertueux.

Cette causerie de ce soir, elle est importante. Et oui, bien sûr, vous pourriez dire : « J'aurais pu trouver cela tout seul, » mais, si vous l'aviez fait, notre enseignement de ce soir aurait été beaucoup plus avancé. Je vous ai dit beaucoup de choses ce soir et, que vous soyez jeune ou vieux, il serait véritablement sage de votre part de les considérer en sorte de faire certains choix. Se chérir soi-même — se chérir — avez-vous jamais pensé à vous chérir vous-même ? Ceci est un concept unique. Et l'amour ? Eh bien, si vous avez vraiment de la chance et si vous le méritez, vous trouverez un danseur dans votre vie, dans le miroir, un danseur qui dansera avec vous et vous ne saurez pas — vous ne saurez pas — si c'est vous qui regardez une réflexion ou si vous-même n'en êtes qu'une. Qu'il en soit ainsi.

Faire l'amour, c'est bien, mais seulement lorsqu'il y a l'amour.

FINALE

L'élixir : L'amour en s'aimant soi-même

L'état de transe indéfinissable constitue la clef. Il représente le secret et une prime jamais véritablement identifiée comme telle. Malheureusement cet état est peu compris et les individus qui en revendiquent la connaissance et échafaudent des théories à son sujet s'avèrent fréquemment être responsables d'en faire un quelconque concept ésotérique, hors d'atteinte, nimbé de mystère et occulte qui saisit de peur et d'inquiétude les personnes.

Le phénomène de transe est, dans notre vie habituelle, un état plus courant que ce que nous croyons. Il ne constitue en rien un motif d'effroi et ne devrait pas être synonyme de sorcellerie ou de charlatanisme. Pour donner un exemple, il représente ce que les gens, quels que soient leur parcours de vie et leur culture, éprouvent à un moment ou à un autre de leur vie lorsqu'ils tombent amoureux. Ils deviennent figés sur place dans leur tête en pensant à l'autre personne, ce fantasme, ce rêve, qui les mettent comme en état de lévitation et donnent à leur vie toute sa signification. Ces personnes appellent cet état *être* amoureux.

Toutes les ressources de l'imagerie utilisée pour décrier l'état amoureux en chansons et en poésie — l'amour qui vous soulève, l'impression de flotter, de voler sans ailes, une sensation d'intemporalité ou d'immobilisation du temps, une beauté indescriptible, des couleurs devenant vivantes et fluides, une lumière surnaturelle, une vitalité sans limites, un élargissement du champ de conscience et une faculté de compréhension instantanée, la clarté, la paix, la joie, une inépuisable force intérieure, un état d'empathie avec les êtres extraordinaires, le rejet des cadres établis et des limitations, et ainsi de suite… — toutes ces choses caractérisent véritablement l'état de transe qu'est l'amour. Il est un état dynamique de créativité d'où fleurissent de nouvelles formes de vie. Dans ce profond état d'altération de conscience, les choix qui s'offrent n'ont aucune fixité, les défis et limitations ne sont jamais trop élevés pour ne pouvoir être surmontés. Rien ne semble impossible ou hors d'atteinte avec une telle présence d'esprit et une telle conscience de soi. Mais quand la vision s'est évanouie, l'état de transe disparaît également de même que l'acuité de jugement qui nous habitait auparavant. L'amour s'est flétri et s'est éteint

Nous constatons ainsi que l'état de transe et la notion que nous avons de notre véritable identité sont intimement liés et réagissent l'un sur l'autre d'une manière qui n'est pas communément perçue. Voilà la raison pour laquelle Ramtha dit sans cesse : « Tomber amoureux d'une autre personne, d'une autre créature humaine doit être la conséquence directe d'un préalable sentiment amoureux vis-à-vis de soi-même[1]. »

La vérité est qu'il se produit dans le corps tout un enchaînement d'émotion et de réactions chimiques étroitement lié au fait de tomber amoureux, mais nous devons rester attentif à ne pas confondre le véritable élixir avec les effets de notre chimie émotionnelle, genre action-réaction, qui revendiquent bruyamment dans notre tête notre attention. « Ainsi donc, au lieu de porter une couronne

1. *Finding Peace in Love*, Cassette 478 ed.

avec un millier d'épines, nous n'écoutons qu'une seule voix et cette voix unique est la voix de l'amour qui nous a conduit vers ce moment unificateur de notre vie. »

« Je connais cet ordre de choses », déclare Ramtha. « Je sais ainsi que vous êtes loin d'avoir utilisé toutes vos potentialités. Et plus que toute autre aspiration, je sais l'unique conquête qui vous est nécessaire et à laquelle, plus que toute autre chose dans votre vie, vous aspirez avidement ; cet appel impérieux de votre part consiste à connaître cet élixir nommé amour et qui nous donne vitalité — il nous donne, il ne nous prend pas — qui nous procure cette allégresse immortelle et cette paix intérieure nous permettant d'entendre une seule voix dans notre tête et non pas cinquante. C'est l'amour qui fait cela[2]. »

Observé attentivement, l'amour *n'est pas une émotion ;* il détermine des événements de caractère privé qu'il nous est alors possible de ressentir émotionnellement. Il est de la plus haute importance de nous en souvenir dans notre quête pour comprendre ce mystère. L'état amoureux est un subtil état d'être qui met de la couleur à notre environnement et sert de tremplin dans les situations que nous vivons, indépendamment de notre entourage ou de notre situation matérielle. Le point d'application de notre sentiment amoureux concentre notre toute première attention ; puis, lui succède cette sorte de voyage appelé la vie. aucune différence, en cela, avec la notion Socratique de « bien » — quelque subjective qu'en soit la définition — en tant que source suprême, objectif de félicité et amour de type platonique. Ainsi que Ramtha le dit explicitement, l'amour est « la colle cosmique qui donne consistance à toutes choses[3]. »

2. Idem.

Si précieux étant l'amour, on l'appelle l'élixir divin pour être l'unique image réfléchie de nous-même qui nous définisse comme des entités éternelles non susceptibles d'être décrites comme le fruit du hasard de la chimie ou d'une émotion physique. Ainsi que nous l'avons envisagé tout au long du présent ouvrage, nous sommes manifestement les acteurs et la source déterminant l'issue et la manifestation de la vie. Par le fait de l'amour, nous savons que nous sommes des êtres divins. Et tout comme l'amour permet de transcender toutes les limites de la réalité physique, de la même manière notre véritable nature essentielle est-elle de survivre à la mort et d'être capables de dépasser les limites de l'espoir et du temps. C'est par réaction à ce cadre que peut nous venir l'idée d'envisager la possibilité et le mécanisme du vieux concept de réincarnation ou, si vous préférez, de la notion de vie après la mort : « L'amour a rendu possible l'émergence de cet état de conscience exploratoire. Mais malheureusement, après quelques événements à caractère émotionnel, cet état devient figé dans la pierre avec, pour conséquences, que chacun cesse de progresser et qu'on reparle de réincarnation parce que nous épuisons nos corps, l'enseignement donné demeurant inappliqué[4]. »

Il n'y a aucun mystère caché ni ésotérique dans le phénomène de réincarnation ; ainsi que l'explique Ramtha : « Vous vous maintenez dans l'état de machine de théâtre, changeant de costume plus souvent que dans une pièce de Shakespeare. Vous menez vos corps jusqu'à l'épuisement et seul l'esprit poursuit sa route. »

« L'esprit ne meurt pas, jamais il ne disparaît. Toute réincarnation procède du besoin de poursuivre le cours

---

3. *The Emotional Body*, Cassette 9428.1 ed. (Yelm: Ramtha Dialogues, 1994).
4. *Finding Peace in Love*, Cassette 478 ed.

renouvelé de notre vie physique en menant celle-ci chaque fois à son terme et avec l'espoir final d'atteindre une conclusion de sagesse[5]. »

Nous voici donc désormais en présence d'une description plus complète de ce en quoi consiste cet élixir nommé amour. Il est la force invisible qui entretient les battements de notre cœur ainsi que la manifestation de la vie et de la nature en tous lieux. Il est la tribune et la scène de théâtre qui permet à la dramaturgie de notre vie d'exister et d'être interprétée. Il est l'amour en vous-même qui vous sera redistribué au cours de votre vie. Il est cette vision passionnante qui reflète vers nous quantité de raisons pour lesquelles nous sommes en vie. Il est le vin magique sur les lèvres et dans l'esprit des Dieux et Déesses pour inspirer les mortels qui viennent de commencer ce voyage de découverte de leur être intérieur.

Et la voix de la sagesse, en récompense des mérites d'une existence digne d'éloges, d'intervenir ici en remontant la nuit des temps : « Vous tous aspirez à l'amour, fontaine abondante, élixir suprême. C'est bien vrai, pour ce moment magique, nous sacrifierions notre vie, plusieurs fois de suite, pour le revivre ne fût-ce qu'une seule heure. L'amour est l'apex véritable, l'orgasme par excellence. » Mais gardez en mémoire la recommandation du Maître : « La quête commence par l'amour de soi-même[6]. »

Jaime F. Leal Anaya
Yelm, Washington
Printemps 2003

5. *Finding Peace in Love*, Cassette 478 ed.
6. Idem.

CHAPITRE 6

Impact sur la réincarnation

La vérité finit par régner

Au point où nous en sommes, vous devriez vous poser une question réellement importante : « Mon professeur, » pensez-vous, « m'enseigne ce qu'est l'amour. » Eh bien, je crois connaître la question. Vraiment ? Êtes-vous toujours avec la première personne à qui vous avez dit que vous étiez follement amoureux d'elle ? Alors, on doit ramener les choses à leur plus simple expression, à savoir que ce que vous avez fait en réalité c'est d'avoir un rapport sexuel avec cette personne et jusqu'à présent très peu d'entre vous ont dit la vérité à cette même personne. Vous ne leur avez pas dit : « Tu sais quoi ? Je t'ai menti quand je t'ai dit que je t'aimais. La réalité est que je voulais coucher avec toi. Je voulais que tu couches avec moi. »

Vous ne leur avez pas dit la vérité car ils croient toujours que vous les aimez. Et vous êtes voué à les rencontrer dans votre prochaine incarnation à cause de cela ; vous allez devoir leur dire la vérité parce que, vous voyez, sur quoi fut fondé mon enseignement ? Sur le fait de faire connaître l'inconnu et le fait que, grâce à la conscience et à l'énergie, nous créons un paradigme, nous le créons dans la masse en précipitant des particules en structures atomiques coagulées dans lesquelles nous sommes destinés à marcher dans notre corps émotionnel en sorte de faire l'expérience avec nos sens de ce que nous avons créé ; ceci accompli, l'expérience est enregistrée dans le cerveau. Cela met un terme au continuel besoin du corps émotionnel. Nous avons tout utilisé de manière appropriée. Nous avons tout utilisé de manière appropriée.

Vos amourettes vont se retrouver dans la vie suivante. Et, aussi subtil et aussi ordinaire que cela soit, vos mots sont loi si bien que vous allez de nouveau rencontrer ces personnes ; si vous ne leur dites pas la vérité maintenant, vous allez vous réincarner avec elles et ce même scénario va se reproduire.

La vérité nous mène à l'amour.

Vous savez que vous êtes sur la terre et vous dites : « Mais vous savez, la conscience est à l'amour libre aujourd'hui ; personne ne dit réellement ce qu'il pense. » Dites cela à un cœur brisé. Et c'est précisément cela que je vous demande de faire.

Nous découvrons donc que certains animaux nous sont supérieurs. Nous découvrons des animaux — des animaux — nous découvrons des animaux qui nous soient supérieurs, qui peuvent aimer éternellement. Nous découvrons qu'un ver peut se transformer en papillon, qu'il peut faire pousser des ailes à partir de son propre corps. J'ai toujours dit que la nature était au-delà de la conscience humaine ; elle l'est absolument. Vous pouvez dire que vous avez la jeunesse comme excuse — vous pouvez argumenter pour vos excuses — mais voici la question que je vous pose : pourquoi avez-vous toujours ces fantasmes ?

Nous voyons donc maintenant que l'amour sexuel, c'est être en chaleur. Nous découvrons que le deuxième sceau, c'est un amour paralysant, un amour paralysant. Cet amour-là ne recherche pas le sexe ; il recherche la compassion et l'attention qu'il considère devoir succéder à l'amour sexuel. Voyons, vous avez levé la main pour dire : « Écoutez, je me sentais absolument mal et voulais attirer l'attention sur moi. Je sais que je peux faire l'amour. Je sais que je peux faire cela, mais ne suis-je rien de plus que cela ? Et la personne avec laquelle je suis, est-ce tout ce que je pense d'elle ? La seule raison pour laquelle je pense à elle c'est quand je pense à ce que je vais lui faire au lit et, pour être franc, les quelques dernières fois, j'ai fantasmé sur d'autres choses et d'autres personnes. C'est simplement devenu une partie du corps au-dessus de laquelle mon esprit superpose des images. »

Ce n'est pas une mince affaire. Ce n'est pas une mince affaire. Au nom de l'amour, nous sommes devenus des hypocrites. Nous sommes devenus des profanateurs. Au lieu d'être stoïques, au lieu d'être abstinents, non, nous allons descendre à ce niveau-là, mais, dans la liberté de notre esprit silencieux, nous penserons à quelqu'un d'autre. Un maître ne fait pas cela. Vous savez ? Un aigle ne fait pas cela, absolument pas. Un papillon est devenu papillon parce que la seule pensée consciente qu'il ait eu en tant que ver après avoir festoyé fut de s'endormir et de se transformer. Cela, je ne le vois pas dans le monde, pas plus que vous ne le verrez. C'est ce qui porte au désenchantement. Et le monde dit qu'ils aiment ceci et qu'ils aiment cela. Ils n'aiment pas cela ; ils le désirent sexuellement. Nous voyons maintenant que la maladie est en réalité créée par le manque d'amour interprété comme de l'attention et de l'allégeance.

Et nous montons maintenant au troisième sceau, le pouvoir et la victime. C'est là que naissent les gourous, les prêtres, les ministres, les hommes politiques, les internationalistes des corporations, les gourous de la santé, les gourous de la beauté — nous trouvons là tous ceux qui sont arrivés — et qui, grâce à un certaine connaissance qu'ils possèdent, rassemblent des gens et leur enseignent comment maintenir le statu quo, se nourrissant d'eux en même temps. Ils vivent à leurs dépens ; ils en vivent. De telles personnes ne peuvent jamais prendre leur retraite, car s'ils le font, ils perdent leur moyen de subsistance. Et quel est l'amour que l'on porte à un tyran ? L'adulation et la dévotion. La dévotion est mère de l'ignorance. On trouve l'adulation, on trouve la dévotion, on trouve l'abandon de son pouvoir propre parce que c'est le ‘ kahuna ’ suprême, c'est l'amant suprême, c'est le libérateur suprême. « Cette personne va me délivrer de ma maladie, elle va me guérir de mon chagrin. » J'insiste, il y a des millions de personnes comme cela de par le monde. Toute personne qui veut être quelqu'un le sait. Ils sont malins. La seule chose qu'ils aient à faire, c'est d'être émeutier.

Eh bien, le troisième sceau, cela tourne autour de la croyance, de la religion, de la nationalité, des disparités sexuelles, de la politique. Cela tourne autour de tous ceux-là, les gourous, et qui d'autre encore, car vous êtes attirés par ces personnes qui sont l'amour ultime, le parent aimant dans votre vie. Les gens aiment leur candidat politique. Les gens aiment leur reine, leur roi.

Ces parasites, que font-ils ? Je veux dire, ils ne font rien pour secourir les personnes âgées et les malades. Ils leur prennent leur argent et vivent comme les reines et les rois.

Mais le pauvre miséreux affamé dans la rue est royaliste. Pourquoi ? Eh ! Pourquoi sont-ils royalistes ? Parce que, même s'ils n'ont rien à manger, ils vont chanter le « *God Save the Queen* », pas « Dieu sauve moi » mais « Dieu sauve la reine ». Offrez-lui un autre chapeau. Je veux dire, et que dire de — eh ! Je ne fais que commencer ! Je vous conseille de rester branché — que dire de tous ces princes et reines qui le sont de facto, vous savez, ils portent toutes ces médailles. Pour être plus précis, elles ne font que briller, vous savez. Je veux dire que pas une seule de ces médailles n'a été obtenue pour être mort pour quelqu'un d'autre. Pas un seul d'entre eux n'a combattu dans une guerre pour délivrer son peuple du mal. Pas un seul d'entre eux n'a jamais déboursé unilatéralement à quiconque pour marchandises, ni n'a fourni à tous l'accès aux soins du docteur de la cour royale pour leur bonne santé ni donné à tous les enfants le droit à la connaissance comparable à l'enseignement prodigué au prince, à la reine, au roi ou à la princesse. Et ils portent ces médailles ? D'où viennent-elles ? Je crois qu'elles venaient de chez Cartier et Fabergé. Bien sûr, c'est mon opinion. Ces médailles ne sont pas des médailles d'honneur ; ce sont des bijoux. Il n'y a pas un seul roi ou reine au pouvoir ou une seule famille au pouvoir qui ait délaissé sa demeure royale et qui ait vécu dans le logis de leur sujet le plus misérable ; s'ils l'avaient fait, ils mériteraient une médaille.

Pourquoi le font-ils ? Parce que, aussi misérables qu'ils soient, ils appartiennent à la Couronne. Ils appartiennent ; quelqu'un a besoin d'eux. Ils donneront tout ce qu'ils possèdent pour supporter un régime royaliste décadent afin que tous les princes et princesses et duchesses et ducs ou quelque soit le nom qu'on leur donne puissent se promener et jouer au polo toute la journée. Ils leur donneront et les applaudiront, ils travailleront très dur pour donner quatre-vingt pour cent de ce qu'ils gagnent à ces gens qui mangent du caviar par kilos. Et pourquoi ? Parce que leurs dirigeants les aiment parce que ce sont leurs dirigeants et sans eux, il n'y a pas de dirigeants.

Venons-en aux gourous et aux hommes politiques. Les gourous sont des chefs charismatiques ; le seul fait d'être en leur présence équivaut, pour un sujet, à se trouver en présence d'un roi ou d'une reine ; on leur a simplement donné maintenant le nom de gourou au lieu de celui de reine ou de roi. Et le roi et la reine ne peuvent rien faire de mal car cette personne les considère comme l'idéal, la bonté divine dans leur vie à laquelle ils apportent leur soutien. Il en est de même en ce qui concerne un gourou. Et nous tombons amoureux du pouvoir et de l'influence, de la célébrité, de la célébrité. Eh bien, si la dernière personne célèbre en date porte des vêtements de taille double-zéro, tout le monde devrait faire pareil car ce sont nos nouveaux dirigeants qu'il convient de suivre ; et si nous les suivons, nous serons aimés exactement comme nous les aimons.

Les étoiles du Rap sont des messages de sauvagerie et de dégénération mais ils sont adorés parce qu'ils sont dégénérés et sauvages. Mais personne ne comprend qu'ils font cela simplement pour se faire de l'argent et devenir célèbres en sorte d'acheter plus de cocaïne et de drogues et de les promouvoir parmi leurs électeurs.

La vérité finit donc par régner. Le temps nous préserve comme nous sommes préservés dans l'histoire. Et si vous avez une intention quelconque d'exercer un pouvoir sur un électorat, vous feriez bien de réfléchir à deux fois à ce que vous leur enseignez car, si ce que vous leur enseignez vise à les faire accéder au plus tôt à votre approbation, c'est ce qu'on appelle de l'amour hypocrite au niveau du troisième sceau, l'amour le plus puissant qui soit.

Permettez-moi de vous dire quelque chose : il y a eu des Républicains et des Démocrates qui ont été amoureux de leur parti respectif pendant plus longtemps qu'ils ne l'ont été de leur premier amour. Il y a les royalistes qui sont amoureux de leur roi et de leur reine et de leur famille royale et ont davantage de passion envers eux qu'ils n'en ont jamais eu envers leur premier ou second mariage. Il y a des gourous que les gens qui les suivent aiment bien plus passionnément qu'ils n'ont jamais aimé n'importe laquelle des personnes à qui ils ont dit : « Je t'aime ». Voilà un véritable orgasme ! Cela se passe au niveau du pouvoir et c'est ce qui crée la dynastie d'une famille royale, ce qui crée le gouvernement despotique, ce qui crée les dirigeants, ce qui crée les gourous religieux, ce qui crée les personnes célèbres qui n'ont aucune cervelle mais qui, du fait qu'ils portent des habits de taille double-zéro et ont treize ans, sont d'une manière ou d'une autre les sauveurs de l'humanité. Tout le monde leur abandonne leur pouvoir et c'est ce que veulent les corporations car, s'ils peuvent les employer et créer un précédent, ce sont eux qui ont un produit à vous vendre.

Ceci est puissant. Regardez-moi. Vous avez été fidèle à votre propre société plus longtemps qu'à votre premier « Je t'aime. » Telle est la puissance du troisième sceau.

Je n'en ai pas terminé. Ceci va devenir un enseignement mémorable. Ainsi, maîtres, revoyons ce que j'ai dit. Nous comprenons tous maintenant que l'amour sexuel ne dure que le temps de la chaleur de type animalier ; une fois passée, nous sommes en route vers une nouvelle session sans aucun remords, ni aucune espèce de considération. Tout simplement, nous ne sentons plus ce que nous ressentions pour cette personne. Eh bien, si c'est là la mesure de ce que nous ressentons pour quelqu'un et si nous vendons notre âme pour obtenir ce que nous voulons, cette personne compte pour moins que rien dans notre vie et nous-même ne sommes que de folles herbes dans le vent. Nous avons découvert que nous agissons comme les animaux, sauf qu'il existe des animaux dans le royaume de la nature qui nous sont supérieurs, qui sont mieux organisés, plus précis et qui ont des connaissances et des facultés de décision plus grandes que les nôtres. Quelle expérience humiliante ! Mais c'est la vérité.

Après l'amour sexuel qui dure tant que l'on est en chaleur, on en arrive à l'amour-besoin, l'attention du deuxième sceau. On est capable des plus grands extrêmes en sorte que les autres aient des sentiments à notre égard, pour leur faire payer cher leur indifférence ; nous devenons un fardeau de compassion, organisant totalement notre vie autour de notre maladie et la richesse qu'elle nous procure sans comprendre ni vouloir comprendre les conséquences d'une telle décision pour notre vie à long terme, notre vie génétique basée sur un esprit et une émotion fermes et décidés. Mais nous — nous, vous, car j'ai, moi, ma propre histoire là-dessus — vous ferez n'importe quoi pour attirer la sympathie, la compassion et l'attention même au risque de votre santé physique et de votre bien-être. Et une fois cela évanoui, nous ne comprenons pas — vous ne comprenez pas les conséquences qu'il y a à essayer de garder un amoureux frivole qui n'est rien de plus dans votre vie que la chaleur sexuelle, les conséquences à long terme sur la santé mentale et la santé physique. Tel un papillon attiré par une flamme, cela démontre la puissance magique de l'amour. Et tout en ce faisant, cela n'a été que pure hypocrisie. Cela a été une décision prise aux dépens des conséquences sur votre propre santé.

Et on en arrive alors au troisième sceau, une étape de plus, un esprit tordu, le raffinement sur la nature humaine et les besoins des gens et la faculté de se positionner parmi les rangs allant du roi — dans une réunion entre amis ou voisins, il faut que vous soyez le centre d'intérêt — au voisinage, à la ville dans le domaine social et politique, au comté et à la politique du comté, cherchant à attirer le maximum d'attention, faisant les promesses les plus belles, distribuant à tous le plus grand nombre de « je vous aime » dans le seul but d'obtenir votre vote suivi de « je vais vous laisser tomber après vous avoir eu », cela jusqu'au vote au niveau de l'état ou de la nation. C'est la même chose. Le premier sceau établit le rythme auquel s'ajustent les deux autres sceaux impliqués dans la triade à trois sceaux de la nature humaine.

Tous les hommes politiques sont des amants du premier sceau agissant sur la masse. Tous les rois, les reines, les nobles sont des amants du deuxième sceau occupant la troisième place. Tous les tyrans à titre personnel ont un effet qui dégouline de manière semblable dans votre vie personnelle.

Parlons maintenant de l'amour : y a-t-il une seule personne dans ce groupe — allant du gourou, au président, à la reine et au roi, à l'amant d'antan et parmi cela la maladie, le mécontentement et le chagrin — y en a-t-il une seule qui ait fait preuve d'amour ou bien s'agissait-il de l'instinct de survivre ? Veuillez vous tourner vers votre voisin et répondre à la question. Je veux juste m'assurer que nous ayons votre réponse sous forme orale. Les amants antérieurs ne sont pas présents ce soir mais les vieilles actions le sont. Combien d'entre vous ont entendu ce que je viens de dire ? Les vieux amants ne sont pas présents ce soir mais les vieilles actions le sont.

L'amour semble alors totalement échapper aux prêtres, aux ministres — du moins selon mes enseignements — aux rois, reines, duchesses et ducs, de même qu'aux premiers ministres et aux Républicains et aux Démocrates et aux présidents, aux Musulmans et aux Juifs et aux Chrétiens et aux athées et aux dictatures. Quand on les considère tous, y en a-t-il un seul qui ait fait preuve d'amour ? Ainsi, je voudrais que vous vous demandiez à quel point vous êtes vous-même alignés au modèle du groupe social auquel vous appartenez ?

Pourquoi vos parents aimaient-ils Dieu ? Parce qu'ils en avaient peur. Ils cessèrent de vivre parce qu'ils en avaient peur. Il était celui qui donne la vie mais ils refusèrent de vivre la vie parce qu'ils vivaient dans la crainte de celui qui donne la vie et qui prend. Ceci est un remède puissant, très puissant, dans les mains de la religion, des gouvernements et des hommes politiques.

C'est un nouveau jour, ce fut un nouveau jour, quand je suis venu ici et que j'ai commencé avec une poignée de gens. Ce fut un nouveau jour quand le message du Christ prit une signification non pas surréaliste mais véritable et profonde, celle d'appartenir absolument, non pas d'adorer, celle de faire partie intégrante de la vie d'amour et du don d'amour.

Si Dieu est amour — si Dieu est amour — nous ne connaîtrions pas les dissensions existant entre l'homme et l'homme, ou entre la femme et la femme. Si Dieu est amour, nous serions en accord avec les statuts de la nature dans son élan vers l'évolution. La nature est très cruelle ; c'est la loi du plus fort. Mais le fait que la femelle aigle refuse de s'accoupler parce que l'amour de sa vie a été assassiné ne signifie pas qu'elle ne survivra pas ; en effet ce qu'elle est garantit que le petit nombre appartenant à son espèce démontre la rareté et la beauté de son caractère parmi les hordes de ce qu'on appelle les animaux des plaines qui sont végétariens et mangent, mangent, mangent, mangent et s'accouplent, s'accouplent, s'accouplent sans qu'il n'existe aucune unité familiale ni aucun besoin d'aimer. Laissez-moi vous dire cela : il suffit de quatre gnous pour tuer un lion qui attaquerait un membre de leur clan mais ils ne le font jamais. Emplis de terreur, ils s'enfuient, laissant les lions assassiner leur fille, leur fils, leur mari, leur femme, leur grand-mère ; ils les laissent périr. C'est horrible, horrible. Toute personne qui verrait cela devrait en grimacer de dégoût.

Par contre, si vous attaquez un aigle, son compagnon viendra à son secours et vous aurez à vous battre contre deux au lieu d'un seul. Dans sa fierté, aucun lion ne se soucie de ses petits. Si une de ses mâchoires est brisée par un zèbre, ils s'en moquent ; ils les laisseront mourir. Pour ma part, je ne considère pas cela une preuve de noblesse ou d'amour ; mais vous, vous dites que c'est de l'amour parce que c'est sexuel. Vous avez un homme dominant ; pour quelle raison voudriez-vous avoir un homme dominant s'il ne vous défendra même pas, s'il ne prendra pas soin de vous lorsque vous êtes malade ; on peut espérer que vous avez suffisamment d'amour et suffisamment de compassion pour ne jamais tomber malade car vous êtes comblés de plénitude dans votre vie et la seule chose que vous ayez à craindre, ce sont les gens qui essaient de vous détruire.

Je connais bien les prédateurs. J'ai moi-même été un prédateur. Je connais leur manière de penser. Je sais exactement comment mener les gens. Je sais exactement comment avancer contre des gens. Je connais les faiblesses humaines. Pourquoi ? Parce que j'ai vu le comble de ce qu'ils sont. Je les connais. Et au lieu de m'étendre sur le sol et de mourir en disant : « Eh bien, c'est ma destinée, c'est ainsi que Dieu m'a fait — je suis juste un lépreux, je suis juste un despote, un chef menteur et faux — je ne me sens bien que lorsque j'ai des gens autour de moi qui me comblent en sorte que je puisse leur servir ma rhétorique que je ne vis même pas moi-même » — je connais la nature humaine. Je l'ai étudiée durant toute ma vie. C'était crucial pour moi parce que je voulais détruire tout ce que le Dieu de mon peuple avait fait et abandonné. Je considérais que le Dieu Inconnu avait abandonné ma mère, mon peuple, la Lémurie et qu'il avait fait cela pour ce lot d'imbéciles despotiques au visage rouge ici et sur la lune et sur Mars ou Dieu sait où. Ce fut un petit garçon qui se dressa et dit non. La Lémurie donna naissance à un aigle qui dit non, non pas à l'âge de quarante-deux ans ni de cinquante mais à l'âge de quatorze ans. À quatorze ans, j'apprenais à manier une épée ainsi qu'à regarder et à observer les gens parce que je voulais exercer une vengeance. J'étais amoureux de la vengeance.

Vous voyez, c'est la raison pour laquelle je comprends le pouvoir et la raison pour laquelle je comprends le troisième sceau et tout ce qui en découle ; en comparaison avec le pouvoir du troisième sceau, le premier sceau est faible. La raison en est que, sauf pour quelques-uns d'entre vous, vous avez tous succombé au mensonge de l'amour dans le seul but d'avoir un rapport sexuel avec quelqu'un. Vous avez prostitué votre vérité personnelle, vos valeurs personnelles en tant qu'être humain ; vous avez prostitué la valeur d'un autre être humain en leur mentant et en leur tenant des propos sacrés en sorte qu'ils vous croient et vous fassent confiance. Et même si c'étaient des imbéciles et s'ils étaient innocents, personne ne devrait jamais tirer profit de l'innocence.

Je connais ces choses. Je sais ce que c'est que d'être Dieu et je sais ce que c'est que d'être un conquérant et je sais ce que c'est que d'étudier les gens, hommes et femmes. Je vous connais tous. Je connais toutes les choses auxquelles vous êtes attachés, je connais toutes les choses sur lesquelles vous vous trouvez formidables et je connais tous les mensonges que vous faites. Et je connais aussi tous les potentiels que vous n'avez pas utilisés et je connais plus que tout la seule et unique chose dont vous avez besoin et que vous voulez plus désespérément que toute autre dans votre vie : c'est de connaître cet élixir nommé amour qui nous donne une vitalité — qui nous donne, qui ne nous prend rien — qui nous donne cette joie et cette paix d'esprit éternelles qui nous permettent d'avoir une seule voix dans notre tête et non pas cinquante. L'amour fait cela.

Nous avons toutes les voix qui parlent dans notre tête ; nous n'avons pas d'amour dans notre vie. Nous n'avons que ce que nous avons fait et ce que nous craignons de faire. Et nous avons accumulé toutes ces voix en faisant cela à tout le monde. Nous sommes des menteurs, nous sommes des tricheurs, nous sommes des imposteurs et le seul fait de tromper quelqu'un crée une voix dans votre tête. Le seul acte de contempler une conquête, de manœuvrer et de mentir à quelqu'un pour avoir accès à une partie de leur corps crée une voix car c'est une expérience qui est désormais complète et elle a désormais son mot à dire. Ainsi, au lieu de porter une couronne aux mille épines, nous avons une voix unique, une voix unique qui est l'amour qui nous a conduit à ce moment de notre vie où nous sommes unifiés.

La racine de toutes maladies — le manque d'amour

Regardez-moi. Vous dites : « Je n'ai pas besoin d'amour. » D'accord. Eh bien, si vous n'avez pas besoin d'amour, pourquoi blâmez-vous vos parents, vos amis, les lieux où vous vous trouvez, pourquoi prenez-vous des drogues, pourquoi vous piquez-vous, pourquoi prenez-vous de l' « Ecstasy », pourquoi fumez-vous de la marijuana, pourquoi mangez-vous par excès, pourquoi vous faites-vous mourir de faim, pourquoi regardez-vous de la pornographie ? Pourquoi faites-vous de telles choses ? Pour obtenir de l'attention, de l'attention.

Voilà ce que vous dites de la personne qui vous a cru quand vous lui avez dit que vous l'aimiez : « Eh bien, c'est leur faute parce qu'ils ont cru ce que j'ai dit. » Eh bien, le pouvoir se trouvait entre vos mains et vous n'avez pas refusé de vous en servir. Vous en avez profité. Ce qui vous a humilié et que vous verrez à l'heure de votre mort, c'est le fait que vous ayez profité de la confiance que vous avait accordé un autre être humain non pas au nom de Dieu — Dieu ne blasphème pas, Dieu est incapable de blasphémer — mais au nom de l'amour.

Nous en voici arrivés — Si je n'ai pas réussi à vous convaincre avec mes questions, mes enseignements et, bien sûr, vos réponses à votre partenaire, si l'amour n'est pas important, il se pourrait que la quête pour le Graal ait été le fait de la descendance de Jésus Christ, mais il se trouve que le Graal comportait une grande quête qui était l'élixir du colibri, l'élixir d'or de ce sentiment magique, l'amour.

Soyez assurés ce soir que si vous avez créé votre maladie pour obtenir de l'attention, vous l'avez fait à cause du manque d'amour. Mais comprenez aussi qu'à tout moment où vous n'allez pas à l'extérieur de vous pour en assouvir le besoin, il peut être accompli en vous-même.

En conséquence, comme dans mes enseignements destinés aux débutants il y a de nombreuses années, il s'agit non seulement du fait que vous êtes Dieu mais que vous devez vous aimer vous-même comme vous avez aimé les autres. Et bien sûr, nous aboutissons alors à la manière d'opérer au tréfonds de tout, à savoir que votre manière d'aimer les autres a été de fantasmer sur eux, de répandre votre semence ; vous leur avez menti comme vous vous mentez à vous-même ; tout ce que vous faites, vous le faites à vous-même. Un être qui apprend à s'aimer lui-même suit un chemin difficile, maîtres, parce que, souvenez-vous, les voix font ceci[1] et ce que vous aimez peut-être ici va

1. Qui réclament l'attention et la suprématie dans notre tête.

rencontrer des objections ici, ce que vous aimez ici va rencontrer là des objections. C'est pourquoi il y a tant de voix : c'est parce que vous en aimez certaines et en haïssez d'autres alors qu'en vérité vous les avez toutes aimées à leur en donner l'existence parce que vous les avez faites ; vous avez insufflé en elles le souffle de vie. Vous avez créé dans votre cerveau ce neuronet qui vous fait vouloir l'amour.

Ainsi, un homme qui dit à une femme qu'il est amoureux d'elle alors que, à l'arrière de son cerveau, une seule chose l'intéresse et il ne peut s'en empêcher — Et c'est précisément ce qu'elle veut entendre ; au bout d'un certain temps, ils ont des bébés et ils se marient. Et une fois qu'ils vivent ensemble, il se rend compte qu'il commence à faire l'amour à une femme sur laquelle il entretient des fantasmes. Autrement dit, il ne lui fait plus l'amour à elle et peut-être qu'elle n'est pas avec lui ; peut-être qu'elle est en train de préparer le petit-déjeuner. On en arrive alors au « Kuma Satra » ou au *Kama Sutra*, peu importe le nom qu'on lui donne, à l'art d'obtenir gratification de votre partenaire. S'il vous faut apprendre comment gratifier quelqu'un à l'aide de plumes, de cloches et de sifflets, vous n'êtes décidément pas amoureux de cette personne. Et c'est mon avis que la nature a très bien fait les choses en sachant comment vous exciter. Je ne suis pas d'avis qu'il y ait besoin d'aucune aide extérieure. Si tel est le cas, il est clair que nous ne sommes pas excités. Combien d'entre vous comprennent ceci ? Merci. Qu'il en soit ainsi.

Il y en a beaucoup parmi vous qui sont coincés avec des personnes qui sont juste sexuelles. Beaucoup d'entre vous sont coincés avec des personnes de pitié. Vous aimez cette personne mais vous sentiez comme de la pitié pour elle et du fait de votre compassion vous voilà totalement comme irrésistiblement aspirés à devoir prendre soin d'eux — toutes leurs maladies, tous leurs traumatismes, quoi que ce soit — parce que cela interpelle votre capacité à la compassion. Cette personne va-t-elle guérir ? Non, non, non. Si, en étant malade, votre intention est d'obtenir de l'amour, il y a de grandes chances pour que vous interprétiez l'attention comme étant de l'amour au point où guérir vous coûterait cette attention. Cela vous semble-t-il logique ?

Vous trouvez-vous dans une relation de compassion ? Si tel est le cas, vous n'allez jamais être guéri. Si vous êtes dans une relation de compréhension, vous ne guérirez jamais car la compréhension cesserait le jour où vous guérissez.

Combien d'entre vous voient la logique de cela ? Souvenez-vous, l'attitude c'est tout. Cela vous semble logique ? Combien d'entre vous comprennent pourquoi certaines personnes ne guérissent jamais dans cette école ? C'est parce qu'ils sont dépendants du scénario de ce que leur procure leur maladie et, en fin de compte quels que soient les adages, cela peut se réduire en un mot : l'amour. Ils tomberont malades et mourront, simplement pour récupérer quelques restes sur la table en sorte d'obtenir cette attention, cette nourriture, cette gentillesse et cette compassion.

Maintenant vous comprenez, mais combien d'entre vous ne comprenaient pas auparavant toutes ces personnes qui sont malades dans mon école de même que toutes les personnes obèses et excessivement maigres, toutes celles qui prennent de la drogue ? Combien d'entre vous ne comprenaient pas auparavant toutes les personnes qui s'accrochaient à d'autres résolument adultères ? Cela vous était incompréhensible ? Savez-vous pourquoi vous ne compreniez pas ? Parce que vous croyiez que vous étiez le seul dans cet auditoire à avoir des problèmes si bien que vous n'avez jamais regardé personne d'autre ; vous n'avez jamais regardé que vous-même. Ce n'est pas de l'amour, mon cher ; cela s'appelle se tromper soi-même. Ce n'est pas de l'amour, mon cher.

Vous ne saviez pas cela. La seule chose que vous vouliez, c'était de les ignorer car vous ne pouviez pas les aider et vous saviez que vous ne pouviez pas les aider et, de plus, vous saviez que vous ne vous intéressiez à eux que lorsque vous aviez une importance dans leur vie et lorsqu'ils avaient une quelconque importance pour vous. Mais si vous ne pouvez pas les aider, vous les ignorez au lieu d'aller vers eux et de leur dire : « Tu sais ce qui ne va pas ? Tu as besoin d'attention. Que pourrait-on faire pour que tu aies de l'attention ? » Ce que je veux dire, c'est que tous ces fantasmes sur la mort, toute cette maladie, n'existent que pour obtenir de l'attention ; si les personnes qui sont dans votre vie ne vous apportent rien, débarrassez-vous en — Sors d'ici, vas aux Barbades et passe y un mois à te soûler, dépense y tout ton argent et danse sur les tables.

Si j'étais réellement quelqu'un de malade, ce que je ne suis pas, je comprendrais ceci à mon sujet : je comprendrais que je ne m'aime pas moi-même et que je dépends de quelqu'un qui m'offre la réflexion de cet amour, ce qui me permet de le ressentir ; lorsque le miroir ne réfléchit pas la lumière du soleil, je cherche dans l'obscurité afin d'y trouver les reflets de la lumière. Si je savais cela à mon sujet, si je savais que l'attitude est tout, je me dirais : « Tu sais ! Tu es malade en ce moment parce que tu cherchais désespérément l'attention de quelqu'un. Votre fierté, ma fierté, fut si grande que je ne pus jamais admettre une telle chose mais je la ressentais inconsciemment. Je me sentais handicapé par l'échec de ma philosophie personnelle et par besoin d'attention. » Si je savais cela à mon sujet et si je savais que chaque battement de mon coeur était le compte à rebours de ma mort, n'ayant plus qu'un certain nombre de battements dans ma vie me permettant d'être cet être humain dans ce corps — avec ce visage, ce corps, ces mains, ces yeux, ce cœur, cet esprit — je plaquerais tout et tout le monde et irais faire la fête, m'amuser comme je ne l'ai jamais fait jusqu'à les en oublier totalement. Et après être redevenu sobre après ces festivités, ma gueule de bois passée, je me sentirais mieux que je ne me suis jamais senti dans ma vie entière.

Oh, oh, oh, oh, ceci n'est pas spirituel ? Que croyez-vous savoir de la spiritualité ? Vous traitez la spiritualité comme un sujet séparé de votre vie alors qu'en fait tout est Esprit, y compris votre attitude, votre corps et votre environnement. Vous ne vous aimez pas vous-même lorsque vous en êtes rendus à tomber malade pour obtenir de l'attention. Vous êtes impuissant. Et la seule personne que vous allumez — qui donc allumez-vous ? — c'est votre corps. Honte à vous ! Honte à vous ! Aucun visage aussi beau soit-il, aucun corps aussi beau soit-il et aucun montant d'argent ne vaut la peine qu'on meure. Personne. Ceci n'est pas un signe d'amour de soi.

Toute maladie est inévitablement liée au manque d'amour. Et ce qu'on nous apprend c'est qu'on obtient l'amour en obtenant l'attention des autres et nous sommes tous des putains — vous du moins — et vous êtes des proxénètes, tout cela pour être un peu touché, un peu excité, pour connaître quelque nudité et quelque intimité. Il ne s'agit pas de cela.

Le pouvoir — l'orgasme ultime

Maintenant, si le pouvoir — et comme le dit l'ancien axiome, le pouvoir absolu corrompt absolument, alors le suprême orgasme n'est pas l'orgasme sexuel mais le pouvoir absolu. C'est l'orgasme le plus durable et ceux qui détiennent le pouvoir absolu connaissent un déluge absolu d'activité orgasmique aussi longtemps que se perpétue leur règne. Sans compter le prélude et les caresses, un orgasme dure environ quatre assauts. On sait même à peine quand il a débuté et où il s'est terminé, mais il a eu lieu ; c'en est fait. Il est suivi de respirations lourdes et poisseuses. « Et je n'ai même pas terminé de préparer le petit-déjeuner. »

Mais diriger des gens, être charismatique, diriger des gens, les instruire, leur enseigner, c'est toujours cela l'orgasme ultime de tout dirigeant — l'orgasme ultime — et tout le reste, que ce soit le premier ou le deuxième sceau, n'est rien en comparaison. Le pouvoir est absolu. C'est cela le grand orgasme. Comment utilisez-vous cela dans votre vie ? D'une myriade de différentes façons. Vous abusez de votre pouvoir en tant que parent, vous abusez de votre pouvoir en tant qu'amant, vous abusez de votre pouvoir en tant que chef spirituel si vous êtes corrompu de part en part ; vous abusez de vous-même et des autres. Et la seule raison pour laquelle vous êtes un professeur est que les autres vont vous prêter attention et s'ils vous prêtent attention ils abandonnent leur focalisation entre vos mains, ils abdiquent, réfléchissez à cela. Voilà du pouvoir. C'est la raison pour laquelle tout le monde veut être célèbre car tout le monde sera alors tourné vers eux, ils vont gagner tout cet argent, ils seront riches et ils seront aimés par le monde. Et les gourous font de même car ils ne peuvent se passer du pouvoir. Ils n'ont pas la moindre notion de ce qu'est Dieu. Tout gourou qui crée un adepte ne connaît rien de Dieu. Ils ne connaissent que leur besoin d'être en position de pouvoir.

Eh bien, si tout le monde disait la vérité, il n'y aurait pas de montres du pouvoir.

Maintenant, je veux que vous regardiez — et du fait que j'y ai fait allusion, vous allez en avoir la manifestation dans votre vie — je veux que vous regardiez votre partenaire et considériez l'attitude que vous avez eu envers lui, que vous considériez combien de fois vous n'avez pas été présent avec ce partenaire car votre expérience était basée sur les trois premiers sceaux ou les deux premiers sceaux. Qu'il en soit ainsi.

Même les gourous ont besoin d'amour. Et même si le pouvoir corrompt absolument, en fin de compte, lorsque vous avez tout ce dont vous avez considéré avoir besoin, vous mourez toujours seul et vide, absolument insatisfait, jamais satisfait, jamais satisfait. La soif n'est jamais étanchée.

Qu'est-ce donc que l'amour ? Eh bien, ce n'était absolument aucune de ces choses. C'est comme si —

comme si — un aspect supérieur de notre être nous permettait de jouer à ce jeu que nous avons pris trop légèrement ou trop sérieusement et que ce qui nous a permis de jouer le jeu était celui qui avait les cartes en main. Cette discussion n'est-elle pas à propos ?

Vous savez, on parle des voix. Ce que je veux dire, c'est que vous avez tous dit : « Je t'aime et j'ai véritablement besoin de toi, » et combien d'entre vous étaient conscients, alors que vous disiez cela, que quelque chose à l'intérieur de vous savait que vous ne disiez pas la vérité ? Levez la main. Merci de votre honnêteté. C'est rafraîchissant. Cela ne vous donne pas le frisson de savoir que votre personnalité dit quelque chose et de prendre ensuite conscience de quelque chose qui sait que ce n'est pas vrai ? Cela ne vous donne pas le frisson ?

Étudiant : Oui et c'est plein d'espoir.

Ramtha : Vous savez, elle a raison. Combien de vous vivent ce soir la voix unique au lieu des voix multiples ?

Écoutez maintenant. L'amour est une chose aux multiples splendeurs. C'est comme un diamant aux multiples facettes. Mais pour aimer un diamant nous ne pouvons pas en aimer les facettes mais plutôt le cœur de la pierre qui lui donne sa force et lui permet d'être ainsi taillé, rasé et lui permet de réfléchir la lumière, juste pour l'expérience. La beauté d'un diamant est son centre qui est sans défaut.

La vie vous a été donnée par amour

Mon sermon était très passionné lors de ma première apparition ici, alors que je pouvais à peine parler cette langue. Mon sermon était très passionné. Il l'est toujours aujourd'hui. Et le sermon était que vous êtes aimés et que vous êtes des Dieux et que la vie nous a été donnée par amour, privilège que nous gaspillons à cause de notre dépendance envers notre corps, notre dépendance envers nos émotions et notre dépendance envers de faux neuronets dans le cerveau, des démons dans le cerveau qui font que ce que vous avez fait dans le passé semble maintenant prédéterminer l'avenir. Si cela est vrai, aucun d'entre vous n'a d'avenir. Cela ne peut être davantage que la même chose.

Comment donc découvrons-nous l'amour ? Dans les trois premiers sceaux, l'anatomie de notre esprit et de notre conscience est la suivante : Nous possédons un superbe champ de conscience qui œuvre dans le cerveau pour les rêves et nous possédons également dans le cerveau une anatomie de conscience et d'esprit qui œuvre pour l'échec, qui œuvre pour douter, qui veut se souvenir et ne va jamais de l'avant. La partie du cerveau qui fait cela est celle qui contrôle directement le corps émotionnel.

Dans nos progrès maladroits, l'amour ne serait donc pas l'amour de notre jeunesse et, souvent, non plus que l'amour de nos années d'âge mûr. Mais lorsque nous avançons dans la vie, les personnes âgées, et j'en suis une, connaissent une grâce du fait que, les hormones cessant d'alimenter les trois premiers sceaux, il se produit une relaxation au niveau de l'esprit. Si les hormones n'agissent plus sur le premier sceau, ne causent plus de maladies au niveau du deuxième sceau ou ne cherchent même plus à se faire entendre au niveau du troisième sceau, si ces hormones, du fait de l'âge ou de changements cycliques de la vie, sont inactivées, quelle en est la répercussion sur ceci ? Et si vieillir nous donne une sentiment de satisfaction concernant notre jeunesse, si vieillir nous amène à un point de sagesse absolue, si vieillir nous amène à un point où nous ne sommes plus jamais jaloux de quiconque — nous ne nous sentons plus en compétition envers quiconque, nous ne nous efforçons plus d'être meilleurs que qui que ce soit — si vieillir nous transforme en grand-mères et en grand-pères dont le cœur est chaud, le ventre confortable, les bras forts et les cheveux aussi blanc que neige, ce que cela nous a donné en ayant éliminé nos hormones animalières, c'est un état de grâce, état de grâce dans lequel, ne vivant plus selon les hormones du corps, notre vision de la vie est devenue claire. Et bien sûr, nous n'atteignons cet état que dans les seuls domaines où nous avons été impliqués dans la vie.

Ainsi, si nous sommes seulement impliqués dans un certain secteur de la vie, si nous ne sommes impliqués que dans la religion, si nous sommes impliqués seulement dans les problèmes et les difficultés, dans l'établissement d'une famille ou à vivre selon des croyances et une culture, nous en arrivons au point où — au point où — à l'âge d'or, nous renonçons. Au plus profond de notre cœur, nous renonçons parce que nous voyons que la force agissante de la religion elle-même était de contrôler nos hormones. Nous voyons en vérité que la maladie était la force agissante de notre besoin de nous faire entendre doucement mais fortement. Nous voyons comment, imbu du sens de notre puissance, résolu et direct, nous étions en réalité implacable et impitoyable, voulant que tout le monde croie en nous et nous n'avions jamais tort. Toute personne d'un certain âge réalise cela et réalise également que ces comportements sont dictés par les hormones.

Selon la nature de leurs expériences passées, quand ils deviennent vieux, ils perçoivent tout comme s'ils étaient à nouveau des petits enfants mais avec le poids de la sagesse en sus et ils ne font preuve de complaisance qu'envers les idéaux qu'ils ont eux-mêmes été responsables de promouvoir au sein de leur propre famille. Bien peu d'entre eux ont la franchise de dire : « J'ai été un imbécile, n'aie jamais ce genre de croyances ; » Bienheureux ceux qui le font !

Vieillir élève ainsi de façon absolue, procure la sagesse absolue, la capacité de regarder tout le monde et de ne jamais voir quiconque comme une opportunité sexuelle — imaginez cela — regarder tout le monde et ne jamais plus voir quiconque comme une opportunité sexuelle, regarder les gens et penser : « Mon Dieu, je ne serais jamais malade au point d'en faire porter le fardeau à mes enfants mais il est clair que, pour attirer l'attention des autres, je l'ai fait quand j'étais jeune ; maintenant, je ne veux pas faire cela à mes enfants. » Toute personne âgée ne veut faire porter aucun fardeau à ses enfants. Vous savez pourquoi ? Parce que c'est ce qu'ils ont fait quand ils étaient jeunes. Ils ont acquis la sagesse de comprendre cela. C'est magnifique. L'amour propre, la sagesse personnelle, toutes deux sont merveilleuses.

Et le pouvoir ? Ils ne jouent plus ce jeu-là. Ils ne jouent plus ce jeu-là ; cela n'a plus aucun sens pour eux. La paix : se réveiller tous les matins est quelque chose de remarquable, avoir dormi tout la nuit sans douleur ni insomnie ni inconfort, se réveiller tous les matins et bouger dans le seul but de voir le soleil ou la pluie, c'est cela qui est la chose la plus importante. Et ils se disent, « Mince, pourquoi n'ai-je pas fait cela quand j'étais jeune ? » C'est ce qu'ils pensent. « Pourquoi n'ai-je pas fait cela quand j'étais jeune ? Pourquoi ? » Et ils tournent en rond . Voilà des gens qui savent totalement vivre dans le moment. C'est la raison pour laquelle les petits-enfants aiment leurs grands-parents. Ils aiment leurs grands-parents parce que leurs grands-parents vivent dans le moment. Ils ne sont plus jeunes ; ils ne sont plus sexuels. Ils ne souffrent pas ; ils ne veulent pas souffrir. Ils veulent se lever tous les matins, ils veulent préparer eux-mêmes leur nourriture et dormir toute la nuit. Il se peut que ces personnes aient souffert jadis, mais ils ne veulent pas souffrir maintenant. Cela est en train de se produire.

Et sont-ils autoritaires ? Non, ils comprennent que personne ne les écoute plus si bien que leur besoin de pouvoir se transforme en amour, à moins que ce ne soit en ressentiment puissant, mais alors l'amour commence au troisième sceau. Ce qui vous avait permis de jouer ce rôle l'avait fait par amour et lorsque vous aviez le pressentiment de ne pas être sincère, la raison en était que ce quelque chose qui vous avait laissé faire savait que vous aviez fait ce choix. Là est la raison pour laquelle vous vous êtes toujours senti mal à l'aise par rapport à vous-même. Là est la raison pour laquelle vivre dans votre peau et dans votre cerveau n'a pas été aisé ; c'est parce que, lorsque vous pensez à certaines choses, vous êtes toujours conscients qu'il y a quelqu'un qui écoute. Vous en êtes conscients et, d'une manière ou d'une autre, vous savez que vous n'avez pas fait le meilleur choix. Cela, vous le savez instinctivement. C'est exact ; vous n'avez pas fait le meilleur choix.

J'étais âgé lors de mon ascension. Ramaya, qui jadis avait les cheveux noirs comme jais, avait alors les cheveux complètement blancs comme neige, des cheveux argent qui touchaient le sol. Ma fille aînée était une vieille femme. Imaginez à quoi je ressemblais : un vieil homme, un vieil homme qui avait du mal à respirer, parfois du mal à parler — du fait de ma blessure, source de mon illumination – les cheveux blancs comme neige, blancs comme neige. Dans mes dernières années, mes cheveux noirs comme jais devinrent aussi blancs que neige. Je ressemblais à ma fille, deux vieux copains. C'est bien. Lorsque vous me verrez avec mes cheveux noirs, vous verrez le guerrier. Lorsque vous me verrez avec une lumière rayonnante autour de la tête, ce que vous verrez, ce sont mes cheveux. Ils ressemblent à la neige. Les ai-je fait teindre ? Non, je n'ai pas fait une telle chose. J'étais un vieil homme lorsque je finis par comprendre, trop vieux pour aller me battre car l'Esprit de le faire m'avait quitté. Il n'y avait plus de passion à cela et, une fois rétabli, je commençai finalement à comprendre ce que signifiait de me conquérir moi-même.

Je sais que vous n'avez pas encore fait face à cela mais cela viendra car, si vous n'accédez pas à l'ascension, vous allez mourir, ce qui veut dire qu'avant de mourir vous allez souffrir et vous allez être handicapé et toutes les futilités dans votre vie couleront telles des larmes de vos yeux. Et votre esprit brûlera à la recherche de la sincérité et votre cœur, lui aussi, brûlera dans cette recherche. Je sais que l'heure arrive et je veux que vous le sachiez. C'est une réalité. Aussi sûrement que vous êtes assis ici ce soir, votre vie, dans l'espace de quelques instants, se termine ici ; que se passera-t-il ?

Le fait de tomber amoureux de quelqu'un d'autre, d'un autre être humain, se doit d'être le résultat direct de tomber amoureux de vous-même tout d'abord ; cela signifie que si vous êtes cette conscience-ci, ces voix ici, vous savez déjà que ceci, votre Dieu, a permis que ceci se produise. Et comment se fait-il que l'on puisse dire que Dieu ait toléré ceci ou bien qu'il l'ait laissé se produire ou encore que vous ayez eu besoin de penser en ces termes ? Dieu ne fait pas de lavages de cerveau, vous savez, quoi qu'en disent les Républicains. Dieu ne fait pas de lavages de cerveau. Non, il est amour, amour. L'amour a permis que cette conscience exploratrice puisse exister. Mais malheureusement, il suffit de quelques événements de nature émotionnelle et les événements raidissent comme la pierre ; tout le monde alors cesse de grandir et nous avons la réincarnation parce que nous épuisons nos corps sans que les leçons aient été complètement apprises. C'est émotionnellement que nous épuisons nos corps, par le manque d'exercice mental, non pas par le manque d'exercice physique. Nous épuisons le corps : il meurt, nous sommes toujours bloqués dans le même programme, nous devons avoir un nouveau corps, nous l'utilisons à fond de train, il meurt, nous sommes toujours pareillement bloqués. C'est juste un petit corps. Vous n'êtes qu'un autre corps. Quoi que puisse dire votre ego altéré, vous êtes temporel. Et vous vous ne croyez pas que vous êtes temporel, j'ai un pont à vous vendre.

Non, c'est l'esprit qui épuise le corps. Cela m'est bien égal combien d'exercice vous faites, imbécile ignorant ; là n'est pas la réponse. Ne me relancez pas là-dessus. Non.

Regardez-moi. Vous voulez tous l'amour, la grande fontaine, le grand élixir. Il est vrai que pour avoir ce moment magique nous sommes prêt à donner notre vie durant de nombreuses incarnations afin de pouvoir le revivre, ne serait-ce qu'une seule heure. L'euphorie qu'il procure est telle et c'est l'orgasme par excellence. L'amour de soi est le début de la quête.

Plutôt, faites à vous-même ce que vous faites à ceux que vous aimez

Vous aimez-vous suffisamment pour vous faire à vous-même ce que vous avez fait à des amants étrangers qui vous ont promis toutes ces choses — eux à qui vous avez tout donné, votre corps, votre virginité et votre compte en banque ? Seriez-vous prêt à faire la même chose pour vous-même ? Quel est le critère de votre amour : vous aimez les hommes, vous aimez les femmes, vous n'aimez ni les uns ni les autres ? Quel est le critère ? Qu'est-ce qui vous distingue de la normale ? Peut-être êtes-vous anormal ? Peut-être — peut-être — est-ce la manière dont vous avez tordu votre esprit.

Regardez-moi. En tant que parent, voudriez-vous que votre enfant, l'enfant de votre matrice, de votre semence — regardez-moi — voudriez-vous qu'ils se fassent ce que vous vous êtes fait à vous-même ? Cette question est appropriée car c'est cela qui va être la grande expérience dans la vie suivante. Le voudriez-vous ? Allons. Allons. Le voudriez-vous? Le voudriez-vous ? Pourquoi ? Allons. Voudriez-vous que votre enfant, votre partenaire ou quelqu'un d'autre se rende malade émotionnellement dans le seul but de se venger de vous ? Le voudriez-vous ? Est-ce le genre de choses que vous encourageriez ? Encourageriez-vous votre enfant à croire en une ligne de fantasmes sexuels ? Les encourageriez-vous à croire en de telles choses ? Le voudriez-vous ? Encourageriez-vous votre enfant à sortir et, tel un prédateur, à rechercher amour sexuel et faveurs sexuelles ? Le voudriez-vous ? Le voudriez-vous ? Voudriez-vous que votre fille subisse ce que vous avez fait à d'autres femmes ? Voudriez-vous que vos fils subissent ce que d'autres femmes vous ont fait ? Le voudriez-vous ? Je vous pose la question. Pourquoi donc est-ce admissible pour vous et pas admissible pour eux ? Parce que vous les aimez. Les partenaires apparaissent et disparaissent mais, lorsque vous avez transmis votre semence à la génération suivante, il s'agit d'un amour qui ne peut être brisé par aucun partenaire sexuel que ce soit l'amour d'un homme pour ses enfants ou d'une femme pour ses enfants ; cet amour est absolu. Pourquoi vous traiteriez-vous ainsi et ne permettriez pas que cela arrive à vos enfants ? Parce que vous aimez vos enfants. Vos enfants sont une extension de ce que vous avez de bon en vous. C'est ainsi que vous les voyez. Ils sont une extension de ce que vous avez de bon en vous. Vous endossez tout le mal mais ils sont ce qu'il y a de bon et vous allez donc préserver le bien en eux et les protéger des gens comme vous. Oui, des gens comme vous. Vous les aimez.

Entendu. On ne distingue pas les petits garçons des petites filles ; on les appelle tous des enfants. C'est une conscience globale recouvrant un trésor que l'on protège et pour lequel on se bat. Et à moins d'avoir vous-même eu des enfants, vous ne comprendrez jamais ce dont nous parlons.

Mais si vous êtes un parent, vous avez une idée de l'amour dont je parle. Maintenant, quand allez-vous commencer à ressentir la même chose envers vous-même ? Quand allez-vous permettre à votre Observateur de s'attaquer à vos voix et de vous protéger comme vous protégez vos enfants ? Quand viendra le jour où vous ne vous adonnerez plus à vos voix sexuelles, vos voix malades, vos voix de pouvoir — elles sont dans votre tête, c'est tout — de la même façon que vous seriez un bon gardien pour vos enfants ? Voilà un messager que je vais vous envoyer de toute ma puissance. Qu'il en soit ainsi.

Vous aimer, vous aimer ; pourquoi ne vous aimez-vous pas ? Je vais vous dire pourquoi et c'est parce que vous avez une voix dans votre tête qui a dit : « Couche-toi, je crois que je t'aime. » Vous avez une autre voix dans votre tête qui dit : « Je crois que tu me dis la vérité. » Vous avez une autre voix dans votre tête qui dit : « Tout va bien ; c'est juste une expérience. » Aucune responsabilité ; vous avez cette voix dans votre tête. Et puis il y a une autre voix dans votre tête qui se sent misérable parce que personne n'a pris soin de vous. Et savez-vous qui n'a pas pris bon soin de vous ? Vous.

Mais ce cri de liberté : « Tout va bien ; tout va bien ; » eh bien, l'hypocrisie et les mensonges ne vont pas bien. Quelle voix hypocrite parle donc dans votre tête, une voix qui vous dit : « C'est cool ; j'ai appris quelque chose, » — oui, je vous crois ! — combien de fois vous faut-il pour apprendre ou bien s'agit-il plutôt simplement de la couverture d'une dépendance ? Et le pire de tout est le fait qu'avec ces voix vous vous êtes convaincus vous-même que c'est une citation admise. Et savez-vous ce qui vous brise le cœur ? C'est qu'il n'y a pas une seule voix dans votre tête qui confronte toutes les autres. Et ce qui fait mal — ce qui fait mal — c'est que personne dans votre tête n'a jamais été de votre côté. C'est comme la première fois que nous avons dit : « Couche-toi, je crois que je t'aime », cela nous a amené au point où nous n'entendons rien dans notre tête qui ait de la compassion et de l'amour pour nous. Cela me brise le cœur et cela devrait briser le vôtre aussi. Cela devrait vous briser le cœur à vous aussi.

Bien sûr que vous avez cette voix, dis ceci, dis cela, parle comme cela, « Ceci est mal, ceci est bien. » Oh ! Vous m'aimez jusqu'à ce que je me mette à parler de votre vérité et alors, vous ne m'aimez pas. Vous partez et c'est cool ; vous êtes loin de moi. Je veux vous dire quelque chose : Vous n'avez pas de voix dans votre tête qui vous aime à vous donner la vie. La seule que vous ayez c'est le neuronet du premier sceau : le corps, la douleur, la souffrance, les accidents, la maladie, tout ce qui peut assouvir ce qui ne se produit pas en vous. C'est au prix de votre vie que vous le faites. Que dire du troisième sceau ? Tout le monde — tout le monde — est selon moi un potentiel : le pouvoir, l'esclavage, la victimisation, la tyrannie, la religion, la politique, les royalistes, les communistes, les socialistes, les fascistes, istes, istes, istes.

Écoutez-moi. Ce qui fait le plus mal c'est que nous n'avons pas de voix dans notre tête qui parle assez fort pour tenir tête à tous nos neuronets. Cela nous brise le cœur si bien que nous avons cultivé une voix qui parlait toujours plus fort que notre grandeur et prenait le parti de notre humanité. C'est alors que nous avons perdu Dieu car la voix de Dieu est l'Observateur qui a une petite voix vraiment très douce, tendre. C'est un murmure. C'est comme des papillons dans votre âme et dans votre esprit. Elle est aussi silencieuse que cela. Et ce qu'on découvre au sujet de notre jeunesse mal vécue jusqu'à l'heure où nous atteignons l'âge adulte, condition que nous ne sommes malheureusement pas prêtes à assumer, c'est que la raison pour laquelle nous ne nous aimons pas nous-même est que nous n'avons personne dans notre esprit qui soit présent et parle en notre faveur — nous n'avons pas de voix qui nous dise : « Je t'aime, tu es précieux pour moi, ne fais pas ceci, ce sera mieux sans cela, tu es une bonne fille, tu es un bon gars, tu es un bon garçon, tu mènes une bonne vie, ne fais pas ceci » — dont l'âge et la sagesse parlent aussi fort que les jeunes voix virulentes qui saccagent tout au nom d'une gratification.

Et voici, maîtres, ce qui fait le plus mal : vous vieillissez chaque jour de votre vie. Vous, les jeunes, vous ne croyez pas que vous vieillissez ? Quels imbéciles vous faites ! Vous vieillissez. Et en vieillissant, notre folie devient bien établie si bien que nous n'entendons plus la voix de Dieu. Nous n'avons aucune voix qui ait assez de volonté — écoutez-moi — qui soit si vertueuse, si tendre, si aimante qu'elle puisse aider ce cerveau en lambeaux à trouver son chemin à travers le labyrinthe créé par ses propres actes. Il n'y a plus alors aucun espoir.

Vous croyez que Dieu se trouve dans les églises ? Croyez-vous que Dieu se trouve dans un tabernacle ? Croyez-vous que Dieu soit dans un amas de ruines ? Croyez-vous que Dieu soit sur la croix ? Dieu est en vous. La relique la plus sacrée qui ait jamais existé est un petit miroir — ce n'est pas la croix ; c'est un miroir — dans lequel vous pouvez vous regarder en sorte de vous souvenir que la voix vient de derrière votre visage et vous parle à vous. Cela, c'est de l'amour.

Et ce qui est décevant et qui est la raison pour laquelle vous êtes ici est que cette voix n'a pas été bien forte dans votre vie. Et la voix qui est le grand-parent, le grand-père, la grand-mère — la voix de la sagesse dans votre tête qui vous permet de faire des bêtises mais qui dit : « Maintenant, fais attention, ne va pas là ce soir, ce n'est pas une bonne idée, reste à la maison » ou bien « vas-y, ne reste pas à la maison, vas-y, va n'importe où tu veux, bois un petit coup, je te parlerai si quelque chose ne va pas ; merci beaucoup, merci beaucoup, merci beaucoup » — c'est la voix de Dieu.

Ce qu'il y a de triste au sujet de beaucoup d'entre vous est que vous êtes tellement pleins de doutes, si stricts et si intellectuels que vous ne l'entendez même pas. Et pourtant elle est si petite qu'elle a permis à votre voix de devenir tellement grande et permis à vos attitudes de devenir tellement grandes. L'amour de Dieu, ceci, est le plus grand amour qui soit et devenir un parent qui engendre des enfants est une réflexion du Dieu qui nous a créé. On appelle cela l'amour réfléchissant.

L'amour du quatrième sceau, qu'est-ce donc ? L'amour du quatrième sceau, comment pourrais-je vous l'expliquer sans utiliser tous les adjectifs sans préposition contraire ? Comment pourrais-je vous l'expliquer ? Comment pourrais-je vous expliquer le cinquième plan ? Comment pourrais-je vous expliquer le sixième plan ? Et ce qui est plus important encore, si vous n'avez pas entendu cette voix, comment pourrais-je vous expliquer le septième plan ?

Qu'est-ce donc que de réellement tomber amoureux ? Comment envisager cela et devrions-nous le faire ? Oui, vous devriez le faire car le premier pas sur ce chemin est de se purifier, de s'aimer soi-même autant que vous aimeriez un enfant dans votre famille et de vous faire ce que vous feriez à un enfant, vous le faire à vous. Envoyez promener gens, lieux, choses, temps et événements ; envoyez aussi promener les sottises, débarrassez-vous d'eux, débarrassez-vous en, débarrassez-vous de tout. Si vos parents vous disent que vous ne pouvez plus voir ces enfants et qu'ils sont sages de parler ainsi, qu'allez-vous faire lorsque la voix dans votre tête dit de ne plus y aller ? Allez-vous dire que c'est archaïque, que c'est arriéré, que ce n'est pas cool ? Lorsque nous apprenons à écouter la voix, nous comprendrons que l'amour divin est pareil à l'amour parental et nous n'y allons pas et nous suivons cette voix. Cela m'importe peu qu'elle puisse paraître hors des conventions, ignorante, bouffonne, nous n'y allons pas. Ceci est la manière de donner du pouvoir à la voix.

La magie de trouver notre parfait miroir

Comment tombe-t-on amoureux ? Tomber amoureux est tout d'abord d'avoir travaillé sur soi, s'être poli soi-même. On ne peut tomber amoureux si on sollicite la maladie, si on sollicite la mort, si on sollicite les infirmités, si on sollicite la pauvreté, si on sollicite la victimisation. On ne tombe pas amoureux ; on ne recueille que le répit qui n'est pas l'amour. On doit travailler sur soi et on doit aimer ce qu'on est comme on s'aimerait enfant. On ne peut pas regarder son visage dans le miroir et dire qu'il est trop gros, trop vieux ou trop laid. On ne peut pas dire : « Mon nez est trop gros, mes yeux sont trop écartés l'un de l'autre, mes yeux sont noirs et les yeux bleus sont jolis ou encore ils sont bleus et les noirs sont beaux. » On ne peut pas se mettre en pièces comme cela. On doit s'aimer comme on aimerait un de ses propres enfants qui tète à notre sein ou trouve protection dans la force de nos bras.

On doit apprendre que la propagande dans le monde dit que les personnes les plus belles ont déjà été trouvées — elles ont déjà été trouvées — et qu'elles obéissent simplement à un idéal commercial. La première ride sur le visage, elles sont évincées et elles ne sont plus belles. Votre histoire est différente. Vous ne rejetteriez pas votre enfant parce que votre enfant n'est pas beau socialement ; du moins, je veux croire que vous ne feriez pas une telle chose et que votre enfant est bien à vous. L'amour est sa propre beauté. Ce ne sont pas les parties du corps qui font la beauté. Ce sont l'âme et l'Esprit qui font la beauté. Avoir un enfant issu de votre sexe, de votre sperme, de vos ovules, un Esprit qui s'incarne, vit et respire, et qui vient de vous, c'est un miracle. Qui n'aimerait pas cet enfant parce qu'il n'est pas photogénique ou que ses cuisses sont grosses et son visage oblong ou encore qu'il n'a pas ou trop de cheveux ? Honte à vous si vous avez fait cela ! Soyez maudit et ce sont les choses que vous retrouverez dans votre prochaine incarnation. Ceci est un fait. Vous savez pourquoi ? Parce que tout ce pour quoi nous avons du ressentiment et que nous gardons secret dans cette vie-ci érige le temple et le modèle de votre incarnation à venir. Je vous le promets, ainsi vont les choses.

Que devons-nous faire quand nous tombons amoureux ? Lorsque nous avons travaillé sur nous-même, lorsque nous avons extirpé nos secrets, découvert la source de notre colère, extirpé notre culpabilité personnelle, dit la vérité ; on ne peut en effet aimer qui que ce soit lorsque l'on se bat contre sa propre culpabilité. Faire de quelqu'un votre sauveur est de la bêtise. Vous devez faire cela vous-même. Vous devez purifier le vaisseau. Ceci signifie que vous devez porter toute votre attention sur vous-même, mettre votre vie en pièces et la reconstruire ensuite. Changer votre manière de vivre, je vous en prie. Je vous en prie. L'amour n'a rien à voir avec ce qui entre dans votre bouche. Il n'a rien à voir avec la quantité d'aliments que vous pouvez consommer. Il n'a rien à voir avec combien de fois vous avez des rapports sexuels. Il n'a rien à voir avec votre apparence aussi cool soit-elle. Il n'a rien à voir avec l'argent que vous avez. Tout cela, ce sont des déchets. Ils se transforment en merde.

Je veux vous dire maintenant que la plus grande histoire d'amour qui ait jamais existé est Dieu vous aimant à vous donner la vie et ayant la patience de vous permettre d'être en vie, vous qui l'avez gaspillée avec vos pizzas et vos bières, l'avez gaspillée avec toutes vos dépendances émotionnelles. Votre cœur bat toujours — ceci est stupéfiant, stupéfiant. Il est stupéfiant que votre cœur batte encore.

Lorsque nous nous sommes guéris, nous savons que la seule raison pour laquelle nous sommes malades est notre attitude ; elle pue et nous la transformons. Nous devenons actifs dans notre vie. Nous commençons à nous pardonner en disant la vérité afin de pouvoir pardonner. Nous faisons cela. Nous ne gardons aucun secret. Nous n'avons aucun singe sur le dos. Et, oh ! bien sûr, dire la vérité peut nous coûter une agréable relation, l'argent qu'on a à la banque, une nouvelle camionnette, une voiture neuve, un jardin. Dire la vérité a des conséquences mais rien n'est comparable dans le monde quantique à ce que nous cachons et réprimons, nous sommes voués à le devenir et la prochaine incarnation sera basée exactement là-dessus.

Saviez-vous que toutes les années où vous avez vécu dans ce corps, vous avez vécu des vies de grandeur et vous avez vécu des vies minables, minables, des vies de sangsues, des vies des suceurs de sang ? Comment se fait-il donc que vous ayez réellement fait preuve de grandeur dans une vie et ayez été un tel salaud dans la suivante ? C'est parce que la grandeur d'une vie le fut au prix de la répression de beaucoup de choses, exactement comme le fait un homme politique brillant. Et dans la vie suivante, vous êtes ce qui a été réprimé et cela n'est pas beau à voir. Comprenez-vous ?

Regardez-moi. L'esprit ne meurt pas. L'esprit ne meurt pas. La chair et le sang passeront mais le royaume des cieux ne passera jamais. L'esprit ne passe jamais. La réincarnation n'est rien d'autre que le besoin de continuer à emprunter des vies que nous pouvons brûler, dans l'espoir de trouver la sagesse. Oui, vous n'avez pas entendu cela. Eh bien, c'est à peu près normal. Et vous ne le réaliserez probablement pas avant que je ne sois parti depuis quelques années ; vous vous exclamerez alors : « Mon Dieu, pourquoi n'ai-je pas réalisé cela à ce moment-là ? » Eh bien, c'est que vous ne vouliez pas réaliser que vous n'étiez qu'un engin à théâtre perpétuel et que vous changez de costumes plus que dans une pièce de Shakespeare. Vous brûlez des corps mais l'esprit demeure. Et tout ce que nous recherchons est ce mariage parfait.

Ainsi donc, aimer, le plus grand exemple en est que nous sommes le produit d'un noble parent, pas de notre partenaire, pas de notre compagnon. Vous êtes le produit d'un noble parent qui vous a permis d'être ici, aussi ennuyeux, limité, ignorant, bouffon que vous soyez, à prêcher depuis votre estrade sur votre immortalité physique et, tout ce temps-là, la sagesse des âges écoute ce discours parce qu'il l'a déjà entendu. Cela ne va pas se produire.

Que se passe-t-il donc lorsque nous tombons amoureux ? Eh bien, c'est très différent du magnétisme sexuel et c'est très différent du sentiment de pitié que l'on peut avoir pour quelqu'un et également très différent de l'attirance que l'on a envers une personne charismatique. Tomber amoureux n'est rien de tout cela. Lorsque vous tombez réellement amoureux — et c'est seulement une manière de parler — cela veut réellement dire que l'amour débute au quatrième sceau et au-dessus. Il n'existe pas en bas, ici[2]. Ici, c'est l'animal pur. Je vous dirai pourquoi.

Lorsque nous rencontrons une personne dont l'esprit est le miroir du nôtre – son miroir : leurs pensées sont nos pensées, nos pensées sont les leurs, non pas parce qu'elles veulent l'être, elles le sont naturellement — lorsque vous rencontrez une personne qui pense autant de bien de vous que vous en pensez de vous-même et vice versa, le pouvoir magnétique d'esprit à esprit est des milliards d'années transcendant de l'attirance sexuelle. Personne ici n'a trouvé cette relation esprit à esprit mais beaucoup en sont proches. Lorsque nous trouvons notre mystère le plus grand, notre espoir le plus grand — nous-même — réfléchi finalement dans une autre personne, nous sommes dans la confusion ; est-ce l'autre ou bien est-ce moi-même ? Il n'y a pas de

2. Les trois premiers sceaux de la sexualité, de la souffrance et de la manipulation.

différence. C'est alors que nous aimons. Laissez-moi vous dire quelque chose : si nous trouvons quelqu'un qui retourne notre regard de la même manière que nous regardons dans un miroir, nous connaîtrons l'amour.

Est-il vrai que les contraires s'attirent ? Eh bien, absolument. Dans le but de la procréation, ceci est une nécessité. Les personnes sont attirées les unes vers les autres du fait de leur différence au niveau du premier sceau. Les personnes sont attirées au niveau du deuxième sceau parce qu'il y a un besoin et une exigence. Au niveau de troisième sceau, les personnes sont attirées car quelqu'un contrôle votre vie si bien que vous n'avez pas à le faire. Mais au niveau de l'esprit, nous sommes attirés parce que nous avons trouvé le miroir parfait de notre propre esprit. Nous sommes excités par des sentiments de respect profond, d'admiration — écoutez-moi — respect, admiration, divinité totale. C'est ainsi que nous maintenons le grand esprit. Nous ne voulons même pas le ternir en ayant un rapport sexuel ; il faut descendre au sous-sol pour le faire. Ce qui nous excite est quelque chose dans cette autre personne qui nous permet, comme si quelqu'un avait nettoyé le miroir et que finalement nous nous voyons nous-même, et eux inversement. C'est là que se situe le véritable amour.

Lorsque vous tomberez amoureux, cela ne sera pas fondé sur une attirance sexuelle. Cela n'aura rien à voir avec le sexe ; que vous soyez d'accord ou pas, il n'en sera pas ainsi. Ce sera une affaire d'esprit absolu, de pouvoir absolu et de réflexion absolue. Et si vous n'avez pas cela dans votre vie, pauvre de vous, vous ne possédez que des attributs corporels. Lorsque vous avez cela et l'approchez simplement pour être en sa compagnie, pour lui parler, pour le regarder, pour être en admiration envers lui, c'est le même type de sentiment que celui que vous avez envers votre soi sacré. Vous ne dénigreriez jamais votre propre soi sacré parce que le dénigrement est ce qui fait que vous n'entendez pas la voix. Cela vous brise le cœur qu'il n'y ait rien dans votre tête qui vous dise de vous lever et d'aller vous battre. Rien dans votre tête ne dit que vous êtes meilleur que cela. Il n'y a pas de voix dans votre tête qui dise que vous méritez de vivre. Il n'y a pas de voix dans votre tête qui dise que vous êtes meilleur que cet acte. Il n'y a pas de voix dans votre tête qui dise non. Lorsque nous tombons amoureux, nous faisons l'expérience d'une anatomie de l'amour qui est l'éveil de cette petite voix dans une autre personne. Et cela ne débute pas entre nos jambes ; cela débute là-haut. Et, en descendant de celui-ci, tous les sceaux sont explorés, pas en remontant depuis en bas le long de cette longue tranchée.

Tout le monde croit que vous devez coucher avec eux et leur montrer que vous savez bien faire l'amour afin qu'ils vous acceptent. Je veux vous dire que je trouve cela aussi primitif que les animaux qui n'ont pas compris l'art noble de l'accouplement. Il est bien plus noble de faire la connaissance de quelqu'un, de connaître son esprit, de communiquer avec lui et, une fois que nous connaissons son esprit, nous saurons si nous allons plus loin. En faire autrement est simplement jeter au vent notre sperme, c'est simplement donner notre corps à quelqu'un afin qu'il le ravisse. Et je ne pense pas que cela soit tomber amoureux.

Trouverez-vous cela ? C'est mon plus intense désir que nous connaissiez cela. C'est mon désir le plus intense que vous trouviez dans votre vie une femme dont l'esprit soit semblable à un piège en acier, dont le merveilleux est des plus magnifiques qui soit parmi les portées lointaines et les recoins éloignés et les vallées de la pensée et des concepts, mêlé aux rêves et à la volonté, ou un homme — un homme, quelle que soit son apparence — et de trouver cet homme qui est beau et noble et qui, aussi royal que soit son apparence, ne tombe pas au niveau de son dénominateur le plus bas pour agir comme les lions en chaleur, comme les hyènes en chaleur, comme une bande de chiens qui le font dans un dépotoir. Il s'agit d'un homme qui, au contraire de tout autre homme, pourrait facilement être ces choses mais ne l'est pas ; par contre, il les comprend non pas grâce à une force de contrôle mais simplement parce que ce n'est pas important ; cet homme a cependant des rêves, son esprit parle par sa bouche, la passion fait vibrer le battement de son cœur, il possède un concept de l'humanité, sa place dans l'humanité, sa compréhension, son amour de Dieu, sa noblesse — Rare est l'homme qui aime la vérité plus que la tromperie. Rare est l'homme qui aime au-delà de son sexe. Trouver un tel homme, un homme qui fait preuve de noblesse — je vous assure, on en trouve à travers toute l'histoire. Cela ne signifie pas que ce sont des homosexuels. Le fait qu'ils n'aient pas de rapports sexuels ne signifie pas que ce sont des homosexuels mais juste des hommes qui font preuve de noblesse. Et pour connaître leur esprit, je vous assure qu'il faut faire monter votre vibration jusque là-haut pour accéder à cet esprit. C'est un homme qui n'est pas une victime, c'est un guerrier mais en même temps un artisan de paix. C'est un homme qui cultive son propre champ, produit sa propre nourriture, crée son propre royaume et est responsable de la joie dans ce royaume et de la protection de ce royaume. Voici un homme remarquable. En cela tous peuvent y trouver de la qualité. On en trouve rarement. Quand vous trouvez un tel homme et le reconnaissez, peut-être alors êtes-vous la femme qui a voulu depuis longtemps trouver un tel homme et peut-être êtes-vous la femme que l'homme a aspiré à trouver, situation véritablement polarisée qui est en réalité une union au niveau de l'esprit.

Vous avez beaucoup à faire. Vous devez cesser d'être malades. Vous devez cesser de fantasmer que quelqu'un va payer parce que vous avez mal. Vous coûtez trop cher. Finissez-en. Cessez de vous accoupler comme des chiens et commencez à vous demander ceci : « La révolution sexuelle, est-elle quelque chose de bon pour moi ? Dans un environnement de SIDA, dans un environnement de gonorrhée, dans un environnement d'herpès, est-il bon pour moi d'être aussi libre et ouverte comme tout le monde veut que je sois ? Peut-être y a-t-il une raison pour qu'on me dise ceci. Peut-être que si je suis assez ouverte pour le faire, je vais être une de ces victimes si bien que je ne pourrai pas vivre jusqu'aux années de ma prospérité. » Peut-être est-ce là ce qui se passe. Cela se pourrait.

Cessez. Peut-être que vous allez dire : « Oui, mais je ne peux pas m'en empêcher. C'est plus fort que moi. » Oh ! Je ne veux pas savoir cela. Vous êtes plus fort que tout ce qui peut se passer dans votre corps. Au moment où vous devenez l'Observateur, vous pouvez cesser quoi que ce soit. N'allez pas me dire cela. Non. Aimez-vous vous-même. Ne couchez pas avec de la merde. Ne dites pas : « Je t'aime », ce qui peut briser le cœur de quiconque. Ne faites jamais cela. Jamais. Et ne couchez pas avec quelqu'un en pensant à quelqu'un d'autre. Ne faites pas cela. Ceci n'est pas avoir le contrôle de votre réalité. C'est un compromis. C'est une injustice par rapport à vous-même. Et ne faites rien pour devenir célèbre. Les personnes qui sont célèbres ne sont jamais réelles. Elles ne sont pas réelles. Elles sont — elles sont — comme des mirages. On les voit d'une certaine manière jusqu'au moment de s'en approcher et, alors que l'on s'en approche encore plus, le mirage disparaît mais alors que l'on s'en éloigne, il réapparaît. Ne veuillez être rien d'autre que vous-même.

Écoutez-moi. Venez-en au fait avec la religion de votre passé. Venez-en au fait avec vos croyances. Venez-en au fait avec votre hérédité. Venez-en au fait avec votre milieu ethnique. Venez-en au fait avec votre sexualité. Et les voix vont se déchaîner dans votre tête pendant une quinzaine de jours et que devez-vous faire alors, sombrer dans la dépression et commander dix pizzas supplémentaires, huit ou dix litres de crème glacée ? Pourquoi ne pas plutôt rentrer la vache à la maison et vivre avec ? Cela vous économiserait bien plus d'énergie. Ne faites pas cela. Les voix vont se déchaîner. Vous savez pourquoi ? Écoutez-moi. Je peux vous dire que ce qui me brisait le cœur, c'est le fait que je haïssais sans conscience — cela me brisait le cœur — je haïssais sans conscience, un guerrier absolu de quatorze ans qui n'avait peur de rien, pas de conscience. Je haïssais sans conscience. Vous savez ce que c'était ? Je n'avais aucune voix dans ma tête. Je n'avais rien pour me refréner. Je n'avais rien à quoi me fier excepté mon vieux professeur. C'est un autre être humain qui me donna une conscience. Ce qui me déçut le plus était le fait que je n'avais pas cela déjà dans ma tête. En fin de compte, on découvre que les plus grands chagrins ne viennent pas de ce que les autres ont fait mais de ce que nous avons omis de nous faire à nous-même. C'est mon expérience qui vous parle.

Je n'avais pas compris ce que cette dame qui m'avait donné l'épée m'avait dit en me disant de me conquérir moi-même. Me conquérir moi-même ? Allez dire à un enfant de quatorze ans de se conquérir lui-même, particulièrement à quelqu'un qui a en lui ma rage et ma présence d'être, c'est le monde entier qui va être conquis — pas moi, eux — moi contre eux.

Dans mon illumination, ma douleur la plus grande fut de réaliser que j'étais tellement mort et que je n'avais aucune voix qui témoignait de ma compassion, qui témoignait de mon amour et qui témoignait de ma noblesse, que j'avais acquis ces traits par les meurtres sanglants sans remords — c'est le danger qui menace vos enfants aujourd'hui — sans remords. La douleur la plus grande de ma vie fut que je n'avais pas Bel Shanai, elle qui m'avait donné l'épée, pour me parler dans ma tête. Et ceci sera votre plus grand regret à vous aussi. Il a toujours été fait référence à la conscience comme étant l'ange de Dieu. Je n'avais pas d'ange et je passai le reste de ma vie à essayer de le trouver et finis par le trouver.

Lorsque nous découvrons notre trésor le plus grand — être amoureux d'une autre personne, être amoureux de nous-même — lorsque nous sommes amoureux de cette personne, nous sommes amoureux de nous-même. Nous n'attendons rien d'eux que nous n'attendrions pas de nous-même. Nous ne leur demandons rien que nous ne nous demanderions pas à nous-même. Nous attendons d'eux ce que nous attendons de nous-même. Comment puis-je savoir cela ? Comment pourriez-vous être amoureux de toutes ces voix qui sont comme un orchestre dans votre tête ? Qui va aimer et pour combien de temps ? Une seule voix, là est la maîtrise. C'est cela le Grand Œuvre, une seule voix, une seule voix. Une seule voix et nous découvrirons l'amour, nous découvrirons l'article authentique. Une seule voix. Si nous disons que nous sommes amoureux tout en ayant toutes ces voix dans notre tête, nous ne sommes amoureux que de quelqu'un qui a autant de voix dans sa tête que nous-même. Le véritable amour, c'est une seule. Le chemin de la maîtrise, c'est de maîtriser toutes les voix jusqu'à n'en avoir plus qu'une seule, ce qui fut l'objet de ma recherche toute ma vie durant.

Exposé de conclusion
Se pourrait-il que cet enseignement fût authentiquement spirituel ?

Ramtha est irrévérencieux. Je suis irrévérencieux vis-à-vis de ce que vous jugez être spirituel parce que tout est de nature spirituelle. Rien, pas même une pensée élémentaire, n'a d'autre origine que la superconscience. Tout est d'essence spirituelle. Ainsi, comment pouvons-nous en arriver à nous rendre étrangers à tout ce qui forme notre vie pour nous transformer en une petite religieuse, une nonette ? Pour ma part, j'ai vécu une vie passablement austère, et bon ! je sais de quoi il retourne.

Je sais que vous considérez cela comme terriblement fâcheux parce qu'aucun professeur de l'ordre spirituel ne vous instruirait de la sorte, mais la réalité que, moi, je vous dis est que seuls des maîtres en spiritualité s'avèrent capables de vous délivrer ce type d'enseignement. Je précise que le fait de ne pas s'adresser à l'homme dans sa condition spécifique d'être humain est véritablement se rendre inaccessible et quelque peu artificiel. En vérité, le genre artificiel est très prospère de nos jours. Cela s'appelle, vous savez comment ? Du flan. Ce sont des gens, assis là, dans leurs habits de spiritualité, avec leurs huiles sacrées, leurs yeux retournés vers le haut, les mains emplies de paix, vous voyez le genre et, quant à moi, je suis bien au fait du cheminement de leur pensée. Pour me faire bien comprendre, ces gens sont assis là dans la posture adaptée au voyage spirituel. Je sais quelle sorte d'animalité habite ces personnes. Voyez-vous, ils se refusent à exposer à qui que ce soit leur genre de vie, pour ne pas se comporter comme le commun des mortels car l'idée maîtresse, pour que puisse se développer cette expérience artificielle et orgasmique, consiste à être différent des autres gens. Ainsi, menant une vie spirituelle, nous nous devons d'être meilleurs que les autres, d'être quelque peu mystérieux et distants, de modifier notre habillement, notre façon de parler, notre kohl, nos sous-vêtements, notre coiffure et certains accessoires sacrés que nous portons. Nous ne chions pas dans notre culotte — ce qui est effectivement se situer un peu au-dessus des autres et nous restons assis là sur notre croupion à discourir abondamment sur Dieu et sur que sais-je encore. Lorsque nous sommes nus, notre crainte est d'être quelqu'un d'ordinaire. Mais sauf à accepter d'être ordinaires, vous ne pourrez jamais connaître Dieu.

Aussi ai-je et aurai-je toujours une place unique dans l'histoire du monde. Je serai l'un des premiers professeurs spirituels qui n'aura pas accaparé par violence ses adeptes ni fait à ceux-ci — comment dire cela ? — du bouche à bouche de réanimation pour les rendre infatués au point d'exploser du fait de ma propre importance. Je serai l'un des premiers grands gourous à ne pas attendre de votre part que vous me donniez tout ce que vous possédez. Je serai l'un des premiers grands professeurs, capable de vous aimer tout autant au début qu'à la fin de son enseignement et qui choisisse le « rock and roll » de préférence au *Rock Of Ages*. Oh ! Vous ne risquez pas de rencontrer à nouveau un professeur comme moi, au grand jamais, parce que, pour vous dire la vérité, le moule qui a servi à me créer a été jeté ou, à tout le moins, je l'ai emporté avec moi et je le conserve dans un endroit secret.

Toute vie est spirituelle. Et c'est cela qui vous échappe. Les gens de spiritualité affichent comme principe qu'ils sont des êtres extraordinaires. Ils ne fument ni ne mâchonnent et ne fréquentent pas les gens qui se comportent de la sorte. Tout de même ! Ils mangent du sel, des graines ; ils consomment aussi des pensées, ils se nourrissent de l'esprit des autres et accomplissent d'autres choses encore. Ce que je veux dire, c'est que nous ne sommes pas ici pour faire cela.

Je souhaite tellement combler le fossé entre Dieu et la vie. Quant à certaines choses que vous n'arrivez pas à accomplir, vous ne devriez pas les entreprendre ; vous devriez vous consacrer à des choses plus importantes. Voyez-vous, certaines dans le monde actuel — vous compris — mènent ce genre d'existence banale, ennuyeuse et connaissez-vous la raison de ce véritable ennui ? Celle-ci réside dans le fait que, quelle que soit la personne à laquelle vous vous adressiez, elle comprend vos difficultés. Cela montre bien à quel point tout ceci est banal et ennuyeux. C'est plutôt ennuyeux, vous savez ! Après ce que vous avez entendu ici au cours de ces enseignements, sur ce sol et sur cette scène, vous savez maintenant que vous êtes des gens plutôt ordinaires. Nous avons exposé beaucoup de faits ici, et cela met à plat bien des choses. Mais le point important de tout cela est le suivant : Qu'est-ce qui n'est pas spirituel ? Maintes personnes mènent ce type de vie vraiment très quelconque, créant parfois des secrets pour faire d'elles-mêmes des êtres spéciaux, accomplissant des choses vulgaires pour la plaisir d'entendre des « Oh ! ». S'il vous plait, comprenez-moi bien, ce que je veux, bon sang, je veux vous voir créer des Toyotas dans le champ[1]. Je ne veux pas vous regarder péter. Je ne suis pas intéressé à vous voir commettre l'adultère pour la millionième fois de votre vie. je veux voir une Toyota se manifester dans ce champ. C'est cela qui serait super, et véritablement orgasmique.

Vous ne comprenez pas que cette énorme brèche entre Dieu et votre vie a été un gouffre. Mais la vraie question est de savoir pourquoi vous menez cette vie stupide : parce que quelque chose vous adore ; ceci vous adore. La petite voix vous adore, vous aime, et dépend de vous pour s'envoler, de nuit, plus loin que la lune et d'accomplir de grandes choses, de vivre des aventures. Cette scène toute entière et cet immense décor que vous offre la Terre, tout cela existe pour le bénéfice de la pièce que vous jouez. Alors, qu'est-ce qui n'est pas spirituel ? Qu'existe-t-il qui soit sans conscience et énergie ? Quoi, par exemple ? Absolument rien. Même la bouteille de bière cassée, au bord du trottoir, est conscience et énergie.

Qu'est-ce donc la vie spirituelle, la vie qui vous voit travailler, boire un coup le mercredi soir, jouer aux cartes la soirée du vendredi, sortir, aller au cinéma, vous rendre au dancing le samedi soir et y prendre une bonne cuite et, le dimanche, enfin, éprouver des regrets ? J'insiste, est-ce la façon dont les choses sont supposées se passer ? Non, je ne crois pas.

Vous n'avez rien fait de mal. Quant à ce qu'il nous a été donné d'entendre ici aujourd'hui, c'est encore plus banal. Grâce à Dieu, je suis en train de dire que puisque nombre d'entre vous se sont exprimés en toute vérité ici ce soir, d'autres, qui n'auraient pas eu le courage de se lever et de

1. C'est à dire, manifester une voiture de rien, par le seul pouvoir de l'esprit.

parler, se sentent bien réconfortés du fait que quelqu'un s'en soit chargé à leur place. Cela est une bonne chose. Cela ne veut pas dire que vous soyez une mauvaise personne. Ce qui fait difficulté est le fait que, ayant accepté ce cadeau — cet immense cadeau — vous l'utilisiez pour la mise en œuvre d'un programme de vie si prévisible. Vous dites alors : « C'est de ma vie qu'il s'agit, je vais venir à l'école une fois par an, je vais aller à l'église tous les dimanches, je vais prendre en charge des enfants étrangers, je vais apporter ma contribution financière à l'érection de la nouvelle église », tout cela parce que vous ressentez comme une bonne chose de donner spirituellement. Cela vous fait vous sentir bien. « Je peux vous donner la raison pour laquelle je vais agir de la sorte : parce que cela me fait me sentir bien ; parce que, par comparaison avec toutes les choses que j'ai réalisées, cela me fait du bien de nourrir en quelque sorte mon âme désormais et de nourrir mon esprit. C'est parce que ceci n'est pas le genre de choses auxquelles je sois accoutumé dans ma vie actuelle, si vous voyez ce que je veux dire.»

Avant de partir d'ici, je veux que chacun de vous sache qu'il n'y a pas une seule chose dans sa vie qui ne soit pas de nature spirituelle, pas une seule. L'élément manquant est constitué par le défaut d'attention caractérisé en direction de l'être à qui est donné ce privilège d'être vivant, pour qu'il sache observer la façon dont il mène sa vie et, enfin, pour qu'il comprenne – quand nous parlons d'amant ultime — que c'est précisément ce dernier qui entretient ce soir les battements de son cœur. Quelle épopée pour moi, ce vingt et unième siècle qu'il m'a été donné de vivre ! Ainsi que je l'ai souligné hier dans mon toast de bienvenue, le point central de mon enseignement est de vous dire combien je vous aime.

Lorsque nous mettons de l'énergie en mouvement, par exemple en montant à une échelle, le premier barreau ne met pas en péril notre stabilité. Nous ne risquons pas grand chose en faisant le premier pas parce que le point de départ est tout proche. Mais en progressant vers le haut nous nous éloignons de ce point initial et nous entrons dans une zone un tantinet plus hasardeuse. Le côté merveilleux de cette expérience tient dans le fait que la prise de risque nous éloigne du niveau de départ et nous permet de voir les choses d'une manière différente.

Dans ma vie, je n'aurais jamais pu vous dire que je vous aimais. N'ayant jamais éprouvé un tel sentiment, je ne l'ai jamais dit à personne. Jamais je n'ai ressenti de l'amour pour personne. J'ai aimé le Dieu Inconnu car il représente mon défi suprême et, ensuite, mon cœur s'est attendri du fait de mes enfants, en commençant à me sentir davantage parental. Avec le déclin des années, avec de grosses pertes et de grandes victoires, une maîtrise difficile de la situation alors que des précipices s'ouvraient sous nos talons, la vallée faisant place à une rivière et la rivière, à son tour, devenant un océan — temps mouvementés que ceux-là ! J'ai vécu à cette époque et je sais donc ce qu'il en est. Pour être plus précis, la sagesse d'un homme avisé a un prix équivalent, par comparaison, à celui de plusieurs existences successives d'un individu ignare n'ayant aucune expérience de la vie. J'ai été confronté à ces difficultés. Je suis apparu à une époque de violence et, d'une certaine façon, vous également, il y a fort longtemps.

Quand je déclare vous aimer — et, comme vous pouvez le constater, je n'en ai pas tout à fait terminé avec ce que j'ai à vous dire car j'éprouve quelque difficulté à efficacement faire se mouvoir mon esprit dans ce cerveau pour trouver les mots — quand je déclare que je vous aime, cela signifie que j'ai quitté mon troisième sceau, le guerrier le plus puissant, pour accomplir lentement ma destinée à travers une montagne d'adversité, de souffrances, beaucoup de souffrances et en réfléchissant énormément. Mais j'étais armé d'une chose, de volonté, d'une épée et d'une capacité d'émerveillement. Je m'émerveillai, j'étais empli de l'émerveillement d'en arriver là si bien que lorsque je fus monté dans ma tête, je ne pouvais plus aimer le seul Ramtha et ne pas aimer toutes les autres personnes. À mon grand étonnement, j'en arrivai là et il en sera de même pour vous un jour. Vous vous sentez isolés, emplis de souffrance, pensant que personne ne vous comprend mais, la vérité étant progressivement mise en évidence, vous constaterez combien vous êtes ordinaire. Une fois cet état des choses admis par vous, alors peut-être serez-vous sur le chemin des étoiles.

Depuis le Seigneur Dieu de mon être, je vous envoie les messagers sur la véritable nature de l'amour. Les Écritures rapportent que le Christ a dit qu'il n'y a pas de plus grande preuve d'amour que celle consistant à donner sa vie pour quelqu'un d'autre. Cela est exact. L'amour le plus grand — l'amour suprême — est bien d'abandonner sa vie en sorte qu'une autre personne puisse vivre car, au bout du compte vous vivrez de nouveau. Pourquoi appelons-nous cela amour ? Il n'existe pas de meilleure preuve d'amour que d'abandonner sa vie au profit de quelqu'un d'autre. Que de beauté ! Car cela nous révèle l'altitude vertigineuse, extraordinaire, libératrice du niveau de conscience qu'est l'amour, lequel sera toujours vivant. La vie est temporaire mais l'amour, lui, est éternel.

Et c'est en cela qu'a consisté le voyage de Ramtha. Mes bien-aimés, l'amour véritable, c'est cela. Je vous envoie donc les messagers et je vous envoie le cadeau ; peut-être que la remise à plat de votre vie sera pour vous aussi facile à réaliser que la modification des attitudes qui gouvernent votre vie. Si vous y réussissez, alors, vous aurez découvert l'amour de vous-même.

Vous voulez tous l'amour, la source merveilleuse, l'élixir suprême. L'amour de soi est le commencement de la quête. Tout est dans l'attitude et vous pouvez le faire. Qu'il en soit ainsi.

À vous pour toujours,

Ramtha

ÉPILOGUE
Introduction à Ramtha par JZ Knight

« Autrement dit, sa volonté totale est de venir ici vous enseigner comment être extraordinaire. »

Inutile de vous lever pour moi. Je m'appelle JZ Knight et je suis le propriétaire légitime de ce corps. Soyez bienvenus à l'école de Ramtha. Veuillez vous asseoir. Merci.

Nous allons débuter en vous disant que Ramtha et moi sommes deux personnes, deux êtres différents. Nous avons une réalité commune, mon corps. Je suis fort différente de lui. Bien que nous ayons à peu près la même apparence, en réalité nous n'avons pas la même.

Que puis-je dire ? Voyons. Toute ma vie, depuis ma toute petite enfance, j'ai entendu des voix dans ma tête et vu des choses merveilleuses qui, pour moi, étaient des choses normales. J'ai eu la chance que ma famille, du moins ma mère, ait été clairevoyante et ne condamna jamais ce que je voyais. Toute ma vie, j'ai eu de merveilleuses expériences, mais la plus importante d'entre elles fut mon amour intense et profond pour Dieu. Il y avait une partie de moi qui comprenait ce que c'était. Plus tard dans ma vie, je suis allée à l'église et tentais de comprendre Dieu du point de vue de la doctrine religieuse. J'eus beaucoup de difficultés avec cela car cela contredisait en quelque sorte ce que je ressentais et ce que je savais.

Ramtha a fait partie de ma vie depuis ma naissance mais je ne savais pas qui il était ni ce qu'il était. La seule chose que je savais était qu'une force merveilleuse marchait avec moi, et, lorsque j'étais en difficulté — j'ai beaucoup souffert en grandissant — j'avais toujours des expériences extraordinaires avec cet être qui me parlait. Je l'entendais aussi clairement que je vous entendrais si nous tenions une conversation. Il m'aida à comprendre beaucoup de choses dans ma vie, me donna des conseils qui étaient en quelque sorte au-delà de ceux que donnerait une personne ordinaire.

Ce n'est qu'en 1977, un dimanche après-midi, qu'il m'apparut dans ma cuisine alors que je construisais des pyramides avec mon mari de l'époque, parce que nous nous intéressions à la manière de déshydrater la nourriture, aux randonnées pédestres et autres choses du genre. J'étais en train de me mettre sur la tête une de ces choses ridicules et, à l'autre bout de la cuisine, apparut cette merveilleuse apparition qui mesurait sept pieds de haut et brillait, magnifique et absolue. Personne ne s'attend à ce qu'un après-midi à deux heures et demie, une telle apparition ait lieu dans sa cuisine. Personne n'est jamais prêt pour ce genre de chose. C'est seulement alors que Ramtha se fit réellement connaître à moi.

La première chose que je lui dis — et je ne sais pas d'où cela m'est venu — fut de dire : « Vous êtes si beau. Qui êtes-vous ? »

Il était tout sourire comme le soleil. Il est extraordinairement beau. Il dit : « Je m'appelle Ramtha, l'Être Éclairé, et je suis venu t'aider à traverser le fossé. » Comme je suis simple par nature, ma réaction immédiate fut de regarder parterre, pensant que peut-être quelque chose était arrivé au plancher ou qu'une bombe était tombée ; je ne savais pas.

Et c'est à partir de ce jour qu'il a fait partie de ma vie de manière constante. En 1977, beaucoup de choses intéressantes se passèrent, c'est le moins qu'on puissse dire. Mes deux jeunes enfants à l'époque firent la rencontre de Ramtha et furent témoins de quelques phénomènes incroyables, mon mari aussi.

Plus tard cette année-là, après m'avoir enseigné et comme il avait des difficultés à m'expliquer ce qu'il était et moi à comprendre, un jour il me dit : « Je vais t'envoyer un messager qui t'apportera une série de livres; lis-les car en les lisant tu comprendras ce que je suis. » C'était la série de livres *La Vie des Maîtres (*Robert Laffont, 1972. Collection « Les portes de l'étrange ». Je les lus et commençai à comprendre que, d'une certaine manière, Ramtha était l'un de ces êtres. Cela me fit sortir du dilemme qui me poursuivait alors entre est-ce-le-diable-ou-est-ce-Dieu.

Une fois l'avoir compris, il passa de longs longs moments à marcher dans ma salle de séjour, adaptant les sept pieds de cet être si beau au confort de mon canapé ; il s'asseyait et me parlait, m'enseignait. Je ne m'étais pas rendue compte à l'époque qu'il savait déjà toutes les choses que j'allais lui demander et qu'il savait déjà comment y répondre. Je ne savais pas qu'il savait cela.

Depuis 1977, il s'est donc patiemment occupé de moi en me permettant de mettre en question non pas son authenticité mais ce qu'il avait à voir avec moi en tant que Dieu ; il m'enseignait, me rattrapait lorsque j'allais me laisser prendre par les croyances dogmatiques ou par les limitations; il me rattrapait juste à temps, m'enseignait et me faisait traverser tout cela. Je disais constamment : « Vous êtes tellement patient, vous savez. Vous savez, je pense que c'est merveilleux que vous soyez si patient. » Il se contentait de sourire et de dire qu'il avait trente-cinq mille ans, qu'y peut-il y avoir à faire d'autre pendant tout ce temps-là ? En réalité, il n'y a guère de cela moins de dix ans que je me rendis compte qu'il savait déjà ce que j'allais lui demander et que c'était la raison pour laquelle il était si patient. Mais, grand professeur qu'il était, il m'accorda l'opportunité de me poser ces problèmes en moi-même et me fit ensuite la grâce de me parler d'une manière qui n'était pas présomptueuse mais plutôt en quelque sorte comme le ferait un vrai professeur, me permettant de faire mes propres réalisations.

Être le channel de Ramtha depuis 1979 a été une expérience; comment habiller votre corps pour — Ram mesure sept pieds et je ne l'ai vu porter que deux robes. Bien que ce soit toujours les mêmes robes, elles sont vraiment belles si bien que l'on ne se lasse jamais de les voir. La robe de dessous est aussi blanche que neige et descend jusqu'en bas où je suppose que sont ses pieds et il porte une autre robe par-dessus qui est d'un violet magnifique. Mais je veux que vous compreniez que j'ai regardé de près les étoffes dont sont faites ces robes et ce n'est pas quelque chose de matériel. C'est comme de la lumière. Et bien que la lumière ait une certaine transparence, je comprends que ce qu'il porte a quelque chose de réel.

Le visage de Ramtha — sa peau est de la même couleur que la cannelle, c'est la meilleure façon que je puisse la décrire. Elle n'est pas vraiment brune et elle n'est pas vraiment blanche non plus, ni vraiment rouge ; c'est une sorte de mélange des trois. Et il a des yeux d'un noir très profond et lorsqu'il regarde en vous, vous savez que quelqu'un vous regarde. Ses sourcils ressemblent à des ailes d'oiseau et montent haut sur son front. Sa mâchoire est carrée et il a une bouche magnifique ; quand il sourit, vous savez que vous êtes au paradis. Il a de longues, longues mains, de longs doigts qu'il utilise avec éloquence pour faire la démonstration de sa pensée.

Imaginez comment, après m'avoir enseigné à quitter mon corps en me tirant littéralement et en me lançant dans le tunnel, je heurtais le mur de la lumière, rebondissais, et prenais soudain conscience que mes gosses étaient revenus de l'école et que je venais seulement de terminer la vaisselle du petit-déjeuner, imaginez comment il m'était réellement difficile de m'habituer à sauter des périodes de temps sur ce plan, et en plus, je ne comprenais pas ce que je faisais et où j'allais. Il nous fallut donc de nombreuses sessions de pratique.

Imaginez un peu s'il s'approchait de vous et vous sortait de votre corps, vous lançait au plafond et vous demandait alors à quoi cela ressemblait pour vous jeter ensuite dans un tunnel — et peut-être que la meilleure façon de le décrire est de dire que c'est un trou noir menant au niveau suivant — vous retrouver lancée dans ce tunnel, heurter ce mur blanc et puis perdre la mémoire. Et comprenez bien, il me faisait cela à dix heures du matin et quand je revenais du mur blanc il était quatre heures et demie. Cela me causait donc un véritable problème de m'ajuster au temps que je manquais ici. Cela nous a donc pris longtemps à apprendre comment faire cela et ce fut amusant, drôle et absolument terrifiant parfois.

Mais ce qu'il me préparait à faire était de m'enseigner quelque chose à quoi j'avais consenti avant cette incarnation-ci, le fait que ma destinée dans cette vie n'était pas juste de me marier et d'avoir des enfants et de réussir dans la vie, mais de surmonter l'adversité qu'il y aurait à laisser se produire ce qui avait été planifié auparavant, l'une de ces choses étant l'apparition de la conscience extraordinaire qu'il est.

Essayer d'habiller le corps de Ramtha, c'était risible. Je ne savais pas que faire. Lors de ma première session en tant que channel, je portai des talons hauts et une jupe ; vous savez, c'était pour moi comme aller à l'église. Vous pouvez imaginer, si vous prenez quelques instants pour l'étudier, quelle allure il aurait, vêtu d'un costume de ville et de talons hauts, ce qu'il n'avait jamais porté dans sa vie.

Mais j'imagine que ce que je veux vous dire, c'est qu'il est vraiment difficile de parler aux gens — peut-être qu'un jour je le ferai avec vous, et de comprendre qu'il faut avoir rencontré Ramtha et connaître son esprit et connaître son amour, et connaître son pouvoir — et comment comprendre que je ne suis pas qui il est et que bien que j'y travaille de façon diligente, nous sommes deux êtres séparés et que quand vous me parlez dans ce corps, c'est à moi que vous parlez, pas à lui. Et durant les dix dernières années, cela a parfois été difficile pour moi vis-à-vis des médias parce que les gens ne comprennent pas comment il est possible qu'un être humain soit doté d'un esprit divin tout en étant séparé de lui.

Je souhaite donc que vous sachiez que, bien que vous voyiez Ramtha dans mon corps, c'est mon corps à moi ; il ne ressemble pas du tout à cela. Son apparence dans le corps ne diminue pourtant en rien la magnitude de qui il est, ni de ce qu'il est non plus. Et vous devez aussi comprendre que lorsque nous parlons, lorsque vous me questionnez sur ce qu'il a dit, il y a de grandes chances pour que je n'aie aucune idée de quoi vous parlez, parce que quand je quitte mon corps, et c'est l'affaire de quelques minutes, je me retrouve dans un temps tout autre et dans un autre lieu dont je n'ai pas ensuite de souvenir conscient. Même s'il passe de longues heures avec vous aujourd'hui, peut-être que pour moi cela ne représente que cinq minutes ou même trois, et quand je reviens dans mon corps, tout ce temps de cette journée entière est passé et je n'en ai pas fait partie. Je n'ai rien entendu de ce qu'il vous a dit et je ne sais pas ce qu'il a fait. Quand je reviens, mon corps est épuisé et monter les escaliers pour aller me changer et me rendre plus présentable pour ce qui m'attend pour la journée, même cela est difficile.

Vous qui êtes des étudiants débutants, je voudrais aussi que vous compreniez quelque chose qui est devenu tout à fait évident au cours des années, le fait qu'il m'a montré beaucoup de choses merveilleuses que, je suppose, des gens qui ne les ont jamais vues ne pourraient même pas en rêver dans leurs rêves les plus fous. J'ai vu le vingt-troisième univers, j'ai rencontré des êtres extraordinaires et j'ai vu le va-et-vient de la vie. J'ai vu naître, vivre et mourir des générations en l'espace d'un moment. J'ai été mise en présence d'événements historiques en sorte de me permettre de mieux comprendre ce que j'avais besoin de savoir. Il m'a été donné de marcher aux côtés de mon corps dans d'autre vies et d'observer comment j'étais et qui j'étais, et j'ai pu voir l'autre côté de la mort. Ce sont là des opportunités précieuses et privilégiées que d'une manière ou d'une autre j'ai mérité d'avoir dans ma vie. D'une certaine manière, en parler à d'autres n'apporte que du désenchantement parce qu'il est difficile de faire comprendre à des gens qui ne sont jamais allés dans de tels lieux à quoi ils ressemblent. Je raconte ces histoires du mieux que je peux mais n'y parviens que mal.

Mais je sais que la raison pour laquelle il travaille avec ses étudiants de la manière qu'il le fait est qu'il ne veut jamais porter ombrage à aucun d'entre vous. Autrement dit, sa volonté est de venir vous enseigner comment être extraordinaires ; lui. Il l'est déjà. Produire des phénomènes ne l'intéresse pas. S'il vous dit qu'il allait vous envoyer des messagers, ils vont vous arriver pour de vrai. Il n'a pas envie de faire des tours de prestidigitation devant vous ; ce n'est pas son genre. Des choses pareilles sont les outils utilisés par un avatar qui est encore un gourou et qui a besoin qu'on l'adore ; ce n'est pas son cas à lui.

Ce qu'il va faire c'est vous enseigner, vous cultiver et vous permettre de créer le phénomène ; et vous allez en devenir capable. Et un jour, quand vous serez capable de manifester à la demande, quand vous saurez quitter votre corps et aurez appris à aimer alors qu'il n'est pas dans l'intérêt de l'humain de faire cela, un jour, il fera son apparition dans votre vie parce que vous serez prêt à partager ce qu'il est. Ce qu'il est, c'est simplement ce que vous allez devenir. En attendant, il est diligent, patient, il sait tout et comprend tout ce que nous devons savoir en sorte d'apprendre à l'être.

Ce que je peux vous dire, c'est que si ce que vous avez entendu dans cette présentation vous a intéressé et si vous commencez à l'aimer même alors que vous ne le voyez pas, c'est bon signe parce que cela veut dire que ce qui était important en vous était votre âme vous pressant de vous épanouir dans cette vie-ci. Cela va peut-être à l'encontre de votre neuronet. Peut-être que votre personnalité n'est pas d'accord avec vous et qu'elle va défendre ses arguments avec vous mais vous allez apprendre que cette sorte de logique est vraiment transparente quand l'âme vous pousse à faire une expérience.

Ce que je peux dire, c'est que, si c'est ce que vous voulez, vous allez devoir faire preuve de patience et de force de concentration et devoir faire le travail. Au début, le travail est très difficile, mais si vous avez suffisamment de ténacité pour vous y tenir, je vous dis qu'un jour, ce professeur vous retournera à l'envers. Vous serez capable de faire toutes ces choses remarquables que les maîtres dont vous avez entendu parler dans les mythes et les légendes sont capables de faire. Vous pourrez faire la même chose parce que c'est le cheminement. Ultimement, une telle faculté est singulièrement la réalité d'un Dieu s'éveillant dans la forme humaine.

Tel est mon chemin et ce fut mon chemin toute ma vie. Si ce n'était pas important et si ce n'était pas ce que c'est, je ne vivrais certainement pas dans l'oubli la plus grande partie de l'année simplement pour que quelques personnes viennent ici avoir une expérience Nouvel Âge. C'est bien plus qu'une expérience Nouvel Âge. Je devrais ajouter également que c'est bien plus important que la faculté de méditer et celle de faire du yoga. Il s'agit de changer notre conscience sur tous les points de notre vie et d'être capable de rendre nos esprits libres et illimités afin de pouvoir être tout ce que nous pouvons être.

Je souhaite que vous sachiez également que j'ai appris que l'on ne peut démontrer que ce que l'on est capable de démontrer. Si vous dites, voyons, qu'est ce qui me bloque, le seul bloc que vous ayez est de ne pas être capable de lâcher prise, votre faculté de lâcher prise, votre faculté de permettre, et votre faculté de vous apporter le soutien nécessaire en face même de votre propre doute neurologique, du doute de votre neuronet. Si vous pouvez ne pas succomber au doute, vous effectuerez cette percée parce que c'est le seul bloc sur votre route. Et un jour, vous ferez toutes ces choses et vous verrez toutes les choses que j'ai vues, toutes les choses qu'il m'a été permis de voir.

Je voulais juste venir vous montrer que j'existe et que j'aime ce quc jc fais, ct quc j'espère que vous apprenez avec ce professeur et, encore plus, que j'espère que vous allez continuer.

— JZ Knight

GLOSSAIRE

Abstract thought. Pensée abstraite. Les pensées abstraites sont des concepts de l'inconnu. Ce sont des paradigmes de pensée non encore vécus et par conséquent sans charge émotionnelle.
Aeroship. Vaisseau spatial. Il s'agit de vaisseaux spatiaux, OVNI ou avions.
Age of God. Âge de Dieu. L'âge de Dieu est une époque où les développements scientifiques fleuriront plus que jamais auparavant. Cette époque existera grâce à un changement délibéré quant au temps et aux valeurs attribuées au temps. La maladie, la souffrance, la haine, le vieillissement, la mort et la guerre n'auront plus cours sur ce plan, mais au contraire la vie ininterrompue. C'est grâce à la connaissance, la compréhension et un amour profond que ces choses surviendront dans la vie de chaque individu.
Ahk Men Ra. C'est le nom de l'un des groupes individuels de l'École de Sagesse de Ramtha créés par Ramtha. Il nomma et impartit à chaque groupe une mission et un but spécifiques qui donne unité et identité à ses membres.
Akasha. Terme sanskrit utilisé par la philosophie hindoue pour décrire l'au-delà, l'éther ou le domaine spirituel.
Altered ego. Ego altéré. L'ego altéré est une version au qualificatif du terme psychologique d'origine latine, l'*alter ego*. Il fait référence à la personnalité humaine limitée et indique expressément l'altération et l'étouffement du soi véritable et divin de l'individu occasionné par l'individu..
Altered thinking. Pensée altérée. Cela fait référence aux processus de pensée de l'ego altéré.
Analogical. Analogique. Être analogique veut dire vivre dans le « Moment Présent ». C'est le moment créatif qui se situe en dehors du temps, du passé et des émotions.
Analogical mind. Esprit analogique. Esprit analogique veut dire esprit unifié. C'est le résultat de l'alignement de la conscience primaire et de la

conscience secondaire, l'Observateur et la personnalité. Dans cet état d'esprit, les quatrième, cinquième, sixième et septième sceaux du corps sont ouverts. Les bandes tournent en directions opposées, comme une roue à l'intérieur d'une autre roue, créant un vortex puissant permettant aux pensées maintenues dans le lobe frontal d'être cristallisées et de se manifester.

Ancient wisdom. Sagesse ancienne. Il s'agit de la sagesse des âges, de la connaissance de chaque grand maître ayant jamais vécu et ayant atteint l'illumination. C'est la vérité qui soutient les disciplines du Grand Œuvre et le contenu des enseignements de Ramtha.

Antichrist. Antéchrist. L'antéchrist est le Christ altéré, la personnalité humaine limitée qui détruit notre soi divin véritable. Cela fait référence à qui ou quoi que ce soit qui étouffe l'humanité et lui dérobe son droit de naissance et sa divinité.

Ascended master. Maître ayant fait l'expérience de l'Ascension. Un maître ayant fait l'expérience de l'ascension est une personne qui a maîtrisé le plan physique, les limitations de l'espace et du temps et conquis la mort. Ces maîtres ont acquis la faculté d'accélérer la fréquence de leur corps physique au point de pouvoir quitter ce plan et se manifester dans n'importe quel autre plan d'existence ou dimension qu'ils souhaitent. Ramtha, Yeshua ben Joseph, Bouddha, Rathabim, Zarathoustra, Takahshunuman, Apollonius de Tyane, parmi d'autres, sont tous des maîtres ayant fait l'expérience de l'ascension. Ramtha fut le premier membre de la race humaine à transcender ce plan et à faire l'expérience de l'ascension sans ne jamais connaître la mort.

Ascension. Ascension. L'ascension est le résultat naturel de l'illumination. C'est le résultat de l'ouverture de tous les centres énergétiques du corps humain et l'épanouissement complet du subconscient qui se traduit par une liberté absolue sur tous les plans d'existence. Ramtha fut le premier être humain né d'un homme et d'une femme à faire l'expérience de l'ascension depuis ce plan sans ne jamais connaître la mort. Il s'éleva au-dessus des siens après leur avoir enseigné durant 120 jours tout ce qu'il avait appris au sujet du Dieu Inconnu. Après leur avoir fait ses adieux, il éleva la fréquence de son corps jusqu'à un niveau élevé avant de disparaître dans un éclair de lumière éblouissante. On rapporte que Yeshua ben Joseph a fait l'expérience de l'ascension depuis le plan physique après sa mort et sa résurrection devant ses disciples sur les rives de la Mer de Galilée.

Assay. Essai. Ce terme signifie le test de l'initié. Ces séminaires durent généralement dix jours et permettent aux étudiants de mettre à l'épreuve le niveau de leurs accomplissements.
Atlatian. (Atlantean). Atlante. Ce terme fait référence à un habitant du continent de l'Atlantide.
Atrium of the Constants. Atrium des Constants. Plan d'existence de fréquence plus élevée que le plan physique où les âmes attendent la possibilité de s'incarner dans un corps physique.
Avatar. Avatar. Maître qui a le pouvoir de manifester à volonté mais qui n'est pas encore totalement réalisé en tant que maître et n'a pas conquis la mort.
Awakened being. Être éveillé. Il s'agit d'une personne illuminée et qui n'est plus victime de sa génétique ou de son environnement. Cette expression décrit un maître qui crée consciemment sa propre réalité.
Bands, the. Bandes, les. Ce sont les deux ensembles de sept fréquences qui entourent le corps humain et en maintiennent la cohésion. Chacune des couches de chacune de ces bandes selon leurs sept niveaux de fréquence correspond aux sept sceaux des sept niveaux de conscience dans le corps humain. Les bandes sont les champs auriques permettant les processus des esprits binaire et analogique.
Binary mind. Esprit binaire. Ce terme signifie deux esprits. C'est l'esprit produit lorsque nous accédons à la connaissance de la personnalité humaine et du corps physique sans accéder à notre esprit subconscient profond. L'esprit binaire repose uniquement sur la connaissance, perception et processus de pensée du néocortex et des trois premiers sceaux. Les quatrième, cinquième, sixième et septième sceaux restent fermés à ce niveau d'état d'esprit.
Blue Body™. Le Corps Bleu™. C'est le corps qui appartient au quatrième plan d'existence, la conscience de « passage » et la bande de fréquence ultraviolet. Le Corps Bleu™ a pouvoir sur le corps de lumière et le plan physique.
Blue Body™ Dance. La Danse du Corps Bleu™. C'est une discipline enseignée par Ramtha dans laquelle l'étudiant élève son niveau de conscience au niveau de la conscience du quatrième plan. Cette discipline permet d'accéder au Corps Bleu™ et d'ouvrir le quatrième sceau. .
Blue Body™ Healing. La Guérison par le Corps Bleu™. C'est une discipline enseignée par Ramtha dans laquelle l'étudiant élève son niveau de conscience au niveau de la conscience du quatrième plan et du Corps Bleu™ dans le but de guérir ou de changer le corps physique.

Blue Plane. Plan Bleu. *Voir* **Fourth Plane.** *Voir* **Quatrième plan.**

Blue webs. Toiles Bleues. Les toiles bleues représentent la structure fondamentale à un niveau subtil du corps physique. C'est la structure squelettique invisible du domaine physique au niveau de la fréquence ultra-violet.

Body/mind Consciousness. Conscience Corps/esprit. La conscience corps/esprit est la conscience qui appartient au plan physique et au corps humain.

Boktau. « Boktau ». Ce terme signifie le « Grand Test ». C'est le nom donné à une longue retraite qui a lieu à l'École de Sagesse de Ramtha et dure habituellement au moins trente jours. Un « mini-Boktau » est une version plus courte de cette retraite qui dure généralement une quinzaine de jours.

Book of Evolution. Livre de L'Évolution. C'est l'enregistrement de toutes les expériences de l'âme au cours de son cheminement depuis le premier plan physique jusqu'à son retour au septième plan et Point Zéro.

Book of Involution. Livre de l'Involution. C'est l'enregistrement de toutes les expériences de l'âme au cours de son cheminement depuis Point Zéro jusqu'au plan d'existence le plus dense, le plan physique.

Book of Life. Livre de Vie. Ramtha fait référence à l'âme comme étant le Livre de Vie dans lequel le cheminement de l'involution et de l'évolution de chaque individu est enregistré dans sa totalité sous forme de sagesse.

Box, the. Boîte, la. La boîte fait référence à l'ensemble des attitudes, habitudes, croyances et processus de pensée accepté par la personne humaine qui l'empêche d'explorer de nouveaux paradigmes de pensée et d'expérience. La boîte est l'équivalent du neuronet et de la personnalité humaine.

Breasts of Isis. Seins d'Isis. Ramtha appelle l'amygdale et l'hippocampe les Seins d'Isis.

C&E™ = R. C&E™ =R. La Conscience et l'Énergie créent la nature de la réalité.

C&E™. C&E™. Ceci est l'abbréviation de Conscience et Énergie™. C'est la marque déposée de la discipline fondamentale de la manifestation et de l'élévation du niveau de conscience enseignés à l'École de Sagesse de Ramtha. Par cette discipline, l'étudiant apprend à créer un état d'esprit analogique, à ouvrir ses sceaux les plus élevés et à créer la réalité depuis le Néant. Un séminaire « C&E™ pour débutants » est le nom donné au séminaire d'introduction pour étudiants débutants où leur sont enseignés les concepts et disciplines fondamentaux des enseignements de Ramtha.

Les enseignements relatifs aux séminaires pour débutants sont rendus disponibles dans : « Ramtha, *A Beginner's Guide To Creating Reality »* / « Ramtha, *Comment créer votre Réalité Personnelle. Guide pour Débutants.* (Yelm : JZK Publishing, département de JZK, Inc.,1997), et dans la vidéo : ' *Ramtha : Creating Personal Reality ' / « Ramtha : Comment Créer votre réalité Personnelle »* (Yelm : JZK Publishing, département de JZK, Inc., 1998).
(La traduction en français est disponible).
Carbule. Carbule. Le terme carbule se réfère aux tubules de carbone, les microtubules ou encore le squelette de la cellule.
Cartouche. « Cartouche ». C'est un symbole qui représente l'essence d'une idée ou d'une personne.
Chakra. Chakra. Le terme chakra est un mot sanskrit. Un chakra est le lieu où se croisent deux lignes d'énergie. Un chakra est un point d'intersection d'énergie, chose tout à fait différente des sept sceaux ou centres de conscience du corps humain.
Christ. Christ. Le mot Christ n'est pas le nom ou le titre d'un indivdu particulier. Le nom de Christ est le nom donné à tous ces individus qui ont maîtrisé le plan physique et conquis la mort. Le Christ dans la personne humaine fait référence au Dieu intérieur, l'aspect divin de la personne.
Christ walk. Marche Christique. La Marche de Christ est une discipline conçue par Ramtha où l'étudiant apprend à marcher très lentement dans un état de conscience totalement éveillée. Dans cette discipline, les étudiants apprennent à manifester l'esprit d'un Christ à chacun de leurs pas.
Christ-in-mass. Noël. (littéralement, le terme anglais dit : Christ-dans-la-matière). Ce terme fait référence à la fête de Noël. Il se réfère aussi à la Conscience Christique présente dans le corps de chair.
Collective attitude. Attitude collective. C'est un ensemble d'attitudes et de schémas de pensée communs à un groupe de personnes.
Collective consciousness. Conscience collective. Ce concept est équivalent au terme de « inconscient collectif » utilisé par Karl Jung. Une conscience collective est un état d'esprit que partagent de manière reconnaissable un groupe de personnes, un pays ou une culture.
Collective subconscious. Subconscient collectif. Il s'agit d'un état de conscience collectif commun à l'humanité bien que la plupart des personnes ne le reconnaissent pas. Les termes conscience sociale ou conscience corps/esprit sont également utilisés. C'est la conscience du plan physique et des trois premiers sceaux.

Common thought. Pensées courantes. Les pensées courantes sont les pensées qui ont déjà été fixées dans le cerveau par l'expérience et sont communes à la personnalité humaine.
Consciousness. Conscience. La conscience est l'enfant né du fait de la contemplation du Néant par lui-même. C'est l'essence et la structure de toute existence. Tout ce qui existe a eu son origine dans la conscience et s'est manifesté extérieurement grâce à son énergie vierge. Le terme « flux de conscience » se réfère au continuum de l'esprit de Dieu.
Consciousness and energy. Conscience et énergie. La conscience et l'énergie sont la force de création dynamique et sont combinées de manière inextricable. Tout ce qui existe a eu son origine en conscience et s'est manifesté dans la matière par la modulation de son impact énergétique.
Consciousness & Energy™. Conscience et Énergie ™. *See* **C&E™.** *Voir* ***C&E™.***
Constants. Constants. Êtres qui vivent dans l'atrium des Constants. Ce sont eux qui gouvernent sur les cycles et l'équilibre de l'ordre naturel.
Cosmic glue. Glu cosmique. C'est le terme utilisé par Ramtha pour décrire la force qui maintient la cohésion de l'univers. Il décrit l'amour comme la glu cosmique.
Critical mass. Masse critique. Ce terme fait référence à la manifestation et à la coagulation de la conscience en matière.
Crosham. Crosham. C'est le nom de l'épée qu'utilisa Ramtha pendant sa vie. Cette épée était si grande qu'il fallait les mains de dix hommes pour en tenir le pommeau.
Crossover. Croisé. Ce terme est utilisé pour décrire les âmes qui voulurent comprendre le sexe opposé dans leur prochaine incarnation tout en gardant la perspective de leur genre. Les croisés sont en quelque sorte des hommes vivant dans des corps de femmes et vice versa. Les personnes qui sont dans la confusion par rapport à leur orientation sexuelle sont souvent des croisés bien que cela ne soit pas toujours le cas.
Dark night of the soul. Ténèbres de l'âme. C'est une période de grande souffrance émotionnelle résultant des changements profonds d'une personne quant à sa compréhension d'elle-même. L'énergie envahit le corps émotionnel et est purifiée et libérée des attachements que nous lui avons donnés. La charge se trouve inversée dans le cerveau, activant le champ énergétique du corps et produisant la souffrance.
Daughter of God. Fille de Dieu. Ce concept exprime l'héritage divin de tout individu, et met un accent spécial sur l'égalité des femmes.

Dialogue days. Époque des Dialogues. L'époque des Dialogues fait référence aux sessions tenues avec Ramtha au cours desquelles les participants étaient encouragés à poser des questions personnelles et directes à Ramtha. Ces sessions eurent lieu avant l'établissement de l'École de Sagesse de Ramtha en 1988.

Dimension. Dimension. Une dimension est l'atmosphère ou environnement créés entre deux points quelconques de conscience. Il y a sept plans majeurs d'existence et un nombre infini de dimensions dans chacun d'entre eux.

Dimensional mind. Esprit dimensionnel. Un esprit dimensionnel est l'esprit d'un maître qui ne pense plus en termes de temps linéaire ou d'une unique dimension relative au temps et à l'espace. Un esprit dimensionnel est un esprit capable de voir tous les potentiels simultanément.

Disciplines of the Great Work. Disciplines du Grand Œuvre. L'École de Sagesse Ancienne de Ramtha est dédiée au Grand Œuvre. Les disciplines du Grand Œuvre pratiquées à l'École de Sagesse de Ramtha sont toutes conçues dans leur totalité par Ramtha. Ces pratiques sont des initiations puissantes où l'étudiant a la possibilité d'appliquer et de faire l'expérience directe des enseignements de Ramtha

Dreams. Rêves. Les rêves trouvent leur source dans la conscience humaine. Ce sont les réalités d'autres dimensions de pensée et pas seulement de pures fantasmes. Les rêves sont le moyen par lequel le subconscient communique avec le corps physique et le restaure pendant le sommeil. La plupart des rêves appartiennent à cette catégorie bien que certains rêves puissent également être de nature prophétique. Un rêve conscient est une manière de créer et de manifester la réalité à volonté utilisée dans les disciplines du Grand Œuvre.

Earthbound spirits. Esprits attachés à la terre. Les esprits attachés à la terre sont les esprits des personnes qui sont décédées mais ne se sont pas détachées de leur vie précédente et de leur existence physique. Ils existent dans la fréquence infra-rouge. Usuellement, on les appelle des fantômes.

Ego. Égo. L'égo est le soi, la véritable identité de la personne humaine.

Electrum. Électrum. Ce terme fait référence à un champ électro-magnétique ayant des pôles positif et négatif appelés électricité.

Elohim. Élohim.. C'est le nom de l'un des groupes individuels de l'École de Sagesse de Ramtha créés par Ramtha. Il nomma et impartit à chaque groupe une mission et un but spécifiques qui donne unité et identité à ses membres. Ce terme hébreux signifie littéralement les Dieux et est parfois utilisé en référence à un groupe spécifique de Dieux venus sur la planète Terre.

Elohim Ka Men Ra. Élohim Ka Men Ra. C'est le nom de l'un des groupes individuels de l'École de Sagesse de Ramtha créés par Ramtha. Il nomma et impartit à chaque groupe une mission et un but spécifiques qui donne unité et identité à ses membres.

Emerald of your universe. Émeraude de votre univers. La planète Terre.

Emotional body. Corps émotionnel. Le corps émotionnel est le collectif des émotions, attitudes et schémas électrochimiques passés qui définissent la personnalité humaine d'un individu. Ramtha le décrit comme étant la séduction de celui qui n'est pas éclairé. Il est la raison de la réincarnation cyclique.

Emotions. Émotions. Une émotion est l'effet physique et biochimique d'une expérience. Les émotions appartiennent au passé car elles sont l'expression d'expériences déjà connues et répertoriées dans les voies neurologiques du cerveau.

Enchantress. Enchanteresse. L'enchanteresse est le nom poétique attribué à la lune par Ramtha.

Energy. Énergie. L'énergie est la contrepartie de la conscience. Toute conscience comporte en elle-même un impact dynamique d'énergie, une radiation ou expression naturelle d'elle-même. Toutes les formes d'énergie comportent également en elles-mêmes une conscience qui les définit.

Enlightenment. Illumination. L'illumination est la pleine réalisation de la personne humaine, l'atteinte de l'immortalité et d'un esprit illimité. Elle résulte de l'élévation de l'énergie de la kundalini reposant à la base de la colonne vertébrale jusqu'au septième sceau qui ouvre les parties endormies du cerveau. Lorsque l'énergie pénètre le cervelet et le cerveau moyen, ouvrant le subconscient, l'individu fait l'expérience d'un éclair éblouissant de lumière appelé l'illumination.

Esoteric. Ésotérique. Ce terme fait référence à la connaissance sacrée ou cachée.

Etheric. Éthérique. C'est quelque chose qui appartient à l'au-delà, à l'éther, à l'ordre spirituel.

Evolution. Évolution. L'évolution est le retour « à la maison » depuis les niveaux les plus lents de fréquence et la matière, jusqu'aux niveaux les plus élevés de conscience et Point Zéro.

Exploding the volcano. Explosion du volcan. Cette expression est utilisée pour décrire le mouvement de l'énergie de la kundilini effectué dans la discipline du C&E™.
Fantastic realism. Réalisme fantastique. Ce concept décrit la réalité créée par un état élevé de conscience. Il fait référence à la réalité dont font l'expérience les maîtres.
Father, the. Père, le. Ce terme fait référence à la Source, Dieu, Point Zéro.
Field, the. Champ, le. *Voir* **Name-field. « Champ ».**
Fieldwork™. « Champ ». Fieldwork™ (« le Champ™ ») est une des disciplines fondamentales de l'École de Sagesse de Ramtha. Il est enseigné aux étudiants de créer un symbole sur quelque chose qu'ils veulent connaître — dont ils veulent faire l'expérience — et de le dessiner sur une carte en papier. Ces cartes sont placées, face vierge visible, sur la barrière d'un très grand champ. Les étudiants se bandent les yeux et se concentrent sur leur symbole, permettant à leur corps de marcher librement jusqu'à trouver leur carte, en appliquant la loi de la conscience et de l'énergie et de l'esprit analogique.
Fifth plane. Cinquième plan. Le cinquième plan d'existence est le plan de la superconscience et de la fréquence des rayons X. Il est également connu sous le nom de « Plan Doré » ou paradis.
Fifth seal. Cinquième sceau. Le cinquième sceau est le centre de notre corps spirituel qui nous relie au cinquième plan. Ce sceau est associé à la glande thyroïde ainsi qu'à la notion d'exprimer et de vivre la vérité sans dualisme.
First plane. Premier plan. Ceci fait référence aux plans matériel et physique. C'est le plan de la conscience image et de la fréquence hertzienne. C'est la forme la plus basse et la plus dense de conscience et d'énergie coagulées.
First seal. Premier sceau. Le premier sceau est associé aux organes de la reproduction, la sexualité et la survie.
First three seals. Trois premiers sceaux. Les trois premiers sceaux sont les sceaux de la sexualité, la survie, la douleur et la souffrance, l'état de victime et la tyrannie. Ce sont les sceaux usuellement en jeu dans toutes les complexités du drame humain.
Focus. Concentration. (focalisation). La faculté de concentration sur une pensée est une des composantes principales des disciplines du Grand Œuvre. Elle est atteinte lorsqu'on maintient consciemment et analogiquement dans le lobe frontal du cerveau une image holographique représentant une pensée.

Fourth plane. Quatrième plan. Le quatrième plan d'existence est le royaume de la conscience de passage et de la fréquence ultra-violet. On décrit ce plan comme le plan de Shiva, le destructeur de l'ancien et le créateur du nouveau. Sur ce plan, l'énergie n'est pas encore divisée selon les charges positive et négative. Tout changement durable ou guérison du corps physique doit être effectué au préalable au niveau du quatrième plan et du Corps Bleu™. On appelle aussi ce plan le Plan Bleu ou le plan de Shiva.

Fourth seal. Quatrième sceau. Le quatrième sceau est associé à l'amour inconditionnel et au thymus. Lorsque ce sceau est activé, une hormone est secrétée qui maintient le corps en parfaite santé et cesse le vieillissement.

Free space. Espace libre. L'espace libre est l'expérience de sortir de la boîte et des moules de notre personnalité limitée. On décrit l'espace libre comme l'extase. C'est l'expérience d'une perspective plus vaste et plus élevée qui permet aux individus de voir avec clarté et de comprendre les choses qui semblaient auparavant chaotiques et sans solution dans leurs vies.

Frequency. Fréquence. La fréquence est la vitesse vibratoire caractérisant une onde d'énergie. On utilise la fréquence pour décrire le rythme vibratoire des particules et des ondes d'un plan particulier d'existence.

Fruit of the vine. Fruit de la vigne. Le vin.

Gnosis. Gnose. Terme d'origine grecque signifiant connaissance. Ce terme était utilisé par les mouvements gnostiques du début de l'ère chrétienne pour décrire un système de connaissance ou bien la compréhension de Dieu, de la création, de la condition humaine et de la destinée, révélés par une source transcendentale. Cette connaissance sacrée a un effet rédempteur et libérateur sur l'individu.

Gnosticism. Gnosticisme. Le gnosticisme est une étiquette donnée au 18ème siècle aux mouvements gnostiques du début de l'ère chrétienne exposant un vaste ensemble d'enseignements issus de traditions existantes variées. L'idée fondamentale est une vue dualistique du monde. Ils croient que tout être humain est une étincelle du divin piégée dans la matière, ce qui résulte dans le conflit entre la lumière et l'obscurité, la connaissance et l'ignorance, le bien et le mal. La révélation de la connaissance sacrée permet à l'âme de l'individu d'être libérée et de se séparer de la chair, retournant ainsi à Dieu, sa source.

God. Dieu. Les enseignements de Ramtha sont un exposé de l'affirmation : « Vous êtes Dieu ». L'humanité y est décrite comme étant les Dieux oubliés. Dieu est différent du Néant. Dieu est le point de

conscience issu de la contemplation du Néant par lui-même. C'est la conscience et l'énergie explorant et faisant connaître les potentiels inconnus du Néant. C'est l'essence omnipotente et omniprésente de toute la création.
God within. Dieu intérieur. C'est l'Observateur, le soi véritable, la conscience primaire, l'Esprit, le Dieu au sein de la personne humaine.
God/man. Dieu/homme. La pleine réalisation d'un être humain.
God/woman. Dieu/femme. La pleine réalisation d'un être humain.
Gods. Dieux. Les Dieux sont des êtres technologiquement avancés venus sur terre il y a 455 000 ans depuis d'autres systèmes stellaires. Ces Dieux manipulèrent génétiquement la race humaine, mêlant et modifiant notre ADN avec la leur. Ils sont responsables de l'évolution du néocortex et utilisèrent la race humaine comme force de travail qui leur soit soumise. Preuves de ces événements sont inscrites sur les tablettes et objets sumériens. On utilise aussi ce terme pour décrire la véritable identité de l'humanité, les Dieux oubliés.
Golden body. Corps doré. C'est le corps qui appartient au cinquième plan, la super conscience et la fréquence des rayons X.
Golden Plane. Plan doré. *Voir* **Fifth Plane. Cinquième plan.**
Graymen. Hommes gris. C'est le groupe de personnes de grande influence qui possèdent les principales banques et corporations contrôlant les événements politiques et économiques du monde.
Great architect, the. Grand architecte, le. Le grand architecte fait référence au cerveau et, plus précisément, au néocortex et au lobe frontal où sont créées les images holographiques ou pensées.
Great Work. Grand Œuvre. Le Grand Œuvre est l'application pratique des enseignements des Écoles de Sagesse Ancienne. Cela fait référence aux disciplines par lesquelles la personne humaine parvient à l'illumination et est transmuée en un être immortel divin.
Hardwiring. Fixations neurologiques. Il s'agit du processus par lequel sont établies et fixées les connections neurologiques du cerveau. Il suffit qu'un modèle de pensée soit répété trois fois pour créer une habitude enregistrée dans le neuronet.
Heaven. Ciel. Ce terme est utilisé de trois manières. Il est utilisé en référence au paradis. Il est également utilisé pour décrire un plan d'existence en général. Le terme ciel est utilisé de manière plus spécifique pour désigner la région tranquille du néocortex, le lobe frontal.
Hell. Enfer. Ramtha explique que le concept de l'enfer signifiait à l'origine une tombe peu profonde. Cette forme d'ensevelissement était

tout à fait indésirable du fait que le corps du défunt se trouverait exposé à l'attaque des animaux sauvages. Le seul lieu où Ramtha découvrit l'existence de l'enfer comme lieu de punition éternelle est la conscience des hommes et des femmes qui y croient.

Hertzian realm. Royaume hertzien. *Voir* **First Plane. Premier plan.**

Hierophant. Hiérophante. Un hiérophante est un maître enseignant capable de manifester ce qu'il enseigne et d'initier ses étudiants à cette même connaissance.

Higher seals. Sceaux supérieurs. *Voir* **Upper four seals. Quatre sceaux supérieurs.**

Hyperconsciousness. Hyperconscience. L'hyperconscience est la conscience du sixième plan et de la fréquence des rayons gamma.

Hypnotic ability. Faculté d'hypnose. C'est la faculté d'entrer dans un état altéré de conscience appelé esprit analogique. Dans cet état, l'activité du néocortex est anesthésiée alors que le cerveau moyen et le cervelet sont activés.

Iaut Aleph. Iaut Aleph. C'est le nom de l'un des groupes individuels de l'École de Sagesse de Ramtha créés par Ramtha. Il nomma et impartit à chaque groupe une mission et un but spécifiques qui donne unité et identité à ses membres.

Image, the. Image, l'. L'image fait référence à la conscience sociale. Ce terme fait également référence à l'esprit produit par le neuronet ou la personnalité.

Incarnation. Incarnation. Ce terme fait référence à l'expérience d'une existence particulière. Le Transpersonnel, l'Esprit ou le Soi véritable de l'individu est l'enfant du Néant et immortel par nature. L'âme est différente de l'Esprit. Elle enregistre les expériences de l'Esprit immortel. C'est pourquoi l'Esprit et l'âme prennent un corps physique dans une incarnation dans le but d'interagir avec le plan physique d'existence. À la mort, à la fois l'Esprit et l'âme quittent le corps physique et cherchent à s'incarner de nouveau dans un autre corps physique afin d'achever ce qu'ils veulent apprendre sur ce plan.

Infinite Unknown. Inconnu Infini. C'est la bande de fréquence du septième plan d'existence et l'ultraconscience.

Involution. Involution. L'involution est le cheminement depuis Point Zéro et le septième plan jusqu'aux niveaux les plus lents et les plus denses de fréquence et matière.

Ionia. Ionie. L'Ionie est une région du continent Atlante où se situe la Macédoine aujourd'hui.

Jehovah. Jéhovah. Jéhovah est un être technologiquement avancé qui manquait beaucoup de confiance en lui, avait l'esprit guerrier et haïssait sa sœur. C'est lui qui fut responsable du départ d'Abraham pour le pays de Canaan, pour la création du peuple hébreu et le départ de Moïse d'Égypte pour se rendre jusqu'à la Terre Promise.
JZ Knight. JZ Knight. JZ Knight est la seule personne désignée par Ramtha pour le channeler. Ramtha fait référence à JZ comme étant sa fille bien aimée. Elle s'appelait Ramaya, un des enfants de la maison de Ram durant la vie de Ramtha.
Ka. Ka. Terme égyptien se référant au corps de lumière d'une personne.
Karma. Karma. Le karma est la conséquence naturelle des pensées et des actions d'une personne. Le karma comprend toutes les questions, attitudes et émotions qu'une personne n'a pas encore transformées en sagesse. Ces questions non encore résolues par l'âme sont la véritable cause du cycle répétitif des incarnations.
Kingdom of God. Royaume de Dieu. Ce concept fait référence à un plan d'existence ou dimension d'esprit où règne l'esprit illimité de Dieu.
Kingdom of heaven. Royaume des cieux. *Voir* **Kingdom of God. Royaume de Dieu.**
Kirlian photography. Photographie Kirlian. Ce terme fait référence à un processus photographique développé par des techniciens russes permettant de reproduire le champ aurique d'un objet vivant.
Knowingness. Connaissance précognitive. La connaissance précognitive est la faculté de connaître quelque chose sans l'aide de la perception sensorielle. La connaissance précognitive fait référence à l'acte d'accéder à la connaisance du subconscient.
Kundalini. Kundalini. L'énergie de la Kundalini est la force vitale d'une personne. Elle descend des sceaux les plus élevés jusqu'à la base de la colonne vertébrale à la puberté. C'est un paquet d'énergie important réservé pour l'évolution humaine, communément représenté comme un serpent enroulé à la base de la colonne vertébrale. Cette énergie est différente de l'énergie issue des trois premiers sceaux qui est responsable de la sexualité, la souffrance, le pouvoir et l'état de victime. On la décrit communément comme le serpent endormi ou le dragon endormi. Ce cheminement de l'énergie de la kundalini jusqu'à la couronne de la tête est appelé le chemin vers l'illumination. Ce cheminement a lieu lorsque le serpent s'éveille et commence à se diviser et à danser autour de la colonne vertébrale, ce qui ionise le fluide cérébrospinal et modifie sa structure

moléculaire. Ceci provoque l'ouverture du cerveau moyen et de la porte du subconscient.

Leave the body. Quitter le corps. Ceci décrit l'initiation vécue lors d'une expérience de sortie du corps.

Life force. Force vitale. La force vitale est le Père, l'Esprit, le souffle de vie dans une personne. C'est la plateforme à partir de laquelle une personne crée ses illusions, son imagination et ses rêves.

Life review. Revue de vie. C'est la revue de l'incarnation précédente qui a lieu lorsque la personne atteint le troisième plan après la mort. La personne devient alors l'Observateur, l'acteur et le destinataire de ses propres actions. Les aspects non résolus de cette vie qui émergent lors de la revue de vie décident des données de la prochaine incarnation.

Lifeline. Ligne de vie. C'est une ligne dans le temps ou la probabilité des évènements résultant de l'état d'esprit ou de conscience particulier d'une personne.

Light review. Revue dans la lumière. *Voir* **Life review. Revue de vie.**

Light, the. Lumière, la. La Lumière fait référence au troisième plan d'existence.

Lightbeing. Être de lumière. C'est un être du troisième plan d'existence.

Lightbody. Corps de lumière. C'est la même chose que le corps radieux. C'est le corps qui appartient au troisième plan de la conscience éveillée et à la bande de fréquence de la lumière visible.

Limited thought. Pensée limitée. Ce concept fait référence à la pensée sujette aux limitations de l'espace et du temps physiques. Il fait référence aux processus de pensée de la personnalité humaine et à la conscience des trois premiers sceaux.

Linear physics. Physique linéaire. C'est un terme qui décrit la physique classique ou Newtonienne.

List, the. Liste, la. La Liste est la discipline enseignée par Ramtha au cours de laquelle l'étudiant doit écrire une liste des choses qu'il désire connaître et dont il désire faire l'expérience. Il apprend ensuite à exercer sa concentration sur celle-ci dans un état de conscience analogique. La liste est la carte utilisée pour formuler, changer et reprogrammer le réseau neurologique d'une personne. C'est l'outil qui permet d'apporter à la personne et à sa réalité des changements significatifs et durables.

Lord of the Wind. Seigneur du Vent. Un des titres de Ramtha. Le vent représente la liberté, le pouvoir et la transcendance de l'Esprit. Ramtha devint le Seigneur du Vent lors de son illumination.

Making known the unknown. Faire connaître l'inconnu. Cette expression décrit le mandat divin originel donné à la conscience Source qui est censée manifester et amener à la conscience éveillée tous les potentiels infinis du Néant. Cette affirmation représente l'intention fondamentale inspirant le processus dynamique de l'évolution.
Mass to mass. Matière à matière. Ce concept fait référence à l'approche de la réalité physique depuis la perspective du plan physique.
Master. Maître. Un maître est une personne qui a la conscience claire de sa divinité et applique cette connaissance dans sa vie quotidienne. Ramtha appelle ses étudiants « maîtres » car ils apprennent à penser et à agir comme des maîtres.
Master General. Maître Général. Les Maîtres Généraux sont les membres du personnel de l'École de Sagesse de Ramtha responsables de l'organisation et de l'exécution des retraites et des séminaires de l'école.
Master Teacher. Maître Enseignant. Un maître enseignant est un maître ayant fait l'expérience de l'ascension qui a la faculté d'initier ses étudiants dans les mystères de la connaissance sacrée.
Material plane. Plan matériel. *Voir* **First plane. Premier plan.**
Materialize. Matérialiser. Ce terme fait référence à la coagulation et à la manifestation d'une pensée sous la forme physique.
Merkabah. Merkabah. La Merkabah est le nom donné à un très grand vaisseau mère spatial appartenant aux êtres habitant au delà de l'Étoile Polaire.
Mind. Esprit. (esprit). L'esprit est le produit des flux de conscience et d'énergie agissant sur le cerveau, créant des formes pensée, des segments holographiques ou des modèles neurosynaptiques appelés mémoire. Les flux de conscience et d'énergie sont ce qui maintient le cerveau en vie. Ils sont sa source de pouvoir. La faculté de penser d'une personne est ce qui définit son esprit.
Mind of God. Esprit de Dieu. L'esprit de Dieu comprend l'esprit et la sagesse de toutes les formes de vie ayant jamais vécues dans toute dimension et à toute époque ou qui vivront sur toute planète ou étoile.
Moment, the. Moment Présent, le. Ce terme décrit le présent créatif et éternel.
Monkey-mind. Esprit-singe. L'esprit-singe fait référence à l'esprit changeant de la personnalité.
Mother/Father principle. Principe Mère/Père. C'est la source de toute vie, Dieu le Père, l'éternelle Mère, Point Zéro.
Motheren. (Mother). Mère.

Mu. Mu. Mu est le continent de la Lémurie qui repose sous l'Océan Pacifique.
Myria Amoun. Myria Amoun. Ce terme veut dire : vie argentée et est le nom du vaisseau de Ramtha. La valeur numérique représentant ce vaisseau massif de 19 miles de long (environ 30 kms) est 32 et son symbole est la triade.
Nabor. Nabor. Nabor était la cité située dans la vallée de Nazire où Ramtha fut traversé par une épée.
Name-field. Champ. « Le Champ » est le nom donné au vaste champ où est pratiquée la discipline appelée Fieldwork™, « le Champ ».
Neewollah. Neewollah. C'est la fête de l'Halloween, le mot étant épelé à l'envers.
Neophyte. Néophyte. Un néophyte est un étudiant débutant du Grand Œuvre.
No-time. Non-temps. Ce concept fait référence à l'expérience du « Moment Présent », le moment éternel, créatif et analogique. Le temps est la conséquence, la manifestation et l'expérience de ce moment créatif.
Observer. Observateur. Ceci fait référence à l'Observateur responsable de précipiter la particule/onde de la mécanique quantique. Il représente le vrai soi, l'Esprit, la conscience primaire, le Dieu au sein de la personne humaine.
Om Akad. Om Akad. C'est le nom de l'un des groupes individuels de l'École de Sagesse de Ramtha créés par Ramtha. Il nomma et impartit à chaque groupe une mission et un but spécifiques qui donne unité et identité à ses membres.
Onai. Onai. C'était une cité portuaire au sud du continent de l'Atlantide où Ramtha vécut enfant avec sa mère, son frère et sa soeur.
Our God. Notre Dieu. Ce concept fait référence au Dieu, à l'Esprit, l'Observateur, l'élément divin, le vrai soi de l'individu.
Outrageous. Extravagant. La traduction littérale en français du mot « outrageous » est « outrageant, monstrueux, scandaleux », mais Ramtha donne à ce terme un sens positif en parlant de quelque chose ou de quelqu'un qui est extraordinaire et inhabituel, libre dans ses actions et excessivement audacieux et virulent.
Outrageous thought. Pensée extravagante. ***Référez-vous aux explications données pour le terme « outrageous », traduit par « extraordinaire ».*** Ce type de pensée fait référence à une pensée illimitée, élevée, transcendentale.

Past, the. Passé, le. Le concept de passé, dans son contexte subjectif, fait référence à tout ce qu'un individu connaît déjà par l'expérience. Dans ce sens, le passé comprend toutes les expériences émotionnelles d'une personne par rapport aux gens, lieux, choses, temps et évenements. Le passé est la plus grande force de dissuasion de l'évolution humaine car il invalide la faculté de l'individu à créer de nouveaux paradigmes de pensée et à faire connaître l'inconnu.

People, places, things, times, and events. Gens, lieux, choses, temps et évènements. Ce sont les domaines principaux de l'expérience humaine auxquels la personnalité est attachée émotionnellement. Ces domaines représentent le passé de la personne humaine et constituent le contenu du corps émotionnel.

Personality, the. Personnalité, la. La personnalité est la conscience secondaire, la conscience miroir, le voyageur ayant oublié son origine et héritage divins.

Philosopher's stone. Pierre Philosophale. C'est un terme alchimique faisant référence à l'élixir d'immortalité.

Physical plane. Plan physique. *Voir* **First plane. Premier plan.**

Plane of Bliss. Plan de la Béatitude. Cela fait référence au plan de repos où les âmes prévoient leur incarnation suivante après leur revue de vie. On le connaît aussi sous le nom de « ciel » ou « paradis » où n'existent aucune souffrance, aucun besoin ou manque et où chaque souhait est immédiatement manifesté.

Plane of demonstration. Plan de la démonstration. On appelle aussi le plan physique le plan de démonstration. C'est le plan où la personne a la possibilité de faire la démonstration de son potentiel créateur dans la matière et d'être le témoin de la conscience sous sa forme matérielle afin d'accroître sa compréhension émotionnelle.

Plane of flesh. Plan de la chair. *Voir* **First plane. Premier plan.**

Point Zero. Point Zéro. Ce terme fait référence au point originel de conscience créé par le Néant par l'acte de se contempler lui-même. Point Zéro est l'enfant originel du Néant.

Prancing Pony Inn. « Prancing Pony Inn ». Ce terme fait référence à un bar ou salle de danse. Ramtha emprunta ce terme à J.R.R. Tolkien, *Le Seigneur des Anneaux* (Londres : Grafton, 1991).

Prima materia. Prima Materia. C'est un terme alchimique qui fait référence à l'essence ultime de toutes choses.

Prophecy. Prophécie. Une prophécie est une ligne de vie future potentielle basée sur les faits du moment présent. Les prophécies devraient toujours être accompagnées de l'affirmation : « Tel qu'il apparaît aujourd'hui », car elles sont toujours sujettes à changement suivant l'évolution de la conscience collective. Une telle compréhension des prophécies est basée sur la loi de la conscience et de l'énergie enseignée par Ramtha.

Psychic ability. Faculté psychique. La faculté psychique est la faculté de connaître sans l'aide de la perception sensorielle. La faculté psychique est développée lorsqu'on accède au cerveau moyen et ouvre ce dernier, lui permettant de recevoir l'information venant de l'environnement d'un niveau de fréquence plus élevé que la bande de fréquence hertzienne.

Ra. Ra. Ra est le nom d'un Dieu égyptien. Ra est le nom qu'utilise Ramtha pour le soleil.

Radiant body. Corps Radieux. *Voir* **Lightbody. Corps de lumière.**

Ram. Ram. Ram est une version écourtée du nom Ramtha. Ramtha signifie le Père.

Ramuste. Ramuste. Ramuste est le nom de la maison collective correspondant à une émotion de l'âme où Ramtha choisit de naître. La compréhension émotionnelle de cette conscience collective était le pouvoir de la maîtrise.

Red energy. Énergie rouge. Ce terme est utilisé en référence à l'énergie de la kundalini et à l'énergie psychique.

Red Lion. Lion Rouge. Terme alchimique faisant référence à l'élixir d'immortalité.

Red serpent. Serpent Rouge. On visualise l'énergie de la kundalini s'élevant depuis la base de la colonne à travers les sceaux comme un double serpent rouge qui ondule et s'entrecroise avec lui-même comme le symbole médical du caducée. On l'utilise aussi pour décrire l'énergie psychique.

Reincarnation. Réincarnation. La réincarnation est le cycle répétitif de l'incarnation.

Righteousness. Vertu/Justesse. Littéralement, en anglais, c'est le « bon usage » de quelque chose. C'est la qualité morale de l'impeccabilité.

Runner. Messager. À l'époque de Ramtha, un messager était responsable d'apporter des messages ou des informations spécifiques. Un maître enseignant a la faculté d'envoyer des messagers à d'autres personnes : Ceux-ci manifestent leurs paroles ou leur intention sous la forme d'une expérience ou d'un événement.

Satan. Satan. Satan n'est pas le nom ou le titre d'un être singulier. C'est plutôt tout ce qui ou quoi que ce soit qui nous dérobe notre divinité ou du

changement. Satan, l'accusateur, est ce qui maintient la personne humaine bloquée dans les émotions du passé.
School of Ancient Wisdom. École de Sagesse Ancienne. Titre donné aux différentes écoles où, au cours de l'histoire, était enseignée la connaissance du Grand Œuvre. Ramtha fut en grande partie responsable de l'existence de toutes ces écoles.
Season of blood. Menstruation. Terme faisant référence au cycle de la menstruation.
Second plane. Second plan. C'est le plan d'existence de la conscience sociale et de la bande de fréquence infra-rouge. Il est associé à la douleur et la souffrance. Ce plan est la polarité négative du troisième plan de la fréquence de la lumière visible.
Second seal. Second sceau. Ce sceau est le centre énergétique de la conscience sociale et de la bande de fréquence infra-rouge. Il est associé à la douleur et à la souffrance et se situe dans la région abdominale inférieure.
Self, the. Soi, le. Le Soi est la véritable identité de la personne humaine. C'est l'aspect transcendental de la personne. Il fait référence à l'Observateur, à la conscience primaire.
Sending-and-receiving. « Envoyer-recevoir ». « Envoyer-recevoir » est le nom de la discipline enseignée par Ramtha par laquelle l'étudiant apprend à accéder à des informations en utilisant les facultés du cerveau moyen à l'exclusion de la perception sensorielle. Cette discipline développe les facultés psychiques de télépathie et de divination de l'étudiant.
Seven seals. Sept sceaux. Les sept sceaux sont les puissants centres énergétiques qui constituent les sept niveaux de conscience dans le corps humain. Les bandes sont la manière dont est maintenue la cohésion du corps physique selon ces sceaux. Chez tout être humain, l'énergie sort en spirale des trois premiers sceaux ou centres. L'énergie qui sort des trois premiers sceaux sous la forme d'une pulsation se manifeste respectivement en tant que sexualité, douleur ou pouvoir. Lorsque les sceaux supérieurs sont ouverts, un niveau de conscience plus élevé se trouve activé.
Seven Sisters. Sept Soeurs. Autre nom donné à la constellation des Pléiades.
Seventh plane. Septième plan. Le septième plan est le plan de l'ultraconscience et la bande de fréquence de l'Infini Inconnu. C'est sur ce plan qu'a débuté l'involution. Ce plan fut créé par Point Zéro lorsqu'il

imita l'acte de contemplation du Néant et que le miroir ou conscience secondaire fut créé. Un plan d'existence ou une dimension d'espace et de temps existe entre deux points de conscience. Tous les autres plans furent créés en ralentissant le temps et la fréquence du septième plan.

Seventh seal. Septième sceau. Ce sceau est associé avec la couronne de la tête, la glande pituitaire et l'obtention de l'illumination.

Shambhala. Shambhala. Nom d'une ancienne forêt qui existait près de la région nord-est du fleuve Indus à l'époque où vivait Ramtha.

Shiva. Shiva. Le Seigneur Dieu Shiva représente le Seigneur du Plan Bleu et le « Blue Body™ » (le Corps Bleu™). Shiva ne fait pas référence à la déité singulière de l'Hindouisme. C'est plutôt la représentation d'un état de conscience appartenant au quatrième plan, à la bande de fréquence ultraviolet et à l'ouverture du quatrième sceau. Shiva n'est ni mâle ni femelle. C'est un être androgyne car l'énergie du quatrième plan n'a pas encore été divisée entre les polarités positive et négative. Ceci le distingue de manière importante de la représentation hindoue traditionnelle de Shiva, déité mâle possédant une femme. La peau de tigre à ses pieds, le trident ainsi que le soleil et la lune au niveau de la tête représentent la maîtrise du corps sur les trois premiers sceaux de conscience. L'énergie de la kundalini est représentée comme une énergie fougueuse jaillissant depuis la base de la colonne jusqu'à la tête. Autre différence par rapport à certaines des représentations hindoues avec le serpent sortant au niveau du cinquième sceau ou de la gorge. Une autre image symbolique de Shiva est ses longs cheveux foncés et l'abondance de ses colliers de perles qui représentent la richesse de ses expériences transformées en sagesse. Le carquois, l'arc et les flèches sont les agents grâce auxquels Shiva projette sa puissante volonté, détruit l'imperfection et crée le nouveau.

Sign of the star. Signe de l'étoile. Le signe de l'étoile est une version plus complexe du signe de la triade pratiqué par le groupe des étudiants avancés.

Sign of the triad. Signe de la triade. Il est enseigné aux étudiants débutants de faire le signe de la triade les yeux bandés avant de débuter chacune des disciplines du Grand Œuvre. Les étudiants débutent cette discipline en pointant leur index sur leur front, ou septième sceau, qui est le sommet de la triade. Restant concentrés, ils terminent la triade en déplaçant lentement la main vers leur genou gauche, puis leur genou droit avant de retourner à leur front. Cette triade représente la cheminement de l'involution et de l'évolution.

Sixth plane. Sixième plan. Le sixième plan est le domaine de l'hyperconscience et la bande de fréquence des rayons gamma. Sur ce plan, on fait l'expérience d'être un avec la totalité de la vie.
Sixth seal. Sixième sceau. Ce sceau est associé à la glande pinéale et à la bande de fréquence des rayons gamma. La formation réticulaire qui filtre et voile la connaissance précognitive du subconscient est ouverte lorsque ce sceau est activé. L'ouverture du cerveau fait référence à l'ouverture de ce sceau et à l'activation de sa conscience et de son énergie.
Social consciousness. Conscience sociale. C'est la conscience du second plan et de la bande de fréquence infra-rouge. On l'appele aussi l'image de la personnalité humaine et l'esprit des trois premiers sceaux. La conscience sociale fait référence au conscient collectif de la société humaine. C'est l'ensemble des pensées, présomptions, jugements, préjugés, lois, moralité, valeurs, attitudes, idéaux et émotions de la fraternité de la race humaine.
Son of God. Fils de Dieu. Le fils ou la fille de Dieu est l'individu qui s'ouvre à un état de conscience plus élevé et plus vaste que celui qui correspond aux trois premiers sceaux. Agir comme le fils ou la fille de Dieu, c'est vivre depuis la perspective de notre conscience divine plutôt que notre conscience humaine.
Son of man. Fils de l'homme. Ce concept fait référence à l'aspect humain et physique de la personne. Une personne agit comme le fils ou la fille de l'homme et de la femme lorsqu'elle choisit d'obéir à son humanité plutôt qu'à sa divinité.
Soul. Âme. Ramtha fait référence à l'âme comme étant le Livre de Vie où la totalité du cheminement de l'involution et de l'évolution de l'individu est enregistrée sous forme de sagesse.
Spill your seed. Répandre sa semence. L'éjaculation du sperme.
Subconscious mind. Esprit subconscient. Le siège de l'esprit subconscient est le lobe inférieur du cervelet ou cerveau reptilien. Cette partie du cerveau possède ses relations indépendantes propres avec le lobe frontal et la totalité du corps et a le pouvoir d'accéder à l'esprit de Dieu, la sagesse des âges.
Superconsciousness. Superconscience. C'est la conscience du cinquième plan et de la bande de fréquence des rayons X.
Tahumo. Tahumo. Le Tahumo est la discipline enseignée par Ramtha par laquelle l'étudiant apprend la faculté de maîtriser les effets de l'environnement naturel — chaleur et froid — sur le corps humain.

Tank field. Champ du labyrinthe = tank. Nom donné au vaste champ où se trouve le labyrinthe utilisé pour la discipline du « Tank™ » (le Tank™ / le Labyrinthe™).
Tank™, The. « Tank™ ». Le Labyrinthe™. Nom donné au labyrinthe utilisé comme partie des disciplines de l'École de Sagesse de Ramtha. Il est enseigné aux étudiants de trouver l'entrée du labyrinthe les yeux bandés et de s'y déplacer, concentrés sur le Néant, sans toucher les murs ou utiliser ni leurs yeux et ni leurs sens. L'objectif de cette discipline est, les yeux bandés, de trouver le centre du labyrinthe ou une pièce désignée comme représentant le Néant.
Telstar. Telstar. Lorsque la matière précipite dans un trou noir (black hole), elle atteint une conscience située en dehors du temps et de l'espace. Et dans un espace sans conscience, elle ressort par un autre trou appelé « éveil ». Elle arrive dans le trou noir et renaît. Elle renaît dans un trou blanc (white hole) appelé telstar qui expulse de la matière dans l'univers.
Terra. Terra. Nom donné à la planète Terre par les Dieux il y a 455 000 ans lors de leur première visite.
Third plane. Troisième plan. C'est le plan de la conscience éveillée et la bande de fréquence de la lumière visible. Aussi connu comme le plan de la lumière et le plan mental. Lorsque l'énergie du Plan Bleu descend au niveau de cette fréquence, elle se divise selon les polarités positive et négative. C'est à ce niveau que l'âme se divise en deux, ce qui est à l'origine du phénomène des âmes sœurs.
Third seal. Troisième sceau. Ce sceau est le centre énergétique de la conscience éveillée et la bande de fréquence de la lumière visible. Il est associé avec le contrôle, la tyrannie, l'état de victime et le pouvoir. Il se situe dans la région du plexus solaire.
Thought. Pensée. La pensée diffère de la conscience. Le cerveau reçoit un flux de conscience et le modifie, le divisant en segments — images holographiques — d'empreintes neurologiques, électriques et chimiques appelées pensées. Les pensées sont les pierres de construction de l'esprit.
Timeline. Ligne de vie. La probabilité potentielle d'évènements résultant d'un état de conscience particulier.
Transpersonal. Transpersonnel. Le transpersonnel fait référence à l'ordre spirituel, aux aspects transcendentaux de la personne humaine.
Truth. Vérité. La vérité n'est pas uniquement données ou informations. La vérité est la réalisation complète dans une expérience ou sagesse personnelle d'un concept ou paradigme de pensée.

Twilight™. « Twilight™ ». Ce terme est utilisé pour décrire la discipline enseignée par Ramtha par laquelle les étudiants apprennent à maintenir leur corps dans un état catatonique semblable au sommeil profond tout en conservant leur conscience éveillée.
Twilight™ Visualization Process. Processus de visualisation du « Twilight™ ». C'est le processus utilisé dans la pratique de la discipline de la Liste ou autres formes de visualisation.
Ultraconsciousness. Ultraconscience. C'est la conscience du septième plan et la bande de fréquence de l'Inconnu Infini. C'est la conscience d'un maître ayant fait l'expérience de l'ascension.
Unaccustomed freedom. Liberté inaccoutummée. L'individu fait l'expérience de ce type de liberté lorsqu'il sort de la « boîte » et se trouve dans l' « espace libre ».
Unawakened being. Être non éveillé. C'est une personne qui ignore sa divinité. Cela fait référence à un être qui vit sous l'illusion de la dualité et de sa séparation de la Source et est victime de son environnement.
Unconditional love. Amour inconditionnel. L'amour inconditionnel est l'expression de la conscience du quatrième sceau. C'est le commencement de l'illumination et la cessation du dualisme, du manque et de la séparation perçus par la personnalité. C'est l'amour vécu dans la liberté, sans attachements émotionnels. L'amour inconditionnel est, par nature, un état d'esprit créatif et donnant. C'est la représentation la plus proche de Dieu.
Unconsciousness. Inconscience. L'inconscience est la perte de la conscience.
Unknown God. Dieu Inconnu. Le Dieu Inconnu était le Dieu unique des ancêtres de Ramtha, les Lémuriens. Le Dieu Inconnu représente aussi la divinité oubliée et l'origine divine de la personne humaine.
Upper four seals. Quatre sceaux supérieurs. Les quatre sceaux supérieurs sont les quatrième, cinquième, sixième et septième sceaux.
Villager. Villageois. Un villageois est une personne ignorante de sa véritable identité et de son origine divine. Un villageois est l'opposé d'un maître.
Vishmalodu. Vishmalodu. Nom lémurien donné au Dieu Inconnu.
Void, the. Néant. Le Néant se définit comme un immense rien matériel mais toutes choses en potentiel.
Weed, the. Herbe, l'. La marijuana.
White Brotherhood. Fraternité Blanche. La Fraternité Blanche est une fraternité invisible de maîtres ayant fait l'expérience de l'ascension, qui aiment, observent et apportent leur aide à l'évolution de l'espèce humaine.

Winged Pharaoh. Pharaon Ailé. Le titre de Pharaon Ailé était réservé aux Pharaons femmes qui portaient le symbole sacré du disque ailé. Les Pharaons femmes étaient les plus grands des maîtres. Aimés par leur peuple. ils pouvaient guérir d'un simple toucher et gouverner leur peuple avec sagesse et justice. Cette dynastie de Pharaons existait avant les annales connues de l'histoire égyptienne.

Yahweh. Yahvé. Yahvé est un être différent de Jéhovah. Yahvé désapprouvait la servitude que Jéhovah imposa aux peuples de la terre. Yahvé et le Dieu Id partirent en guerre contre Jéhovah et tentèrent d'enseigner à l'humanité l'existence du Dieu Inconnu au sein de la personne humaine.

Yellow brain. Cerveau jaune. Le cerveau jaune est le nom donné par Ramtha au néocortex où habitent les pensées analytiques et émotionnelles. Son appelation « cerveau jaune » vient du fait que, dans le schéma de style caricatural originel à deux dimensions utilisé par Ramtha pour son enseignement sur la fonction du cerveau et ses processus, les néocortex étaient coloriés en jaune. Il expliqua que les différents aspects du cerveau sur ce schéma particulier étaient exagérés et indiqués en couleur pour faciliter l'étude et la compréhension. Ce schéma spécifique devint l'outil standard utilisé pour tous les enseignements consécutifs sur le cerveau.

Yeshua ben Joseph. Yeshua ben Joseph. Ramtha fait référence à Jésus Christ par le nom Yeshua ben Joseph, suivant les traditions juives de cette époque.

Your God. Votre Dieu. Cette expression fait référence à l'Esprit, l'Observateur, le Dieu au sein de la personne humaine.

Zarathustra. Zarathoustra est la version non corrompue du nom Zoroastre, fondateur du Zoroastrianisme. Ramtha explique que Zarathoustra reçut l'illumination et devint un maître immortel.

Illus. A : Les sept sceaux : Les sept niveaux de conscience dans le corps humain

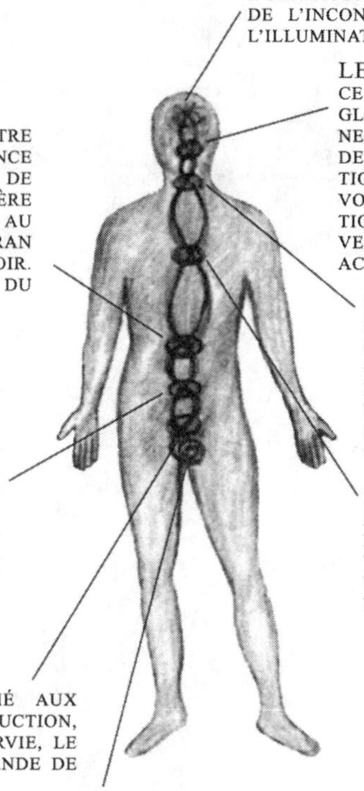

Illus. B : Les sept niveaux de la conscience et de l'énergie

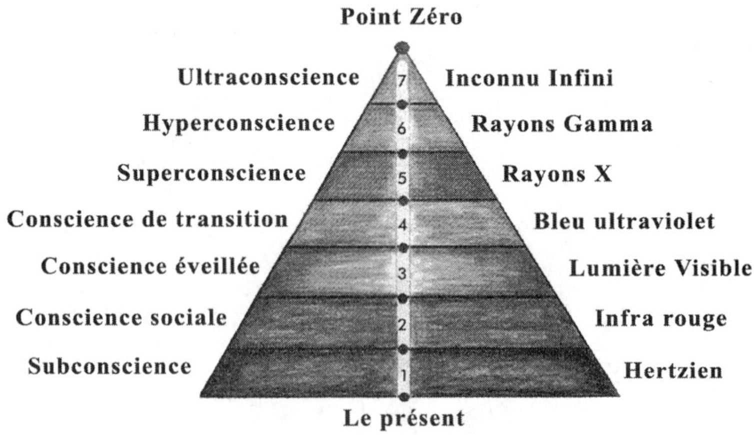

Illus. C : Le cerveau

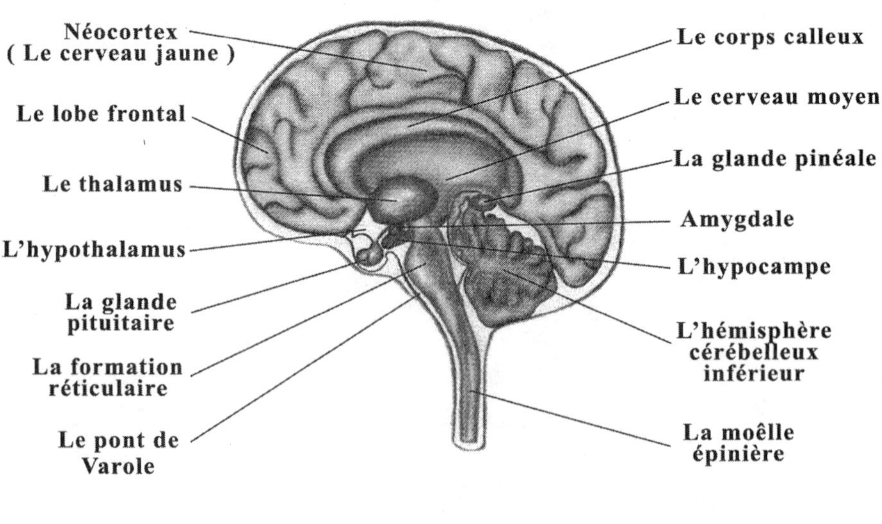

Illus. D : L'esprit binaire — vivre l'image

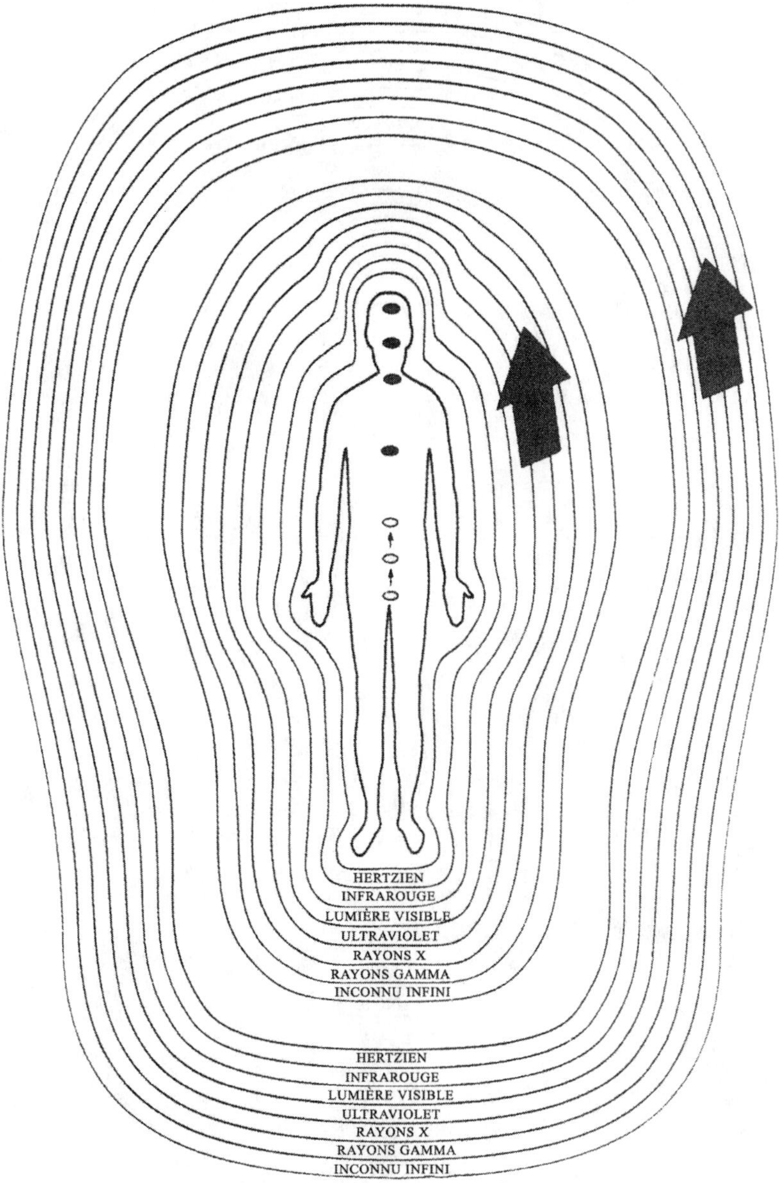

Illus. E : L'esprit analogique — vivre dans le moment présent

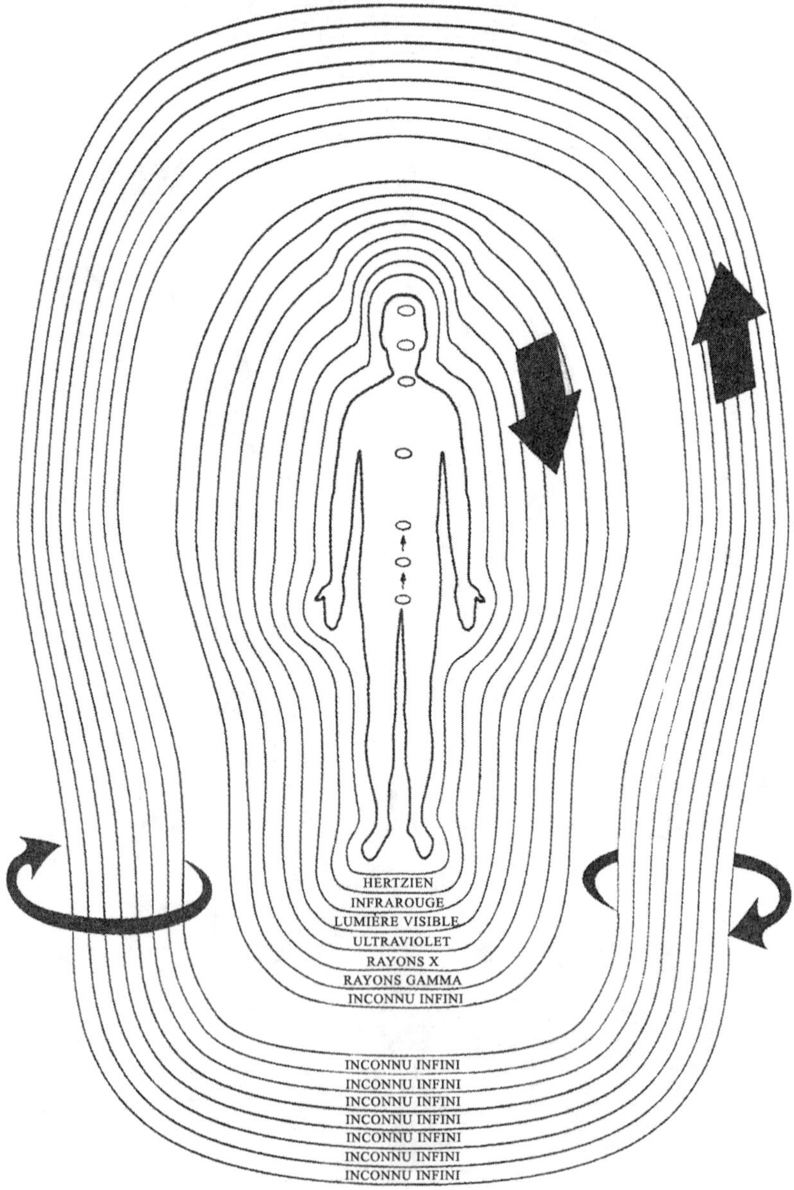

Illus. F : L'effet de l'observateur et la cellule nerveuse

L'observateur est responsable de contracter la fonction ondulatoire de probabilité en la réalité des particules.

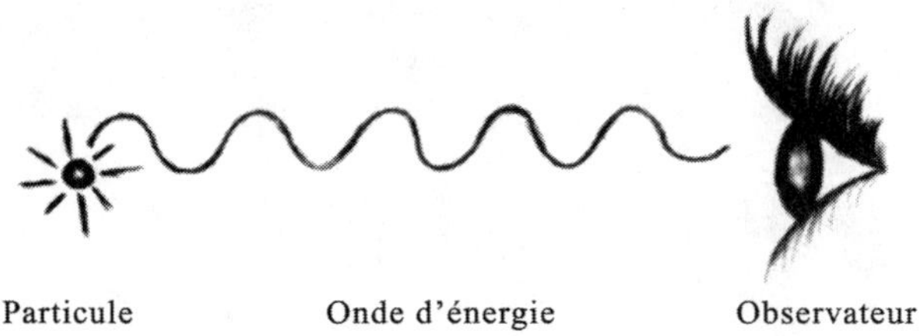

L'acte de l'observation excite les cellules nerveuses et produit la pensée.

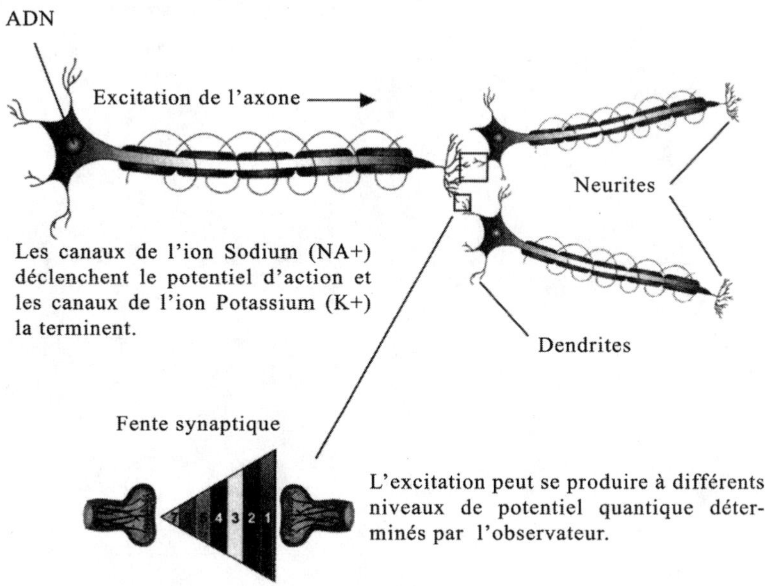

Illus. G : Biologie cellulaire et son lien avec la pensée

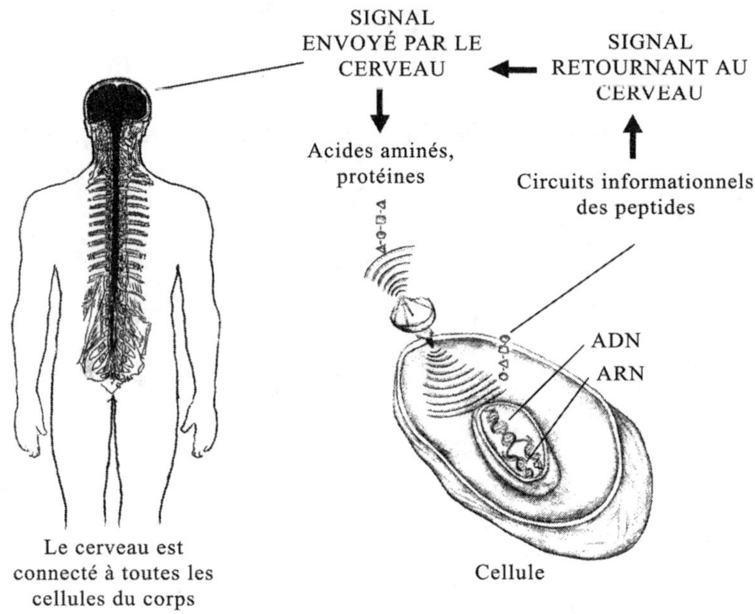

Bibliographie

Abbott, Edwin A. *The Annotated Flatland, A Romance of Many Dimensions.* Cambridge : Perseus Publishing, 2001.

Byron, George Gordon. *Oeuvres Complètes.* Publications : Paris, J.Bry Ainé, 1854.

Casanova, Giacomo, Chevalier de Seingalt. Paris : Caractères 2001

Hume, David. *Enquête sur l'Entendement Humain.* Paris : Flammarion. 1983 et *Essais Moraux, Politiques et Littéraires,* Paris PUF 2001

Krippner, Stanley, Wickramasekera, Ian, et al. *The Ramtha Phenomenon : Psychological, Phenomenological, and Geomagnetic Data.* In *The Journal of the American Society for Psychical Research,* Vol. 92, No. 1, January 1998.

Molière. *Don Juan*

Molina, Tirso de, et al. *The Theatre of Don Juan. A Collection of Plays and Views, 1630-1963.* Edited by Oscar Mandel. Lincoln, Nebraska : University of Nebraska Press, 1986.

Mozart, W. A. *Don Juan.* Opéra en cinq actes. Deschamps, Emile. Publication : Paris, C.Lévy 1897

New American Bible.

Pert, Candace B. *Molecules of Emotion.* New York : Simon & Schuster Inc., 1997.

Ramtha, Comment créer la Réalité. Guide pour Débutants.

Ramtha, A Master's Reflection on the History of Humanity. Part I, *Human Civilization, Origins and Evolution.* Yelm : JZK Publishing, a division of JZK, Inc., 2001.

Ramtha, A Teaching Dedicated to the Feminine Gender and Understanding Molecules of Intent and Becoming a Christ. Tape 374 Audio Ed. Yelm : Ramtha Dialogues, 1998.

Ramtha, Finding Peace in Love. Tape 478 Audio Ed. Yelm : Ramtha Dialogues, 2000.

Ramtha, Love Is a Many-Splendored Thing : Mastery and the Relationship Factor. Part I, Tape 382.5 Audio Ed. Yelm : Ramtha Dialogues, 1998.

Ramtha, Miracles Exist Outside Emotional Time. Tape 422 Audio Ed. Yelm : Ramtha Dialogues, 1999.

Ramtha, The Emotional Body. Tape 9428.1 Audio Ed. Yelm : Ramtha Dialogues, 1994.

Ramtha, Le Mystère de la Naissance et de la Mort, Le Soi Redéfini.

Ramtha, Le Livre Blanc.

Ross, Colin A. *Dissociative Identity Disorder : Diagnosis, Clinical Features, and Treatment of Multiple Personality.* 2nd. Ed. New York : John Wiley & Sons, 1996.

Shaw, George Bernard. *L'Homme et le Surhomme.* Paris : Figuière 1912.

Spalding, Baird T. *Life and Teaching of the Masters of the Far East.* California : DeVorss & Co. Publishers, 1964. Suetonius, *Les douze Césars.* Paris, Éditions Garnier 1954-55.

Suyin Han. *Multiple Splendeur* Paris : Stock 1982.

Thompson, Francis. *Poèmes Choisis.* Paris, Aubier Eds. Montaigne 1961.

LISTE DES SOURCES

Les extraits des enseignements qui furent utilisés dans les chapitres de ce livre furent laissés dans leur forme originelle de dialogue, tels que les donna Ramtha.

Chapitre 1 : Tout le Monde Le veut. Tout le Monde en a Soif. Mais Qu'est-ce donc ? est tiré de « *Finding Peace in Love »,* Cassette 478 ed. Yelm : Ramtha Dialogues, October 30, 2000.

Chapitre 2 : Comment Faire l'Amour à une Femme ? est tiré de « *A Teaching Dedicated to the Feminine Gender and Understanding Molecules of Intent and Becoming a Christ »,* Cassette 374 ed. Yelm : Ramtha Dialogues, February 20-24, 1998.

Chapitre 3 : Secrets Intimes d'un Maître est tiré de « *Miracles Exist Outside Emotional Time »,* Cassette 422 ed. Yelm : Ramtha Dialogues, September 28, 1999.

Chapitre 4 : Don Juan et Saint-Germain chez la Comtesse est tiré de « *Miracles Exist Outside Emotional Time »,* Cassette 422 ed. Et de « *Love Is a Many-Splendored Thing : Mastery and the Relationship Factor » Part I,* Cassette 382.5 ed. June 26, 1998.

Chapitre 5 : Beauté et Originalité Véritables est tiré de « *Love Is a Many-Splendored Thing : Mastery and the Relationship Factor », Part I,* Cassette 382.5 ed. et « *A Teaching Dedicated to the Feminine Gender and Understanding Molecules of Intent and Becoming a Christ »,* Cassette 374 ed.

Chapitre 6 : Impact sur la Réincarnation est tiré de « *Finding Peace in Love »,* Cassette 478 ed.

Exposé de Conclusion : Se pourrait-il que cet Enseignement fût Authentiquement Spirituel ? est tiré de « *Finding Peace in Love »,* Cassette 478 ed. et de « *Love Is a Many-Splendored Thing : Mastery and the Relationship Factor », Part I,* Cassette 382.5 ed.

Index

F

G

H

I

J

K

L

M

N

L'École de Sagesse de Ramtha, L'École de Sagesse Ancienne.

Ce que vous apprendrez
L'École de Sagesse de Ramtha et son Cadre
Les Conditions de Participation

L'École de Sagesse de Ramtha est dédiée à l'étude des enseignements de Ramtha et à leur application pratique sous la forme de disciplines conçues par Ramtha. Le curriculum de l'école est connu sous le nom de Grand Œuvre.

Les enseignements de Ramtha nous offrent une perspective unique à partir de laquelle on peut considérer le mystère de la vie. Ils nous offrent un cadre dans lequel les questions non résolues par la philosophie, la science et la religion prennent un sens nouveau. Ces enseignements peuvent élargir le champ de l'expérience humaine bien au-delà des limites imposées par la science et les diverses religions du monde à ce jour. Le système de pensée de Ramtha n'est ni une religion ni une interprétation philosophique de la réalité. C'est la vérité acquise et vérifiée par l'expérience d'un membre de la race humaine. En ce sens, c'est le savoir et la science de Ramtha. Et maintenant que la voie a été tracée, les portes sont ouvertes pour tous ceux qui désirent explorer cette connaissance personnellement et faire leur propre voyage dans l'inconnu.

À diverses reprises, Ramtha a insisté sur le fait que son message peut se résumer à l'affirmation suivante : « Vous êtes Dieu ».

Mais comment interpréter une telle déclaration ? Il existe probablement autant de définitions du mot « Dieu » que de gens sur la terre. Afin de comprendre les enseignements de Ramtha correctement, il est crucial de prendre conscience à la fois de notre propre concept de Dieu et de la manière dont il contraste avec l'explication et la définition de Dieu et de la nature de la réalité données par Ramtha. Un des principaux soucis de l'école est la redéfinition du Soi et la redéfinition de notre concept de Dieu et du divin.

Les quatre pierres angulaires de l'École de Sagesse de Ramtha sont le concept du Néant, la conscience et l'énergie qui créent sept niveaux de réalités, le mandat de faire connaître l'inconnu, et la déclaration : « Vous êtes Dieu ». Il existe de nombreuses traces de la pensée de Ramtha dans les traditions anciennes, bien que, dans la plupart des cas, tout ce qu'il en reste soit un écho bien faible ayant à peine survécu au passage du temps et à la perte de leur contexte approprié qui en permettrait leur interprétation. Certaines de ces traditions sont les philosophies des anciens Égyptiens et du Pharaon Akhénaton, la description de Bouddha par lui-même en tant que l'Éveillé, la définition par Socrate de la vertu et de l'immortalité de l'âme, le concept des formes universelles de Platon, la vie et les enseignements de Yeshua ben Joseph, les œuvres de St. Thomas l'Apôtre, l'hymne de la Perle, l'hymne de la parole divine dans l'Évangile selon Saint Jean, Apollonius de Tyane, Origène, les Cathares et les Albigeois, Saint François d'Assise, les mystiques juifs et chrétiens, la représentation faite par Saint Jean de la Croix de l'Ascension du Mont Carmel où la pointe de la pyramide est située au sommet de la tête du corps humain, les œuvres d'art de divers artistes tel que Michel Ange et Léonard de Vinci, les écrits et les expériences mystiques de Thérèse d'Avila, les œuvres de

Fray Luis de Leon, les humanistes de la Renaissance en Europe, les Rosicruciens, les Maîtres de l'Extrême Orient, et bien d'autres.

Ce que vous apprendrez

Les étudiants de l'École de Sagesse de Ramtha apprennent les concepts fondamentaux et les disciplines du Grand Œuvre suivantes :

La Nature de la Conscience et de l'Énergie
La Redéfinition de Dieu comme étant notre Observateur, et notre Nature Divine
Le Mystère de l'Âme, et la Vie Après la Mort
Le Mystère de l'Involution et la Réincarnation
La Nature de l'Esprit* (Spirit) et de la Matière
Qu'est-ce que la Destinée ? Qui est Responsable de la Destinée Personnelle ? Peut-elle être Changée ?
La Biologie de la Conscience Humaine
L'Étude de la Nature Chimique du Cerveau et son Rôle dans la Création de la Réalité
La Définition de l'esprit* (mind)
La Discipline du C&E ™ qui permet d'Élargir, de Changer et de Développer notre esprit
La Discipline qui nous Apprend Comment Quitter notre Corps Consciemment
La Discipline de la Vision à Distance dans le Passé, le Présent et le Futur
La Télépathie, et « Envoyer et Recevoir »
La Faculté de se Focaliser sur une Pensée Unique pendant une période de temps
Comment Matérialiser Quelque Chose à partir de Rien

La Discipline de la Guérison par le Corps Bleu (Blue Body Healing ™)
La Discipline de la Danse du Corps Bleu (Blue Body Dance™)
La Faculté de vous Guérir Vous-Même et les Autres
Le Proccssus de la Visualisation du Twilight ™

Cette école délivre des connaissances qu'on ne trouve nulle part ailleurs dans le monde. Les disciplines du Grand Œuvre sont conçues de telle manière que rien n'est laissé au hasard ou à la croyance. Toutes les disciplines enseignées à l'école mettent à l'épreuve l'affirmation selon laquelle nous sommes les Dieux responsables de la réalité que nous créons, ce qui, en soi, est remarquable. Un autre aspect important de cette école est le fait que l'on y est initié à la philosophie par des disciplines spéciales conçues par Ramtha qui transforment cette dernière en expérience personnelle. Ceci permet aux étudiants de commencer à faire l'expérience de leur propre vérité, de leur propre sagesse, et de ne plus dépendre d'une foi aveugle ou de la parole de quelqu'un d'autre. Une seule chose est requise dans l'école : une participation totale. « On ne peut échouer dans cette école, on ne peut qu'abandonner ».

L'École de Sagesse de Ramtha et son Cadre

L'École de Sagesse de Ramtha fut créée en 1988, lorsque Ramtha débuta une série d'enseignements qui devinrent les fondements de l'École de Sagesse Ancienne.

Le campus est situé sur le Ranch appartenant à JZ Knight à Yelm, Washington. Le Ranch est un lieu d'une beauté particulière où règne une profonde sérénité, situé sur les contreforts du Mont Rainier. De majestueux cèdres et sapins agrémentent la propriété et il y prévaut une atmosphère hors du temps. Cependant, même dans ce cadre naturel paisible, il devient rapidement évident que l'école ne correspond pas aux images préconçues qu'ont les étudiants sur d'autres écoles d'enseignement spirituel. L'instruction n'a pas lieu dans un hôtel ou une salle de conférences sur des chaises confortables. La plupart des cours sont donnés dans ce que l'on appelle le Grand Hall ou l'Arène. Le Grand Hall peut accueillir jusqu'à 1000 étudiants assis à des emplacements désignés sur un sol en gazon artificiel. Ramtha demande souvent à ses étudiants de se rassembler dans un des grands champs herbeux du Ranch. L'instruction se prolonge souvent pendant plusieurs heures quelles que soient les conditions météorologiques.

Il y a un espace avec des tables de pique-nique, un café en plein air, un bar espresso, des distributeurs de boissons froides, et un vaste « Mess Hall » où les étudiants peuvent déposer les provisions qu'ils apportent, et manger. Lors des séminaires de longue durée, les étudiants peuvent dormir dans le Grand Hall, leur tente personnelle, ou leur véhicule, sur des matelas, dans les sacs de couchage qu'ils se procurent eux-mêmes. Il y a également des douches chaudes sur le campus.

L'Annexe est un bâtiment rond situé à l'extérieur du Grand Hall. C'est notre librairie sur le campus. Vous y trouverez non seulement tous les livres de Ramtha, les vidéos, photographies et cassettes audio mais aussi plus de 1500 autres titres sur des sujets allant de la physique à la science, la santé et la philosophie. Il y a en outre des cassettes de musique et des disques compacts, des vitamines, des vêtements de premier choix et un assortiment de produits relatifs à l'école.

La Participation dans cette École.

L'École de Sagesse de Ramtha, l'École de Sagesse Ancienne, attire des étudiants en provenance du monde entier et de toutes les avenues dans la vie, de 6 ans à l'âge d'or. Cette école va défier vos croyances habituelles et vos assomptions intellectuelles. Vous travaillerez dur. Vous grandirez. Vous serez transformés.

Vous y étudierez les grands enseignements des écoles anciennes de sagesse et les bases scientifiques qui vous permettront de créer votre propre réalité. Vous acquerrez des connaissances vous permettant de faire des choses miraculeuses avec votre esprit. Vous apprendrez que changer de manière authentique et significative n'est pas seulement ardu et difficile mais peut aussi être une expérience joyeuse, déterminante et libératrice. La volonté de changer, de défier nos vieilles manières de penser et de développer un esprit ouvert aussi vaste que celui des plus grands génies et maîtres de l'histoire est fondamentale pour un étudiant sérieux du Grand Œuvre dans l'École de Sagesse de Ramtha.

RAMTHA'S SCHOOL OF ENLIGHTEMENT
P.O.Box 519
YELM, Washington 98597 USA

360 458 5201
www.ramtha.com

Autres titres de Ramtha aux Éditions AdA

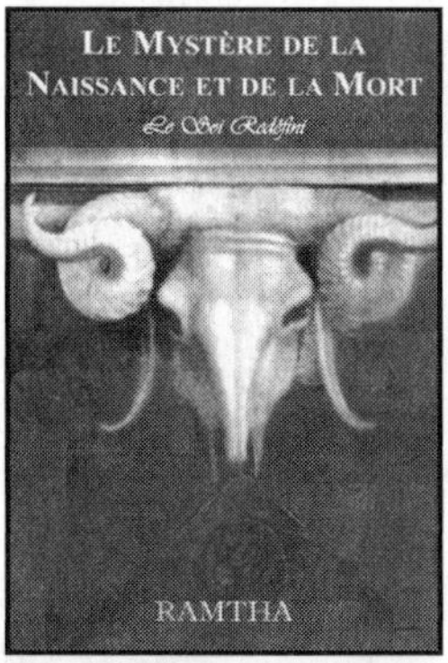

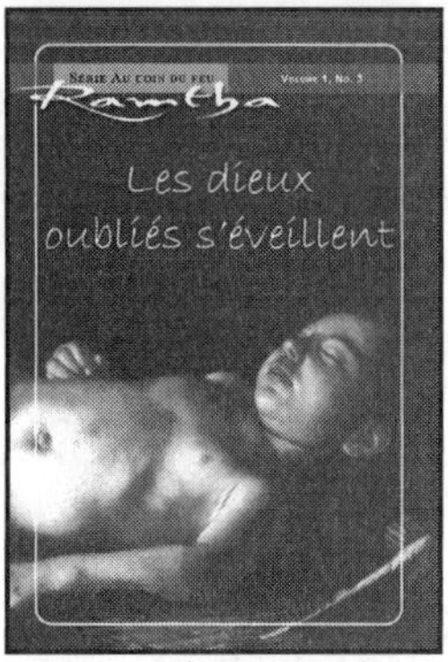